孟子

华夏国学经典全本全注全译丛书

赵清文 ◎ 译注

华夏出版社
HUAXIA PUBLISHING HOUSE

前　言

"孔孟之道"的提法家喻户晓，孟子在儒家文化的发展过程中占据着重要的位置。在儒家思想史上，他的地位仅次于孔子，被尊称为"亚圣"。孟子生活在战国时期，他生活的时代，是中国历史上最动荡、最混乱的时期之一，同时也是思想最解放、最活跃的时期之一。他继承和发扬了孔子所创立的儒家学说，使其在理论上更加完善和系统，在后世产生了深远的影响。孟子的思想观点，主要保存在被儒家列为"四书"之一的《孟子》一书中。

一、孟子的生平与著作

孟子名轲，字子舆，一说字子车，是曾经在鲁国显赫一时的贵族孟孙氏的后裔。孟子的先人作为孟孙氏的旁支，后来逐渐衰微，就迁到了离鲁国很近的邹国定居下来。所以现在我们一般都说孟子是邹国人。

关于孟子的生平事迹，历史上直接而又可信的记载较少。司马迁作《史记》时曾经以严谨的态度游历全国，对史实、史迹进行考证，亲自"北涉汶、泗，讲业齐、鲁之都，观孔子之遗风，乡射邹、峄"。(《史记·太史公自序》)但是，对于孟子的生平事迹,《史记·孟子荀卿列传》中仅仅用了一百多字进行了简略的记述,简单地提及孟子的籍贯、受业、游历和著作。这使得孟子的一生变得扑朔迷离。后来,随着孟子的地位日益提高,后人对孟子的生平事迹进行了一些考证,孟子的事迹逐渐清晰、明确。然而,其中的许多结论,至今仍然存在着很大的争议。

首先是孟子的生卒年月,由于《史记》等史籍中没有明确记载,后人没有直接的资料作为依据,因此只能用推测的方式进行考证。其中比较有代表性的两种观点,一种认为孟子生于公元前385年,一种认为生于公元前372年。虽然现在没有足够的证据确定哪种观点更有说服力,但是,从《孟子》《史记》等著作中记载的孟子的事迹和战国的史实来看,上述两种观点都与孟子的活动年代大体相符,即孟子为战国中期人。

关于孟子的受业情况,《史记》中说他"受业于子思之门人"。但是,从汉代起一些学者就对此提出了怀疑,认为孟子实际上应当是受业于子思,而不是子思的门人弟子。例如刘向《列女传》中说:孟母"断机教子"之后,"孟子惧,旦夕勤学不息,师事子思,遂成天下之名儒"。班固《汉书·艺文志》中也说,孟子"名轲,邹人,子思弟子"。此外,赵岐《孟子题辞》、应劭《风俗通义·穷通篇》中,均认为孟子受业于子思。虽然上述诸说都非常肯定地认为孟子是子思的弟子,然而,如果稍加考证,就会发现这种观点是不能成立的,因为根据子思和孟子的生活年代推算,到子思去世时,孟子还没有出生,因此孟子根本不可能直接受业于子思。司马迁"孟子受业于子思之门人"的说法是有道理的。按照这种说法,孟子继承孔子儒学思想的授受顺序是"孔子—曾子—子思—子思之门人—孟子"。

孟子虽然没有亲自接受过子思的教诲,但是,他们的思想之间确实具有直接的渊源关系,因此《荀子·非十二子》中把他们连在一起,后人将他们一派称为"思孟学派",都绝不是生拉硬拽地凑合在一起。这从他们的思想体系中也可以看出他们之间的这种传承关系,相传为子思所作的《中庸》和《孟子》中的许多思想,简直如出一辙。宋明之后,随着"道统论"的提出,道学家们将《论语》、相传为曾子所作的《大学》《中庸》和《孟子》称为"四书",列为儒家最核心的经典,"思孟学派"俨然成为孔子所创立的儒家思想的最正统的传承者。

孟子学有所成之后,也像当年的孔子一样,开始教授弟子、周游列国。但是,孟子周游列国时与孔子当年的"恓恓惶惶,如丧家之犬"比起来,的确风光得多。他带领着弟子们,"后车数十乘,从者数百人,以传食于诸侯",到各诸侯国宣传自己的政治主张。

关于孟子周游列国的情况,司马迁说,孟子"道既通,游事齐宣王,宣王不能用。适梁,梁惠王不果所言,则见以为迂远而阔于事情。当是之时,秦用商君,富国强兵;楚、魏用吴起,战胜弱敌;齐威王、宣王用孙子、田忌之徒,而诸侯东面朝齐。天下方务于合从连衡,以攻伐为贤,而孟轲乃述唐、虞、三代之德,是以所如者不合"。齐国是孟子周游的第一站,当时孟子的年龄大约四十岁左右。此后大约三十年的时间里,他到过齐国、魏国、宋国、滕国、鲁国等不同的诸侯国,虽然期间也曾受到过一些礼遇,但是,总体来说,他的政治主张没有得到实现。回到家乡邹国后,孟子已经是一位接近七十岁的老人。从此之后,他就停止了宣传自己的政治主张的活动,专心聚徒讲学,潜心著述。

孟子曾经说:"君子有三乐,而王天下不与存焉。父母俱存,兄弟无故,一乐也。仰不愧于天,俯不怍于人,二乐也。得天下英才而教育之，三乐也。君子有三乐，而王天下不与存焉。"(《尽心上》) 在孟子的一生中，聚徒讲学是重要的内容之一。他的讲学活动从周游列国之前就开始了，此后一直到去世，从来没有停止过。孟子奔波于各诸侯国之间时"从者数百人"，其中绝大多数应当是他的弟子。结束游历生活回到家乡之后，聚徒讲学就变成了他的生活中最重要的内容。曾经跟随他周游列国的弟子们，也有许多一直追随他。孟子晚年，由于停止了政治活动，因此可以安下心来专心从事教育和著述事业，这一时期成为他教育事业的一个黄金时期。

今天研究孟子思想的主要依据是《孟子》一书。司马迁在《史记·孟子荀卿列传》中记载：孟子"退而与万章之徒序《诗》《书》，述仲尼之意，作《孟子》七篇"。孟子周游列国，政治抱负没有实现，于是带领弟子们回到家乡邹国，一边聚徒讲学，一边与弟子们一道，将自己的答问进行收集、整理，在弟子们的协助下，编订成《孟子》一书。

《孟子》成书之后，是作为先秦诸子书中的一种流传的。两千多年的封建社会中，其地位一步步升高，最后成为儒家最核心的经典之一。汉文帝时，为诸子传记设立学宫，为《论语》《孝经》《孟子》《尔雅》各置"传记博士"。"传"是用于解释和阐发"经"的，在典籍中地位虽然低于"经"，但仍高于其他诸子。汉武帝时"罢黜百家，独尊儒术"之后，设"五经博士"，"传记博士"被废止，但《孟子》"传"的地位仍然保持着。总体来说，《孟子》在汉代的地位并不高，没有上升到"经"的地位。这也是司马迁为孟子作传仅仅用了一百多字的重要原因之一。将《孟子》称为"经"，是唐代之后的事情。唐代宗宝应二年（公元763年），礼部侍郎杨绾上疏，建议把"《论语》《孝经》《孟子》兼为一经"(《新唐书·选举志上》),但是没有被批准。唐末皮日休又上书请求把《孟子》列为经书,设科取士,也没有被批准。虽然这两次将《孟子》列为经书的努力都失败,但足以反映《孟子》到唐代时引起了学者足够的重视。

第一次真正将《孟子》列为经书是五代十国时的事情。后蜀主孟昶命令毋昭裔楷书《易》《书》《诗》《仪礼》《论语》《周礼》《礼记》《公羊》《穀梁》《左传》《孟子》共十一经刻石。这是《孟子》成为经书的开始。北宋时期,又在原有"十一经"的基础上,加入《孝经》《尔雅》,这就是世传的所谓"十三经",并将《孟子》作为科举命题的书。南宋朱熹将《论语》《孟子》与从《礼记》中析出的《大学》《中庸》两篇合称"四书",成为学子必读和科举取士的基本教材。《孟子》的影响越来越大,成为封建统治的核心思想来源之一,一直延续到清朝末年。

从东汉时起,学者们在研究《孟子》的同时,开始为《孟子》作注解。据粗略统计,《孟子》的注解清代之前就已经达到七十多种。对《孟子》的注解主要分为四大类:第一类是《孟子》注,如汉代赵岐的《孟子章句》、刘熙的《孟子注》、郑玄的《孟子注》、唐代陆善经的《孟子注》、宋代苏辙的《孟子解》等;第二类是《孟子》的集注和疏,如朱熹的《孟子集注》、孙奭的《孟子注疏》、金履祥的《孟子集注考证》等;第三类是《孟子》的考订注释,如焦循的《孟子正义》、周广业的《孟子四考》、王若虚的《孟子辨惑》、管志道的《孟子订释》、许衡的《孟子标题》等;第四类是《孟子》文字音义,如张镒的《孟子音义》、孙奭的《孟子音义》、蒋仁荣的《孟子音义考证》、阮元的《孟子音义校勘记》等。

目前,现存的《孟子》版本中,常见的主要有《十三经注疏》

的赵岐章句本、朱熹《四书章句集注》本、阮元《孟子正义》本等。

二、孟子在中国历史上的地位

战国时期是中国历史上学术最繁荣的时期之一，各个学派之间展开激烈的辩论。孟子以"距杨墨、放淫辞"为己任，激烈批评其他学派的学说，可以想象，他的思想也理所当然地受到别人的批评。孟子在世时，他的思想就被视为"迂远而阔于事情"。不但其他学派的学者批评孟子的主张，战国末期，同为儒家学者的荀子也对孟子的一些思想观点提出了批评。尤其是在《性恶》篇中，荀子通过对孟子性善论的批驳，树立了自己性恶论的观点。孟子去世大约一百年之后，孟子的信徒遭受了一场灭顶之灾，这就是秦始皇的"焚书坑儒"，据赵岐《孟子题辞》说，在这场灾难中，"孟子徒党尽矣"。好在孟子的著作没有在这次劫难中失传，这一不幸中的万幸使得人们日后重新发现和研究孟子成为可能。

孟子在汉代时就受到了人们的重视，但地位并不高。魏晋南北朝时期，儒学受到佛教和玄学的冲击。这个时期，虽然有徐干在《中论·序》中曾赞扬孟子"怀亚圣人之大才，著一家之法"，但总体来说，孟子的地位又有所下降。一直到唐代后期韩愈提出"道统"说之前，孟子的身份都仅仅是一位普通的儒家学者。

在孟子升格为儒家正统的过程中，韩愈立了第一功。他认为，道家、佛教有他们的"道"，儒家也有自己的"道"。儒家的"道"在孟子之前，有一个继承和授受的系统。"尧以是传之舜，舜以是传之禹，禹以是传之汤，汤以是传之文、武、周公，文、武、周公传之孔子，孔子传之孟轲。轲之死，不得其传焉。"(《原道》）韩愈的这一思想，后来被称为"道统"说。根据他所提出的道统，孟子是孔子之后惟一得到其真传的人，自然应当受到重视。因此，韩愈毫不掩饰对孟子的崇拜之情，声称自己"推尊孟氏"。

五代十国时期，《孟子》被列入"十一经"之一。到了宋代，孟子在大多数儒家学者之中，越来越受到推崇。宋初的孙复和石介接受了韩愈的孟子"功不在禹下"的观点，并论证说："泽水横流，大禹不作，则天下之民鱼鳖矣；杨墨暴行，孟子不作，则天下之民禽兽矣。"（孙复：《兖州邹县建孟庙记》）此后，邵雍、周敦颐、张载、程颢、程颐都大力主张尊崇孟子，尤其是二程兄弟，对孟子的功绩给予了很高的评价。他们说："孟子，泰山岩岩之气象也。观其言，皆可以见之矣。"（《河南程氏遗书》卷五）"学者当以《论语》《孟子》为本。《论语》《孟子》既治，则六经可不治而明矣。"（《河南程氏遗书》卷二十五）他们对孟子的推崇，不仅表现在对孟子及其著作的评价上，而且深深体现在他们的思想体系对孟子的继承中。宋代开创的理学中的许多观念，可以说都是直接来源于孟子。

南宋思想家朱熹完成了孟子儒家正统地位的最终确立。朱熹根据由韩愈提出、被二程发扬了的"道统"说，将《孟子》列入儒家的必读经典。为了传播和推广孟子的思想，他还撰写了《孟子集义》《孟子或问》《孟子集注》《孟子要略》等著作。在朱熹的努力下，《孟子》终于得以与《论语》并列，成为在儒家典籍中高于"五经"的核心经典——"四书"之一。至此，孟子在儒家思想发展中的正统地位完全确立起来。

孟子的儒家正统地位确立之后，为了封建统治的需要，历代统治者又通过册封、祭祀等活动，使其不断被神化。

对孟子的祭祀,始于北宋仁宗年间。景祐四年(1037年),孔子四十五代孙孔道辅知兖州,在邹县找到孟子的墓地,加以修缮并建庙用以祭祀,并找到一位孟子的后裔荐于朝廷,授邹县主簿,"令主孟子庙祀事"。孟子至此始有祭祀。后来,孔道辅又在孔庙旁边建立"五贤堂",用于祭祀孟子、荀子、扬雄、王通和韩愈。这是孟子配祀孔庙的开端。宋神宗熙宁七年(1074年),诏封孟轲为邹国公。元丰二年(1079年),孟子开始配享孔子庙。宋徽宗政和四年(1114年)颁诏重修孟子庙,次年,孟子弟子得到诏封,并获得配享和从祀资格。

孟子不但受到汉族统治者的尊崇,而且也受到少数民族政权的重视。女真族建立的金王朝,沿袭北宋的传统,封孟子为"邹国公"。金世宗大定十四年(1174年),又将孟子的塑像从孔庙后堂移到正殿,置于孔子塑像之后。蒙古族建立的元朝入主中原之后,继续尊儒崇孟的传统。元成宗元贞元年(1295年),下诏免孟子后世子孙差役。元文宗至顺元年(1330年),下诏封孟子为"邹国亚圣公"。这是孟子首次被正式授予"亚圣"称号。

明洪武十三年(1380年),后来做了明成祖的燕王朱棣"奉命之国,道经于邹",举行祭祀孟子的活动,颂扬孟子的功德"传于后世,远世弥光,久而弥芳"(戴光《邹县地理志》)。明世宗嘉靖九年(1530年),孟子的封爵被除掉,由"邹国亚圣公"改称"亚圣"。清朝沿用明制,一直称孟子为"亚圣"。公元1636年皇太极改国号为"清"后,即派人祭祀孔子,孟子等人配享。康熙、雍正、乾隆等几代皇帝还亲自去孟庙祭祀,或者书写碑文,或者书写匾额,对孟子的功绩进行表彰。一直到清朝灭亡,孟子"亚圣"的地位始终没有动摇。

三、孟子的主要思想

孟子成为中国历史上最重要的思想家之一,在封建社会中被奉为"亚圣",并不是偶然的。他在哲学、政治、伦理、教育,以至经济、美学、文学等领域都有过精彩的论述,对后世产生了深远的影响。大致来说,孟子的主要思想观点包括以下方面。

(一)性善论

在孟子生活的时代,人性问题已经成为大家广泛关注的问题,当时存在着性有善有不善、性无善无不善、性可以为善可以为不善等不同的人性理论。孟子认为,上述观点都是不全面的,因为持这些观点的人没有把"性"与"才"两个概念搞清楚。在他看来,所谓"性",就是人之为人的本性,是人与其他动物的根本区别之所在。能够称为"人性"的,只能是人先天具有而其他动物却不具备的道德性。人表现出来的不善良的一面,虽然看起来也是生而具有的,但那都是由"才"决定的,而"才"与"性"是不同的。

正是从道德性为人的根本规定考虑,孟子认为,任何人的本性,一生下来都是善的。他说:"恻隐之心,人皆有之;羞恶之心,人皆有之;恭敬之心,人皆有之;是非之心,人皆有之。恻隐之心,仁也;羞恶之心,义也;恭敬之心,礼也;是非之心,智也。仁义礼智,非由外铄我也,我固有之也,弗思耳矣。"(《告子上》)在孟子看来,所有的人,一生下来都有一个共同的本性。这种共同的本性就是先天具有的恻隐、羞恶、辞让、是非四心,它们同四肢一样,都是上天赋予人的,是人区别于其他动物的主要标志。人具有了这四心,也就等于有了仁义礼智等道德的萌芽,经过后天的扩充，就成为现实生活中所具有的各种道德品质。

孟子虽然主张人性是善的，但是他也看到，现实世界上，恶的现象却比比皆是，这又如何解释呢？孟子认为，人们道德品质上表现出的差异，完全是后天环境影响和物质欲望引诱的结果。他说："富岁，子弟多赖；凶岁，子弟多暴，非天之降才尔殊也，其所以陷溺其心者然也。"（《告子上》）人的本性其实都是相同的，是合乎理义的，只不过外在条件和客观环境的影响，使其发生了变化。这就像种庄稼一样，相同的种子、相同的土质，如果雨水、肥料等不同，收获也就不一样。相同的道理，人后天表现为恶，也不能归咎于先天的禀受，只能从后天的条件和环境中找原因。

孟子的性善论，是其整个伦理思想体系的基础，他的良知说、修养论、教化观等，都以此为理论支柱。同时，孟子的人性论也对后世学者产生了深远的影响。

（二）良知说

"良知"、"良能"学说既是孟子认识论中的重要内容，也是他的道德观的重要组成部分。孟子所说的"良知"、"良能"，阐释的就是人类道德知识的直接来源。他认为，所谓"良知"、"良能"，其实就是人生而具有的一种道德情感或者道德潜能。"人之所不学而能者，其良能也；所不虑而知者，其良知也。孩提之童无不知爱其亲者，及其长也，无不知敬其兄也。亲亲，仁也；敬长，义也。无他，达之天下也。"（《尽心上》）也就是说，仁义等道德情感是人一出生就具备的，既不需要学习也不需要思考。道德深深植根于人的天性之中，因此，人的道德修养不用向外寻求，只需内求就可以了。

除了"良知"、"良能"外，孟子还提出了"良心"的概念。他说：" 虽存乎人者，岂无仁义之心哉？其所以放其良心者，亦犹斧斤之于木也。旦旦而伐之，可以为美乎？"（《告子上》）在孟子看来，良心其实就是人先天所具有的仁义道德之心，这种仁义道德之心是需要涵养的，如果不涵养，使它受到摧残，就会很容易丧失。孟子的"良心"，是和"良知"、"良能"联系在一起的。所谓"良心"，就是"良知"、"良能"在人"心"中的表现形式；所谓"良知"、"良能"，就是"心"这一器官先天所具有的功能。在孟子看来，一切道德观念、道德信念、道德意志、道德品质，其实都是"心"的一种作用，要使自己道德高尚，就要反求于自己的内心。

因为"良知"、"良能"、"良心"是天所赋予人的，因此它们与外在于人的功名利禄比起来，也就是更值得宝贵的。因此，孟子将人所具有的高尚道德又称为"良贵"、"天爵"。他说："欲贵者，人之同心也。人人有贵于己者，弗思耳矣。人之所贵者，非良贵也。"（《告子上》）哪个人都有自己认为最可贵、最值得追求的东西，但是，现实生活中，人们所追求的那些外在的利益，因为于道德品质无益，所以都不是最值得追求的。他认为，功名利禄只不过是由人所授予的爵禄，别人能够授予你，就能够从你手里夺走；只有道德，才是谁都夺不去的"天爵"，即天所授予你的爵禄。"有天爵者，有人爵者。仁义忠信，乐善不倦，此天爵也；公卿大夫，此人爵也。"（《告子上》）孟子的"良贵"、"天爵"理论，无疑是对内在于人的道德价值的极大肯定。

（三）义利观

在中国伦理思想史上，义利问题是一个争论较多的问题。在义利观上，孟子继承并发展了孔子的重义轻利思想。在《孟子》的第一章，他就明确表达了在义利观上的根本态度。他对梁惠王说："王何必曰'利'？亦有'仁义'而已矣。"（《梁惠王上》）

孟子认为，在处理人与人之间的关系时，只能讲"义"，不能讲"利"。只有这样，每个人才能做根据"义"的要求应当做的事情，不会见利忘义，胡作非为，这是维护社会和谐和统治秩序的前提。因此，在道德评价上，孟子把"义"和"利"直接对立起来，赞扬努力为"义"的人，贬斥努力求"利"的人。他说："鸡鸣而起，孳孳为善者，舜之徒也；鸡鸣而起，孳孳为利者，跖之徒也。欲知舜与跖之分，无他，利与善之间也。"（《尽心上》）

在孟子看来，统治者讲义不讲利，其实能够获得最大的利。否则，如果国君口口声声说的都是如何得利，丢掉了处理君臣、父子、兄弟、夫妇等基本人伦关系的准则，必然会导致人与人之间相互争夺，为了利益不顾一切。如果这样，国家不但不会安定，甚至连国君的君位和性命都难保。这是因为，如果国君耽于利益，就会使得整个国家的人在处理君臣、父子、兄弟等关系时以利为基本原则，这样势必危害社会秩序和国君的统治。相反，如果他们能够用仁义来教化人民，使人们都遵守道德，用道德作为处理人际关系的基本标准，这样的话，人民就能够真心归服，这样的国君一定能够用仁德一统天下。

孟子虽然重义轻利，但是，在对待老百姓的基本物质生活需要上，他却要求统治者应当努力满足。他认为，这与仁义原则不但不矛盾，而且正是统治者实行仁义之道的表现。因为老百姓如果没有固定的产业，也就不会有固定的善心；没有固定的善心，就难免做出一些不合乎道德的事情来。统治者如果从爱护百姓的立场出发，就要给他们能够满足日常生活需要的固定产业，使之能够主动向善。孟子的这一主张，以道德水平必然受到经济条件的约束为认识前提，不但具有一定的合理因素，而且对于维护普通民众的利益，也具有积极的意义。

（四）五伦说

所谓"五伦",就是人类社会中五种最基本和最重要的人际关系。孟子从自己的社会历史观和人性论出发,发挥了前人的"五教"、"五品"观念,明确提出了"五伦"思想。他说:"人之有道也,饱食暖衣,逸居而无教,则近于禽兽。圣人有忧之,使契为司徒,教以人伦:父子有亲,君臣有义,夫妇有别,长幼有叙,朋友有信。"(《滕文公上》)孟子所提出的"五伦",即君臣、父子、兄弟、夫妇、朋友,是封建社会中五种最重要的道德关系。这五种人际关系如果和谐,整个封建秩序就会稳定。因此,从孔子到孟子以至后世的所有儒家思想家,都对这五种关系给予了高度的关注。

总体来说,孟子所说的"五伦",都是为封建等级制度服务的。但是,在处理上下关系上,孟子并没有像后世一样强调下对上的绝对服从,而是认为双方都要履行自己的义务。尤其是在论及君臣一伦时,他提出:"君之视臣如手足,则臣视君如腹心;君之视臣如犬马,则臣视君如国人;君之视臣如土芥,则臣视君如寇雠。"(《离娄下》)他强调,君臣双方虽然地位不同,但义务却不是片面的和单方面的。他甚至提出,如果君主犯了错误却屡次劝谏也不改正,"贵戚之卿"就可以改立他人;对于那些残害百姓的独夫民贼,有道德的人可以流放他们,甚至杀死他们。

（五）民本观

"民本"是中国古代一种优秀的思想,在中国伦理思想史上也有着悠久的历史。它大约形成于西周初年,到春秋战国时期,已经成为一种重要的社会思潮,被政治家和思想家们所普遍重视。孟子继承了自西周以来的"民本"思想,并做了进一步的发展。尤其是他提出的"民为贵,社稷次之,君为轻"(《尽心下》)的思想,将"民本"思潮推到了一个新的高度。他认为,首先,人民是政权更替之本。统治者获得了统治权,是因为得到了人民的认可;统治者失去统治权,同样也是由于失去了人民的支持。其次,人民是国家富强稳定之本。统治者如果能够真正从老百姓的利益考虑,得到老百姓的支持,天下的商旅、贤士、人民都来归附,这样的国家就一定能富强;同时,老百姓只有满足基本的物质生活需要之后,才能自觉接受教化,统治者如果要想实现社会稳定,必须通过政治措施满足老百姓的生活需要。最后,人民还是战争胜负之本,遵守道义、爱护人民的人自然会得到人民的帮助,而违背道义、残害人民的人则一定会遭到人民的反对。得到人民帮助的人就能够战无不胜,而遭到人民反对的人就一定会失败。所以说,"国君好仁,天下无敌"(《离娄上》),"仁人无敌于天下"(《尽心下》)。

既然人民是政权更替、国家富强稳定和战争胜负的根本,那么,统治者要想实现长治久安,就必须推行"仁政"。孟子的"仁政"思想是一套完整的体系,包括经济措施、政治措施、教化措施等多方面的内容,其根本的原则,就是"惠民"、"爱民"、"保民"。一方面,要求统治者满足老百姓基本的生活需要,使他们过上安定的日子。要"使民以时",不要轻易地征发他们,使老百姓能够安心进行农业生产;对于生活无着、辗转逃亡的人,应当采取救济的措施。另一方面,还应切实减轻人民的负担。孟子反对统治者对老百姓强取豪夺,主张"省刑罚,薄敛赋","关,讥而不征","耕者,助而不税","廛,无夫里之布"(《公孙丑上》)。只有切实减轻老百姓的负担,才能激发他们的积极性,促进生产和商业等经济活动的发展。孟子认为,只有促进生产和减轻负担两个方面一起努力,才能使百姓富足,自觉追求礼义道德。

（六）修养论

孟子在性善论的基础上，建立了一套完整的道德修养理论，并对后世产生了深远的影响。

孟子非常强调"存心"、"养性"、"修身"、"养心"。他认为，同样的人，有的人成为君子，有的人成为小人，就在于他们的修养不同。"养其小者为小人，养其大者为大人。"（《告子上》）"从其大体为大人，从其小体为小人。"（同上）孟子这里所说的"大者"、"大体"，就是身体的重要器官，即"心"的功能和需要，也就是人的道德追求和精神需要；所谓"小者"、"小体"，就是次要器官，即耳目口腹的功能和需要，也就是人的物质追求和肉体需要。孟子强调，一个有志于追求高尚道德的人，必须发挥良知和良心的作用，抵御耳目口腹的诱惑，把培养善良品德和道德情操放在最重要的位置上。否则，如果每天只是专注于口腹的快乐，最终只能成为一个没有道德、没有操守的小人。

在进行道德修养的方法上，孟子认为，最重要的就是"养气"，即培养"浩然之气"。同时，"浩然之气"是"集义"的结果。所谓"集义"，就是通过不断的道德践履，使"义"，即行为准则，慢慢积累起来，使其凝结为稳定的道德品质。这种"集义"而生的"浩然之气"，是至大至刚的，不但充塞于人的身心，而且充塞于天地之间，能够随时随地引导人在符合"义"的道路上行动。在通过"集义"产生"浩然之气"的过程中，除了认真培养不要伤害之外，孟子还提出了"勿助勿忘"的态度，既不能急于求成、操之过急，也不能有所懈怠、一曝十寒。只有不断日积月累，才能最终达到预期的目标。

除了涵养"浩然之气"这种积极的方法之外，孟子还提出了一种道德修养的消极方法，即"寡欲"，减少或者遏制自己的物质欲望。孟子认为，物质需要是人的低级需要，是人与其他动物共同的特征，而道德需要和精神追求才是人之为人的根本特征。同时，物质欲望与道德追求又是相对立的，人们如果专注于物质需要的满足，必然会忽视道德修养。因此，在孟子看来，如果要做一个君子，就必须减少和遏制自己的物质欲望。一个人如果物质欲望不多，那么他心中本有的善性即使有所丧失，也是很少的。

关于道德修养的理想境界，孟子除了继承了孔子的"圣人"、"君子"等理想人格之外，还提出了"大丈夫"的理想人格。他说："居天下之广居，立天下之正位，行天下之大道；得志，与民由之，不得志，独行其道；富贵不能淫，贫贱不能移，威武不能屈，此之谓大丈夫。"（《滕文公下》）孟子"大丈夫"的人格理想，在历史上起了积极的作用，激励过许多豪杰之士做出了千古流芳的伟大业绩。

除了上述思想之外，孟子在哲学、政治、教育、文学、美学、经济等领域也有一些独到的见解，这里不再一一详述。

总之，孟子是中国历史上最重要的思想家之一，他对中华传统文化的形成和发展做出了卓越的贡献，他的思想对于中国乃至全人类的文明进步依然发挥着积极的作用。20世纪之后，随着封建制度的崩溃，人们开始对孟子以及儒学的价值进行重新评估，孟子的地位也经历了几次起起落落。我们今天在对包括孟子思想在内的中国传统文化的分析和继承中，既不能像封建社会中一样对他极端地推崇，也不能一笔抹杀、全盘否定，而是应当立足于中华民族的伟大复兴和社会主义建设实践的需要，采取客观、科学、公正的态度，批判地吸收其思想中的合理性因素，使其焕发出新的光彩。

目 录

梁惠王上 ································ 001

梁惠王下 ································ 027

公孙丑上 ································ 056

公孙丑下 ································ 081

滕文公上 ································ 101

滕文公下 ································ 122

离娄上 ·································· 144

离娄下 ·································· 169

万章上 ·································· 194

万章下 ·································· 221

告子上 ·································· 242

告子下 ·································· 265

尽心上 ·································· 294

尽心下 ·································· 323

梁惠王上

【题解】

《孟子》七篇,每篇各分上、下,篇名同《论语》一样,都是取自各篇首句。《梁惠王上》共七章,记录的都是孟子与梁惠王、梁襄王、齐宣王等诸侯王的对话。孟子人生的黄金时期,也曾经像孔子一样,周游列国,试图说服诸侯接受自己的政治主张,实现人生的抱负。其中魏(都城大梁,因此《孟子》中称其为"梁")、齐是孟子到过的两个比较大的诸侯国。在这七段对话中,孟子对自己"仁政"的理念进行了详细的阐述。孟子认为,"仁者无敌",统治者如果推行"仁政",老百姓归附他就像水往低处流一样不可阻挡。因此他告诫梁惠王不要开口闭口都是"利"的问题,作为一个国君来说,只要做到仁义就可以了。他还告诫国君们要与民同乐,要关心老百姓的生产和生活,"制民之产",减轻税负,使民以时。在最后一章同齐宣王的对话中,孟子对统治者推行"仁政"的原因、条件、原则、措施等都进行了详细分析。他认为,每个人都有"不忍人之心",这是国君推行"仁政"的内在基础。作为一个统治者,有没有推行"仁政"并不是能不能的问题,而只是一个愿不愿意做的问题。

孟子见梁惠王①,王曰:"叟②,不远千里而来,亦将有以利吾国乎③?"孟子对曰:"王何必曰'利'?亦有'仁义'而已矣④。王曰'何以利吾国',大夫曰'何以利吾家'⑤,士庶人曰'何以利吾身'⑥。上下交征利⑦,而国危矣。万乘之国⑧,弑其君者⑨,必千乘之家;千乘之国,弑其君者,必百乘之家。万取千焉⑩,千取百焉,不为不多矣。苟为后义而先利⑪,不夺不餍⑫。未有'仁'而遗其亲者也⑬;未有'义'而后其君者也。王亦曰'仁义'而已矣,何必曰'利'?"

【注释】

①梁惠王:即魏惠王,名䓫。魏国最初定都安邑(今山西夏县西北),后来为避免来自于秦国的威胁,迁都大梁(今河南开封),因此"魏"又称"梁"。魏本来是一个侯国,僭用周天子的称号"王",所以朱熹说:"梁惠王,魏侯䓫也。都大梁,僭称王。""惠"是他死后的谥号。　②叟:古代对年长者的称呼。
③利:即"使……得利",指富国强兵之类。　④仁义:"仁"是中国传统伦理思想中的重要范畴,也是孔子所创立的儒家伦理思想的核心,东汉许慎的《说文解字》中说:"仁,亲也。"按照孔子的解释,"仁",简单地说,就是"爱人",指人与人之间的相亲相爱。"义"也是儒家思想中最基本的范畴和观念之一,主要是指对人们的思想和行为进行价值判断的标尺或者准绳。在孟子的思想中,"仁义"二者并称,作为伦理思想的核心范畴。
⑤大夫:古代官职名,周代在诸侯国国君之下有卿、大夫、士三等,各等中又分为上、中、下三级。家:卿大夫的采地食邑,即诸

侯封给卿、大夫的封地,可以作为他们世世代代的生活来源。
⑥庶人:周代对农业生产者的称呼,也泛指一般老百姓。
⑦交征利:即竞相夺取利益。交:互相,竞相。征:取,夺取。
⑧万乘之国:乘,车子。春秋战国时多指兵车,一乘包括一车四马,车上一般有三名甲士。那时候战争主要以车战为主,拥有兵车的多少是衡量诸侯国或者大夫力量大小的重要标志。万乘之国,即拥有万辆兵车的大国。　⑨弑:古代称臣子杀死君主,子女杀死父母等卑幼杀死尊长的行为为"弑"。
⑩取:得到。　⑪苟:如果,假如。后义而先利:指在考虑问题时把是否得到"利"放在优先考虑的位置,而使"义"相对居于次要的位置。后,以……为后。先,以……为先。　⑫餍:原意是吃饱,引申为满足。　⑬遗:遗弃,舍弃。

【译文】

孟子到魏国去,见到了国君梁惠王。梁惠王问:"老先生,你不远千里来到我们魏国,将有什么能使我们魏国得利的吗?"孟子回答说:"大王您为什么一定要讲得到'利'呢?只要有'仁义'就可以了。像您这样作为国君的如果说'用什么办法可以使我的国家得利',大夫们就会说'用什么办法可以使我的封地得利',一般的士人和普通百姓也会说'用什么办法可以使我自身得利'。上上下下都竞相逐利,如果这样,国家就危险了。在拥有万辆兵车的国家中,弑君犯上的,必定是拥有千辆兵车的大夫;在拥有千辆兵车的国家中,弑君犯上的,必定是拥有百辆兵车的大夫。万中取千,千中取百,作为一国的大臣来说,财产不可谓不富足了。如果在考虑问题时忽略了'义'而总是把'利'放在优先的位置,那么大夫不夺取国君的地位和财产就决不会满足。从来没有重视'仁'而遗弃自己双亲的人,也从来没有崇尚'义'而怠慢自己国君的人。作为一国的国君,大王您只要讲'仁义'就足够了,为什么一定要说这个'利'字呢?"

孟子见梁惠王,王立于沼上^①,顾鸿雁麋鹿^②,曰:"贤者亦乐此乎^③?"孟子对曰:"贤者而后乐此;不贤者,虽有此,不乐也^④。《诗》云^⑤:'经始灵台,经之营之。庶民攻之,不日成之。经始勿亟,庶民子来。王在灵囿,麀鹿攸伏。麀鹿濯濯,白鸟鹤鹤。王在灵沼,於牣鱼跃^⑥。'文王以民力为台为沼,而民欢乐之,谓其台曰灵台,谓其沼曰灵沼;乐其有麋鹿鱼鳖。古之人与民偕乐^⑦,故能乐也。《汤誓》曰^⑧:'时日害丧?予及女皆亡^⑨。'民欲与之皆亡,虽有台池鸟兽,岂能独乐哉?"

【注释】

①沼:指水池。　②顾:回首,回视。鸿雁麋鹿:泛指惠王园中所养的观赏动物。　③贤者:即贤人,有才德的人。乐:喜爱,喜欢,为……感到快乐。　④贤者而后乐此;不贤者,虽有此,不乐也:赵岐注曰:"惟有贤者然后乃得乐此耳。谓修尧舜之道,国家安宁,故得有此以为乐也。不贤之人,亡国破家,虽有此,亦为人所夺,故不得以为乐也。"　⑤《诗》:即我国第一部诗歌总集《诗经》。《诗经》最早称为《诗》,后来被儒家奉为经典,才称为《诗经》。《诗经》共收录诗歌305首,大部分都是西周到春秋时期的,按其内容,分为"风"、"雅"、"颂"三部分。　⑥经始灵台,经之营之。庶民攻之,不日成之。经始勿亟,庶民子来。王在灵囿,麀鹿攸伏。麀鹿濯濯,白鸟鹤鹤。王在灵沼,於牣鱼跃:这几句诗出自《诗经·大雅·灵台》。"鹤

鹤",阮元校刻十三经注疏之《毛诗正义》作"翯翯"。经,筹划,量度。灵台,《诗序》曰:"《灵台》,民始附也。文王受命,而民乐其有灵德,以及鸟兽昆虫焉。"郑玄笺曰:"天子有灵台者,所以观祲象,察气之妖祥也。文王受命,而作邑于丰,立灵台。"并说:"神之精明者称灵。四方而高曰台。"营,建造,制作。庶民,众民,平民,老百姓。攻,这里指营建。不日,朱熹《集注》曰:"不日,不终日也。"亟,速,急。子来,朱熹《集注》曰:"如子来趋父事也。"郑玄笺云:"众民各以子成父事而来攻之。"意思相同。王,指周文王。儒家将尧、舜、禹、汤、文(王)、武(王)、周公等人都当做"圣人"来崇拜,把他们看做才德的化身。囿,古代帝王畜养禽兽以供观赏的园林,汉代以后称"苑"。麀,母鹿。攸,助词,所。濯濯,肥泽貌。鹤鹤(翯翯),光泽洁白貌,形容羽毛洁白而有光泽。於,叹美辞,无义。牣,盈满,充塞。
⑦偕:俱,同。 ⑧《汤誓》:《尚书·商书》的第一篇,为商汤率师伐桀时的誓词。 ⑨时日害丧?予及女皆亡:这是夏的百姓诅咒暴君桀的话,时,通"是",此,这。害,通"曷",疑问代词,什么,什么时候。予,我。女,通"汝",你。皆,朱熹《集注》作"偕",二字通,意为一同,俱。

【译文】

孟子拜见梁惠王,惠王正站在花园的池塘旁边,一边回视着园中的鸟兽,一边问孟子:"有才德的贤者也能从这些东西中感到快乐吗?"孟子回答说:"只有贤者才能感受到这种快乐;如果不是贤者,即使有这些东西,他也是无法感受到快乐的。《诗经·灵台》中说:'文王开始筑灵台,谋划建造细安排。百姓齐心同努力,灵台很快便建成。文王本来不着急,百姓群情太踊跃。文王来到灵囿中,母鹿安逸不惊扰。地上鹿群空中鸟,体态肥美毛色好。文王信步到灵沼,池中鱼儿齐蹿跃。'文王用老百姓的力量建台建池,而老百姓却为此感到高兴,把建成的台命名为'灵台',建成的池命名为'灵沼',看到其中养育的各种动物而感到高兴。古代的人能够与民同乐,所以就能够从这些有观赏价值的东西中感受到真正的快乐。《尚书·汤誓》中说:'(夏桀)你这个毒太阳什么时候灭亡啊!我宁愿和你同归于尽!'如果老百姓恨不能与他同归于尽,即使有池榭庭台,珍禽异兽,他还能够独自从中得到快乐吗?"

梁惠王曰:"寡人之于国也①,尽心焉耳矣②。河内凶③,则移其民于河东④,移其粟于河内⑤;河东凶,亦然⑥。察邻国之政⑦,无如寡人之用心者。邻国之民不加少⑧,寡人之民不加多,何也?"孟子对曰:"王好战,请以战喻⑨:填然鼓之⑩,兵刃既接⑪,弃甲曳兵而走⑫,或百步而后止⑬,或五十步而后止。以五十步笑百步,则何如?"曰:"不可,直不百步耳⑭,是亦走也。"曰:"王如知此,则无望民之多于邻国也⑮。不违农时⑯,谷不可胜食也⑰;数罟不入洿池⑱,鱼鳖不可胜食也;斧斤以时入山林⑲,材木不可胜用也。谷与鱼鳖不可胜食,材木不可胜用,是使民养生丧死无憾也⑳。养生丧死无憾,王道之始也㉑。五亩之宅㉒,树之以桑㉓,五十者可以衣帛矣㉔!鸡豚狗彘之畜㉕,无失其时㉖,七十者可以食肉矣!百亩之田,勿夺其时㉗,数口之家可以无饥矣!谨庠序之教㉘,申之以孝悌之义㉙,颁白者不负戴于道路矣㉚。七十者衣帛食肉,黎民不饥不寒㉛,然而不王者㉜,未之有也。狗彘食人食而不知检㉝;涂有饿莩而不知发㉞。人死,则曰:'非我也,岁也㉟。'是何异于刺人而杀之,曰:'非我也,兵也㊱。'王无罪岁㊲,斯天下之民至焉㊳。"

【注释】

①寡人:古代诸侯自称,后来成为君主的谦称。 ②焉耳:恳切之辞。 ③河内:古代指黄河以北的地区,也专指河南省黄河以北的地区,即今之济源一带,战国时属魏国。凶:灾荒,收成不好。 ④河东:黄河流经山西省,自北而南,故称山西省境内黄河以东的地区为"河东",即今之山西安邑一带,魏国旧地。 ⑤粟:谷物名,即"谷子",这里是粮食的通称。 ⑥然:代词,如此,这样。指河东发生灾荒时也采取与河内灾荒类似的政策和措施。 ⑦察:考察,调查。政:政令,政策。 ⑧加:更加。 ⑨请:敬辞,无实意。喻:指通过比喻来说明。 ⑩填然:形容鼓音隆隆,声势宏大的样子。填,鼓音,军事行动中,鼓是前进的号令。鼓之:杨伯峻《孟子译注》认为:"'鼓'在这里为不及物动词,其下不当有宾语,这'之'字不是宾语,只是用来凑足一个音节罢了。" ⑪既接:刚刚一接触。 ⑫弃甲曳兵:形容军队败退,非常狼狈的样子。甲,指战斗中所穿的用皮革、金属等制成的护身服。曳,倒拖着。兵,指兵器。走:逃跑,逃奔。 ⑬或:代词,有人,有些人。 ⑭直:副词,只不过。 ⑮望:希望,期待。 ⑯不违农时:朱熹《集注》中说:"农时,谓春耕夏耘秋收之时。凡有兴作,不违此时,至冬乃役之也。" ⑰胜:尽。 ⑱数罟:网眼细密的渔网。数(shuò),细密,稠密。罟,渔网。古代曾经规定,渔网的网眼不

能小于四寸,鱼不满尺,既不允许在市上售卖,也不允许人食用。洿(wū)池:指水塘。古代称地势低洼、停滞不流的水为"洿"。　⑲斤:斧头。　⑳憾:恨,心怀怨恨。　㉑王道:中国传统儒家提出的一种政治主张,与霸道相对,强调以仁义治天下,实行仁政,重视教化。　㉒五亩之宅:赵岐注曰:"庐井、邑居各二亩半以为宅,各入保城二亩半,故为五亩也。"　㉓树:种植,栽种。　㉔衣:穿(衣服)。帛:古代对丝织物的统称。　㉕豚:小猪,亦泛指猪。彘:猪。畜:饲养。　㉖无失其时:朱熹《集注》说:"时,谓孕字之时,如孟春牺牲毋用牝之类也。"杨伯峻《孟子译注》中认为:"《淮南子·主术训》说过:'鱼不长尺不得取,彘不期年不得食。'不准吃食小鸡小狗小猪,可能就是'无失其时'。赵岐《注》云:'言孕字不失时也。'亦通。……豚是小猪,但只能杀以祭祀,正如王筠在《说文释例》所说的,'古人之豕,非大不食,小豕惟以致祭也'。所以这里既言'彘',又言'豚'。"　㉗夺:丧失,失去。　㉘庠序:古代的地方学校。后泛指学校。　㉙申:申诫,告诫。孝悌:"孝"和"悌"都是中国传统伦理思想中的重要内容,善事父母为孝,善事兄长为悌。在中国古代宗法制的社会中,孝悌不但是维护家庭和睦的基础,而且被看做保证社会有序和稳定的重要前提。　㉚颁白:即"斑白",指老人的头发半黑半白。负戴:以背驮物为"负",以头顶物曰"戴"。　㉛黎民:民众,百姓。黎,众,众多。一说"黎"为黑色,黎民指黑发之人,即年龄少壮者。　㉜王:称王,特指以德治仁政统一天下。　㉝狗彘食人食而不知检:意思是当收成好的年景,国家应当把粮食收购上来,免得用好粮食来饲养猪狗。　㉞涂:道路。饿莩(piǎo):饿死的人。发:散发,发给,特指开仓廪以赈济。

㉟岁:年景,一年收成的丰歉。　㊱兵:指杀人的兵刃。
㊲无:同"毋",不要。罪:归罪于。　㊳斯:连词,则。

【译文】

梁惠王说:"我在治理国家上,可真的是非常尽心了。河内如果发生了灾荒,我就把人民迁移到河东去,把粮食调拨到河内来;河东发生了灾荒也是一样。考察一下邻国的国家治理,没有一个像我这样用心的。可是邻国的人口没有减少,我国的人民也没有增加,这是为什么呢?"孟子回答说:"大王您爱好打仗,就让我用打仗做个比方来说明吧。作为冲杀号令的战鼓擂得震天响,两军的兵刃刚刚一接触,士兵们就丢盔弃甲、倒拖着兵器逃离了战场,有的跑出去一百步停下来,有的跑出去五十步停下来。如果跑了五十步的人对跑了一百步的人加以嘲笑,您认为如何呢?"惠王说:"当然不可以,他只不过没有跑到一百步罢了,但也是逃跑了。"孟子说:"大王您如果明白这个道理,就不必期望自己的百姓比邻国多了。如果在老百姓农忙的时候不去耽误他们的农时,生产出的粮食就吃不完;如果不让过于细密的渔网到湖沼池塘里捕鱼,生产出的水产就吃不完;如果按照规定的时间采伐林木,生产出的木材就用不完。粮食和水产吃不完,木材用不完,这样就能使老百姓在生养死丧这些事情上都不会有什么怨言。老百姓在生养死丧这样的事情上没有怨言,这就是实行王道的开始。让老百姓在每家五亩的宅地上都栽种上桑树,五十岁以上的老人就可以穿上丝织的衣服了;让老百姓不要错过了饲养鸡犬猪狗的时节,七十岁以上的老人就可以吃上有肉的饭菜了。每家百亩农田,不要随意侵占他们的农时,有着数口人的家庭就可以免于饥寒了。认真地推行学校教育,向老百姓申明孝悌等做人的道理,头发花白的老人就不用再负载着重物在道路上奔波了。七十岁以上的人穿上丝吃上肉,老百姓没有饥寒之忧,做到这些而不能够使天下归心,是自古以来没有过的事情。猪狗吃着人的口粮而不知道制止,路旁有倒毙的饿殍而不知道赈济。老百姓死了,却说:'这与我没有关系,是年景不好的结果。'如果这样,与用刀子刺死了人却说'与我无关,要怪就怪兵器'有什么分别?如果你不再总将国内的问题归罪于年景,这样天下的人民就都会投奔到魏国来的。"

梁惠王曰:"寡人愿安承教①。"孟子对曰:"杀人以梃与刃②,有以异乎?"曰:"无以异也。""以刃与政,有以异乎?"曰:"无以异也。"曰:"庖有肥肉③,厩有肥马④,民有饥色,野有饿莩,此率兽而食人也。兽相食,且人恶之⑤;为民父母,行政不免于率兽而食人,恶在其为民父母也⑥?仲尼曰⑦:'始作俑者⑧,其无后乎!'为其象人而用之也⑨。如之何其使斯民饥而死也?"

【注释】

①安:大体相当于"乐意"。承教:接受教令,接受教诲,常用做谦辞。　②梃:原指植物的茎、干,这里指棍棒。刃:指刀剑一类利器。　③庖:即厨房。　④厩:用于养马的棚或圈。　⑤恶(wù):厌恶,讨厌。　⑥恶(wū):疑问代词,相当于"何"、"安"、"怎么"。　⑦仲尼:即儒家创始人孔子。孔子,名丘,字仲尼,春秋时期鲁国人。生于公元前551年,卒于公元前479年,享有世界盛誉的著名思想家、教育家。　⑧俑:古时用以殉葬的偶人,一般为木制或陶制。　⑨象人:即像人形的木偶人、泥人。

【译文】

梁惠王说:"我很乐意听取您的教诲。"孟子答道:"用棍棒和刀剑杀人,二者有区别吗?"惠王说:"没有什么区别。"孟子接着又问:"用刀剑与政令,二者有区别吗?"惠王说:"也没有什么区别。"于是孟子说:"厨房中有肥美的肉,栏厩中有肥硕的马,而老百姓却面带着饥色,田野中有倒毙的饿殍,这无异于驱赶着野兽来吃人啊!野兽之间相互蚕食,人们尚且厌恶;而身为老百姓的父母官,推行政令时却不能避免如同率领野兽来吃人之类的情况发生,那又怎么能称得上是老百姓的父母官呢?孔子曾经说过:'最早制作俑人用于陪葬的人,应该不会有什么后代吧!'因为他们制作了酷似人形的木偶、陶偶来殉葬啊,那又更何况使老百姓活生生地被饿死呢?"

梁惠王曰:"晋国①,天下莫强焉②,叟之所知也。及寡人之身,东败于齐,长子死焉③;西丧地于秦七百里④;南辱于楚⑤。寡人耻之⑥,愿比死者壹洒之⑦。如之何则可?"孟子对曰:"地方百里⑧,而可以王。王如施仁政于民⑨,省刑罚⑩,薄税敛⑪,深耕易耨⑫;壮者以暇日修其孝悌忠信⑬,入以事其父兄⑭,出以事其长上,可使制梃以挞秦楚之坚甲利兵矣⑮。彼夺其民时⑯,使不得耕耨,以养其父母;父母冻饿,兄弟妻子离散。彼陷溺其民⑰,王往而征之⑱,夫谁与王敌⑲?故曰'仁者无敌'⑳。王请勿疑㉑。"

【注释】

①晋国:西周建立之后,周成王封其弟叔虞于尧之故墟唐,因南有晋水,至叔虞的儿子燮父时改国号为晋,大约在今山西省、河

北省南部、陕西省中部及河南省西北部一带。晋国为春秋时最强大的诸侯国之一,其国君晋文公曾经称为诸侯的霸主。后晋国为其大夫韩、赵、魏所分,三国仍合称"三晋",所以惠王自称为"晋国",此"晋国"已不是春秋时的晋国。　②莫:代词,没有谁,没有什么。焉:兼有介词和代词的功能,相当于介词"于"加代词"此"或"是"。　③东败于齐,长子死焉:指公元前343年的马陵之战。此次战役在《史记》的《魏世家》、《田齐世家》、《孙吴列传》中均有提及。齐军打败魏军,俘虏了魏国太子申。　④西丧地于秦七百里:魏惠王时,西邻秦国任用商鞅进行变法,秦国日渐强大,并屡次打败魏国。惠王三十一年(秦孝公二十二年),商鞅率秦军联合赵、齐打败魏军,俘公子卬。魏国被迫献出河西之地和上郡的十五个县城给秦国。因魏国的都城安邑靠近秦国,为了避免来自秦国的威胁,魏惠王迁都于大梁。　⑤南辱于楚:《史记·楚世家》记载:"怀王六年,楚使柱国昭阳将兵而攻魏,破之于襄陵,得八邑。"考之古本《竹书纪年》,此事当发生在梁惠王时。梁惠王这里所说的,可能就是这件事。　⑥耻:羞愧,以……为耻。　⑦愿:希望。比:介词,为,替,代。壹:皆,都,全,一概,一律。洒(xǐ):"洗"的古字。洗涤,洗雪。　⑧地方百里:土地方圆百里的小国。　⑨仁政:儒家一贯的政治主张,认为统治者应当用德治的方法,宽厚待民,争取民心。　⑩省:简,少。⑪薄:减轻,减损。敛:赋税。　⑫易耨:即尽力耕耘之意。⑬暇:空闲,闲暇。修:学习,培养。忠信:忠和信都是儒家提倡的重要的道德规范。其中,关于"忠",《说文解字》中说:"尽心曰忠。"朱熹《论语集注》中也说:"尽己之谓忠。"也就是说,"忠"就是忠诚无私、尽心竭力的意思。如《左传·成公九年》

中说:"无私,忠也。"韦昭注《国语·周语下》"言忠必及意,言信必及身"说:"出自心意为忠。"后来,由于受法家思想的影响,人们往往将"忠"与忠于君王联系起来。关于"信",《说文解字》中解释说:"信,诚也。"也就是说,"信"就是诚实不欺、守信用、实践诺言之意。　　⑭事:侍奉,供奉。　　⑮制:制作。挞:用鞭子或棍子打。　　⑯彼:这里指齐、楚、秦等敌国。⑰陷溺:谓使人民处于水深火热之中。陷,指没入土中。溺,指没入水中。　　⑱征:征伐,征讨。　　⑲敌:抵挡,对抗。⑳仁者:具有仁德的人。　　㉑疑:迟疑,犹豫,疑虑。

【译文】

梁惠王说:"想我晋国,当初是天下没有谁能够比得上的强国,这是您老人家所知道的。可是自从我当了国君之后,在东面,被齐国打败,大儿子战死了;在西面,被秦国打败,丧失了七百多里土地;在南面,则又受辱于楚国。对于目前的这种状况,我深感耻辱,希望能够代替死者把这些屈辱统统洗刷掉。您认为我现在应该怎么办呢?"孟子回答说:"即使只有方圆百里的土地,也有机会通过仁德统一天下。大王您如果能够对人民实行仁政,减省刑罚,降低赋税,使老百姓安心致力于耕耘收获;让年轻人在闲暇时候学习孝悌忠信等做人的道理,培养起这些德行,在家就能用它来孝敬父母尊重兄长,在外就能用它来竭忠尽力侍奉长上。这样的话,可以让他们制作棍棒等简陋的武器,就能够打败秦楚等强国装备良好的甲士。道理就在于,这些国家滥用民力,侵夺老百姓的生产时间,使他们不能安心耕作,以奉养自己的父母;他们的父母挨饿受冻,兄弟、妻子、儿女等一家人四处逃散。也就是说,这些国家将他们的老百姓置于水深火热之中,大王您率师去征讨他们,那么还有谁能成为您的对手呢?这就是所谓'仁者无敌'的道理,大王您不要再有疑虑了。"

孟子见梁襄王①。出,语人曰②:"望之不似人君,就之而不见所畏焉③。卒然问曰④:'天下恶乎定⑤?'吾对曰:'定于一⑥。''孰能一之?'对曰:'不嗜杀人者能一之⑦。''孰能与之⑧?'对曰:'天下莫不与也。王知夫苗乎?七八月之间旱⑨,则苗槁矣⑩。天油然作云⑪,沛然下雨⑫,则苗浡然兴之矣⑬。其如是,孰能御之?今夫天下之人牧⑭,未有不嗜杀人者也;如有不嗜杀人者,则天下之民皆引领而望之矣⑮。诚如是也⑯,民归之,由水之就下⑰,沛然谁能御之?'"

【注释】

①梁襄王:梁惠王之子,名嗣,一说名赫。《史记·魏世家》中说,惠王三十六年,"惠王卒,子襄王立","十六年,襄王卒"。②语:告诉。 ③就:就近,凑近,靠近。 ④卒然:同"猝然",突然,忽然。 ⑤恶乎:疑问代词,何所,通过什么,通过谁。 ⑥一:这里指天下统一。 ⑦嗜:爱好,喜爱。 ⑧与:亲附、归从之意。 ⑨七八月:周历以含有冬至之月,即夏历十一月为岁首,因此周历之七八月,相当于夏历五六月,正是禾苗最需要雨水的时候。 ⑩槁:枯槁,干枯。 ⑪油然:赵岐注曰:"油然,兴云之貌。"作:兴起,发生。 ⑫沛然:盛大、充足的样子。 ⑬浡:兴起,指事物自始生而发展起来,由小而大或由少而多的过程。 ⑭人牧:统治者,治理人民的人。牧,即为管理、统治、治理之意。 ⑮引领:伸长脖子,伸颈远望,多用来形容期望殷切。引,伸长(脖颈)。领,即脖子。 ⑯诚:真正,确实。 ⑰由:同"犹",如同,好像。

就:趋向。

【译文】

孟子拜见梁襄王,出来后,对别人说:"(魏国的这个国君,)远看不像个君王的样子,走近了也看不到有什么威严。(我们见面之后,)他突然间就问我:'天下怎么样才能够安定?'我回答说:'有统一才能有安定。'他又问:'谁能够统一天下?'我回答说:'不喜欢杀人的人能够统一天下。''(如果不杀人,)谁会归附服从他呢?'他紧接着又问。我回答说:'天下人没有不归附服从他的。大王您知道禾苗生长的规律吗?七八月之间如果天旱,禾苗就会枯萎。如果天空突然阴云密布,大雨倾盆,那么禾苗马上就会蓬勃地生长起来。规律就是这样,谁能抵挡得住呢?现在天下这些治理人民的人,没有不喜欢杀人的;如果现在能出现一个不喜欢杀人的国君,则天下的老百姓都伸长了脖子期待着他的到来。果真是这样,老百姓归从他,就像水往低处流一样,浩大的声势又有谁能抵挡得住呢?'"

齐宣王问曰①:"齐桓、晋文之事②,可得闻乎?"孟子对曰:"仲尼之徒无道桓、文之事者③,是以后世无传焉,臣未之闻也。无以④,则王乎?"曰:"德何如⑤,则可以王矣?"曰:"保民而王⑥,莫之能御也。"曰:"若寡人者,可以保民乎哉⑦?"曰:"可。"曰:"何由知吾可也⑧?"曰:"臣闻之胡龁曰⑨,王坐于堂上,有牵牛而过堂下者⑩。王见之曰:'牛何之⑪?'对曰:'将以衅钟⑫。'王曰:'舍之⑬!吾不忍其觳觫⑭,若无罪而就死地。'对曰:'然则废衅钟与⑮?'曰:'何可废也?以羊易之。'不识有诸⑯?"曰:"有之。"曰:"是心足以王矣⑰。百姓皆以王为爱也⑱;臣固知王之不忍也⑲。"王曰:"然。诚有百姓者⑳,齐国虽褊小㉑,吾何爱一牛?即不忍其觳觫㉒,若无罪而就死地,故以羊易之也。"曰:"王无异于百姓之以王为爱也㉓。以小易大,彼恶知之?王若隐其无罪而就死地㉔,则牛羊何择焉㉕?"王笑曰:"是诚何心哉?我非爱其财而易之以羊也。宜乎百姓之谓我爱也㉖。"曰:"无伤也㉗,是乃仁术也㉘。见牛未见羊也。君子之于禽兽也,见其生,不忍见其死;闻其声㉙,不忍食其肉。是以'君子远庖厨㉚'也。"

王说㉛,曰:"《诗》云:'他人有心,予忖度之㉜',夫子之谓也。夫我乃行之㉝,反而求之㉞,不得吾心;夫子言之,于我心有戚戚焉㉟。此心之所以合于王者,何也?"曰:"有复于王者曰㊱:'吾力足以举百钧㊲,而不足以举一羽;明足以察秋毫之末㊳,而不见舆薪㊴。'则王许之乎㊵?"曰:"否。""今恩足以及禽兽,而功不至于百姓者,独何与?然则一羽之不举,为不用力焉;舆薪之不见,为不用明焉;百姓之不见保㊶,为不用恩焉。故王之不王,不为也㊷,非不能也。"曰:"不为者与不能者之形何以异㊸?"曰:"挟太山以超北海㊹,语人曰:'我不能',是诚不能也。为长者折枝㊺,语人曰:'我不能',是不为也,非不能也。故王之不王,非挟太山以超北海之类也;王之不王,是折枝之类也。老吾老以及人之老,幼吾幼以及人之幼㊻,天下可运于掌㊼。《诗》云:'刑于寡妻,至于兄弟,以御于家邦㊽',言举斯心加诸彼而已㊾。故推恩足以保四海㊿,不推恩无以保妻子。古之人所以大过人者无他焉(51)，善推其所为而已矣。今恩足以及禽兽，而功不至于百姓者(52)，独何与？权(53)，然后知轻重；度(54)，然后知长短。物皆然，心为甚(55)。王请度之(56)。”

“抑王兴甲兵(57)，危士臣，构怨于诸侯(58)，然后快于心与(59)？”王曰：“否。吾何快于是？将以求吾所大欲也(60)。”曰：“王之所大欲，可得闻与？”王笑而不言。曰：“为肥甘不足于口与(61)？轻暖不足于体与(62)？抑为采色不足视于目与(63)？声音不足听于耳与(64)？便嬖不足使令于前与(65)？王之诸臣皆足以供之，而王岂为是哉？”曰：“否，吾不为是也。”曰：“然则王之所大欲可知已。欲辟土地(66)，朝秦(67)、楚，莅中国而抚四夷也(68)。以若所为(69)，求若所欲，犹缘木而求鱼也(70)。”王曰：“若是其甚与？”曰：“殆有甚焉(71)。缘木求鱼，虽不得鱼，无后灾(72)；以若所为，求若所欲，尽心力而为之，后必有灾。”曰：“可得闻与？”曰：“邹人与楚人战(73)，则王以为孰胜？”曰：“楚人胜。”曰：“然则小固不可以敌大(74)，寡固不可以敌众，弱固不可以敌强。海内之地，方千里者九，齐集有其一(75)；以一服八(76)，何以异于邹敌楚哉？盖亦反其本矣(77)。”

“今王发政施仁，使天下仕者皆欲立于王之朝(78)，耕者皆欲耕于王之野，商贾皆欲藏于王之市(79)，行旅皆欲出于王之涂(80)，天下之欲疾其君者(81)，皆欲赴愬于王(82)。其若是，孰能御之？”王曰：“吾惛(83)，不能进于是矣。愿夫子辅吾志⁸⁴,明以教我。我虽不敏⁸⁵,请尝试之。"曰:"无恒产而有恒心者⁸⁶,惟士为能⁸⁷。若民则无恒产⁸⁸,因无恒心⁸⁹。苟无恒心,放辟邪侈⁹⁰,无不为已。及陷于罪⁹¹,然后从而刑之⁹²,是罔民也⁹³。焉有仁人在位,罔民而可为也?是故明君制民之产⁹⁴,必使仰足以事父母⁹⁵,俯足以畜妻子⁹⁶;乐岁终身饱⁹⁷,凶年免于死亡⁹⁸;然后驱而之善⁹⁹,故民之从之也轻¹⁰⁰。今也制民之产,仰不足以事父母,俯不足以畜妻子;乐岁终身苦,凶年不免于死亡;此惟救死而恐不赡¹⁰¹,奚暇治礼义哉¹⁰²?王欲行之,则盍反其本矣¹⁰³。五亩之宅,树以之桑,五十者可以衣帛矣。鸡豚狗彘之畜,无失其时,七十者可以食肉矣。百亩之田,勿夺其时,八口之家可以无饥矣。谨庠序之教,申之以孝悌之义,颁白者不负戴于道路矣。老者衣帛食肉,黎民不饥不寒,然而不王者,未之有也。"

【注释】

①齐宣王:齐国国君,威王之子,名辟疆,齐宣王七年的时候,梁惠王卒,襄王即位。齐宣王喜欢招纳天下各个学派的学者,这可能是孟子离开魏国来到齐国的原因之一。 ②齐桓、晋文:指齐桓公和晋文公,均为春秋时的诸侯霸主。 ③仲尼之徒:孔子思想的追随者,即儒家学者。 ④无以:不得已,没有办法。"以"同"已"。 ⑤何如:古代用以表示询问的一种句式,相当于今天的"如何"、"怎么样"。 ⑥保民:安民,养民。 ⑦乎哉:语气助词,这里表疑问。 ⑧何由:

即"由何",凭什么、根据什么。 ⑨胡龁(hé):赵岐注曰:"胡龁,王左右近臣也。" ⑩过:经过。 ⑪何之:到哪里去。之,动词,到,往。 ⑫衅钟:"衅"是古代杀生取血涂物以祭的一种血祭仪式。"衅钟"当为古代杀牲用其血涂钟而行的一种祭祀。 ⑬舍:释放。 ⑭觳觫(húsù):惊恐战栗的样子。 ⑮废:停止,中止。与:同"欤",语气词,表疑问。 ⑯识:知道。诸:代词"之"和疑问语气词"乎"的合音。 ⑰是:代词,此,这,这种。 ⑱爱:舍不得,吝惜。 ⑲固:副词,久已,已经。 ⑳诚:的确,确实。 ㉑褊小:指地域、车船等狭小、不宽阔。 ㉒即:只是。 ㉓异:惊异,奇怪。 ㉔隐:同情,可怜。 ㉕择:区别。 ㉖宜:当然,无怪。 ㉗无伤:朱熹《集注》曰:"无伤,言虽有百姓之言,不为害也。" ㉘术:手段、方法,也可特指治理国家的手段和方法。 ㉙声:朱熹《集注》说:"声,谓将死而哀鸣也。" ㉚君子:君子是儒家思想中所树立的一种道德修养的理想人格。从本来意义上说,"君子"是对有地位的男子的通称,与"小人"或"野人"相对举,并不含有道德上的含义。在儒家思想中,君子被赋予了深刻的道德含义,成为对才德出众的人的称呼。虽然在孔子、孟子等思想家的言论中,君子有时还是用来指有地位的统治者,但它更多地被用来作为对有道德的人的美称,并将其确立为道德教育和道德修养的目标。远(yuǎn):离开,避开,远离。庖厨:指厨房。 ㉛说:同"悦"。喜悦,高兴。 ㉜他人有心,予忖度之:见于《诗经·小雅·巧言》。原意是他人有逸心,我要通过细细地揣摩来把握。宣王这里单独引用这两句,并非用全诗的本义,而是"称是《诗》以嗟叹孟子忖度知己心"(赵岐注)。忖度,揣摩,推测。 ㉝乃:只是。 ㉞反:

反省。　㉟戚戚：心动的样子。　㊱复：告诉。　㊲钧：古代重量单位，相当于三十斤。　㊳秋毫：鸟兽秋天新长出来的细毛，比喻极细微之物。　㊴舆：原指车厢，后泛指车子，这里的意思是"整车的"。　㊵许：相信。　㊶见：被，受到。　㊷为：做，干。　㊸形：表现。　㊹挟太山以超北海：挟，夹持，夹在腋下。太山，即泰山，在今山东省泰安市境内，为五岳之首，素有"五岳独尊"之称。超，跃过。北海，即渤海。　㊺折枝：关于何为"折枝"，素有歧见。一说为折取草茎树枝，如朱熹《集注》说："为长者折枝，以长者之命，折草木之枝，言不难也。"一说为按摩。这里仍从朱注。　㊻老吾老以及人之老，幼吾幼以及人之幼：第一个"老"为动词，即敬养，以敬老之礼事之；第二个"老"为名词，即老人、父兄等长者。古代有"老老"之说，即以敬老之道侍奉老人。第一个"幼"为动词，即爱护，指对儿童加以关爱；第二个"幼"是名词，即儿童，孩子，子弟。及，施及。　㊼运：玩弄，拨弄。　㊽刑于寡妻，至于兄弟，以御于家邦：见于《诗经·大雅·思齐》。刑，效法，示范。寡妻，一说为嫡妻。如毛传曰："寡妻，适妻也。"赵岐注也说："寡，少也。言文王正己适妻，则八妾从。"一说为贤妻。如郑玄笺曰："寡妻，寡有之妻，言贤也。"一说为谦辞，意为寡德之妻。如朱熹《集注》中说："寡妻，寡德之妻，谦辞也。"究其原委，当以毛传和赵注为确。御，治理，统御。一说为"享"，"享天下国家之福"。这几句诗的意思是：先给妻子做出榜样，然后推广到兄弟，再进一步推及国家的治理。　㊾举：兴起。　㊿推恩：广施恩惠。推，推广，推行。　㉑大过：远远超过。　㉒功：效果，成效。"功"是中国古代进行价值或者道德评价的主要标准之一，指行为所产生的效果，一般与"志"，即行为的动机相对。　㊺权：称量。　㊾度：丈量,计算。　㊿甚：更加(如此)。　㊼度：考虑,谋划。　㊽抑：表示反问,难道,岂。甲兵：这里指战争、战乱。　㊿构怨：结怨,结仇。　㊾快：感到高兴、愉快。　㊿求：获得,得到。　㊶肥甘：肥美甘甜,这里指肥美甘甜的食物。　㊷轻暖：轻软暖和,这里指轻软而暖和的衣物。　㊸抑：副词,或者,或许。采色：指绚丽的颜色。　㊹声音：古代"声"、"音"是两个不同的概念,东西相互摩擦或者撞击发出的声响称为"声",各种单调的声音相互配合调和称为"音"。　㊺便嬖：指君主左右受宠幸的侍臣。　㊻辟：开拓,开辟。　㊼朝：原指臣下朝见君王。这里指"使……来朝见"。　㊽莅：临视,治理。抚：据有,占有,统治。四夷：古代华夏族对四方少数民族的统称,含有轻蔑之意。　㊾若：如此,这样的。　㊿缘木而求鱼：爬到树上去捉鱼,比喻行动的方向和目的正好相反。缘,攀登,攀缘。　㊶殆：发语词,相当于"可能"、"也许"之意。　㊷灾：泛指祸患。　㊸邹：先秦时诸侯国名,孟子的故国。武王时始受封,春秋时称邾国,曹姓,子爵,战国鲁穆公时改为邹。国土非常狭小。　㊹固：副词,必定,一定。　㊺集：凑集,全部加起来。　㊻服：使降服,使服从。　㊼盍：通"盍",何不。本：这里孟子显然是将兴甲兵视为"末",而把行王道视为"本"。　㊽仕：为官,做官。　㊾商贾：即商人。古代有"行商坐贾"之说,一般称往来各地贩卖货物的商人为"商",开设店铺做买卖的商人为"贾"。藏：储存货物。　㊿行旅：旅客,出行的人。　㊶疾：厌恶,憎恨嫌怨。　㊷愬：诉说,告发。　㊸惛：同"昏",神志不清,迷迷糊糊。　㊹夫子：古代对男子的尊称。　㊺敏：通达,聪慧。　㊻恒产：指长久固定的产业、资产。恒,

梁惠王上　021

长久,固定。恒心:长久保持的道德之心。　㊆士:智者、贤者,后泛指读书人,知识阶层。　㊇若:连词,用在句首以引起下文,相当于"至于"。　㊈因:副词,于是,就。　㊉放辟邪侈:这里泛指一切邪恶的行为。放,放荡,放纵。辟,偏执,偏激。邪,行为不正,不正派。侈,过分,奢侈,浪费。　㉑陷:坠入,陷入。　㉒从:副词,就,随即。刑:惩罚,处罚。　㉓罔:同"网",做动词为张网捕捉之意,这里指诬罔,陷害。　㉔制:订立制度,规定。　㉕仰:这里指对上。　㉖俯:这里指对下。畜:养,养育。　㉗乐岁:指丰年。　㉘凶年:指荒年。　㉙驱:驾驭,役使。　㉚轻:轻易,容易。　㉛赡:足,足够。　㉜奚:疑问词,哪里。治:修养,修饰。礼义:泛指礼法道义。　㉝盍:副词,表示反问,"何不"。

【译文】

齐宣王问孟子:"齐桓公、晋文公等霸主的事迹,可以说来听听吗?"孟子回答说:"信奉孔子学说的人不谈论齐桓公、晋文公的事情,所以后世没有流传下来,我也没有听说过。没有办法,咱们谈谈用仁德统一天下的王道如何?"宣王问:"德行应该怎么样才能用仁德统一天下?"孟子说:"使老百姓的生活得到安定而统一天下,这样的话没有谁能够阻挡。"宣王问:"像我这样的国君,可以使老百姓生活安定吗?"孟子说:"可以。"宣王问道:"你根据什么知道我可以?"孟子回答说:"我听您的近臣胡龁说,有一次您正坐在堂上,有一个人牵着牛从堂下经过。您看见了,问:'要把牛牵到哪里去?'牵牛的人回答说:'打算用它祭祀新筑的钟。'大王您听了,命令那人说:'把牛放了吧,我不忍心看到它恐惧战栗的样子,就好像没有犯罪却要被押去处死一样。'牵牛的人问:'那么就不再祭钟了吗?'您就说:'哪能不祭钟呢?换头羊吧。'不知道有没有这回事?"宣王说:"有啊。"孟子接着说:"有这种心就足可以用仁德一统天下了。老百姓都以为您那样做是因为吝啬,我其实早知道大王您是因为不忍心。"宣王说:"是这样,但也的确有认为我吝啬的老百姓。齐国虽然土地狭小,但我怎么会吝啬一头牛呢?就是因为不忍心看到它恐惧战栗的样子,就像没有犯罪却要被押去处死一样,所以就换了一头羊。"孟子说:"大王您不必为老百姓认为您吝啬而感到奇怪。把一头大的换成一头小的,他们怎么知道您的用意呢?大王您如果对没有犯罪就被押去处死而感到怜悯,那么牛和羊又有什么区别呢?"宣王说:"这究竟是一种什么心理呢?我并不是因为吝啬东西才换成羊的。也难怪老百姓说我吝啬啊。"孟子说:"没有妨碍,这就是一种仁德的做法啊。(是因为您)看见了牛而没有看见羊。有德行的人对于动物,看见它们活着的样子,就不忍心看到它们死;听到它们鸣叫的声音,就不忍心吃它们的肉。所以说'有德行的君子远离厨房这样的地方'啊。"

宣王听了很高兴,说:"《诗经》里说:'他人存何心,我能够揣摩',说的就是先生您这样的人啊。我只是做了那件事情,可是回过头来反省一下,自己也不知道究竟是出于何种心情。听了先生您的这一番话,我的心里就有些开窍了。(您认为)我的这种心情正好能够合乎王道,这是为什么呢?"孟子回答说:"如果有人告诉大王您说:'我的力气大得可以举起三千斤重的东西,可是却举不起一根羽毛;我的视力敏锐到可以看清动物毫毛的末梢,可是却看不到整车的柴草。'那么大王您相信这样的话吗?"宣王回答说:"不相信。"孟子又说:"现在大王您的恩德已经深厚到足可以施及禽兽身上,然而其效果却不能够恩泽百姓,这却是因为什么呢?那么,我们知道,举不起一根羽毛,是因为不肯用力的缘故;看不见整车的柴草,是因为不肯去看的缘故;老百姓不能够被关爱,是由于不肯施恩给他们的缘故。所以说,大王您还没有用仁德一统天下,是因为您不肯去做,而并不是您做不到。"宣王问:"不肯去做和做不到在表现上有什么区别?"孟子说:"将泰山夹在腋下跳过渤海这样的事情,告诉别人说'我做不到',这是真的做不到;替老人折一根树枝这样的事情,告诉别人说'我做不到',这是不肯去做,而并不是做不到。大王您没有用仁德一统天下,并不像将泰山夹在腋下跳过渤海一样(因为它困难),而是像替老人折一根树枝一样(非常容易但不愿意去做)。敬爱自己家的老人,并进一步推广到敬爱别人的老人;爱护自己家的孩子,并进一步推广到爱护别人的孩子。(如果做到这样,)天下就会在您的随意掌控之中。《诗经》里说:'先给妻子做出榜样,然后推广到兄弟,再进一步推广到国家的治理。'说的就是要将这种用心推广到自己身外的各个方面。如果推行恩惠,就可以安定天下;如果不能推行恩惠,就连妻子儿女都无法使他们得到稳定。古代的那些圣贤之所以能够远远高明于当今的这些人,没有其他的原因,就在于他们善于将他们的善德善行向外推广。现在大王您的恩德已经深厚到足可以施及禽兽身上,然而其效果却不能够恩泽百姓,这是因为什么呢?称量之后,才能够知道东西的轻重;丈量之后,才能够清楚物件的长短。事物的规律都是这样,表现在人心上更为明显,大王您还是好好考虑考虑吧。"

"难道大王您只有发动战争,使臣民将士身处危险之中,结怨于四方的诸侯,心里才感到快乐吗?"宣王说:"不是。我哪能因为这而快乐呢?我那样做是为了实现我的一个宏大的愿望罢了。"孟子问:"大王的宏大愿望,可以说出来听听吗?"宣王笑着不说话。孟子又说:"因为肥美甘甜的食物不够您吃吗?因为轻软暖和的衣服不够您穿吗?或者因为绚丽的色彩不够您看吗?优美的声音不够您听吗?身边的近臣不够您使唤吗?如果是这些,大王您的诸位大臣就足以供应给您了,大王您难道是因为这些吗?"宣王说:"不是。我不是为了这些。"孟子于是说:"那么大王您的这个宏大愿望我就能够知道了。您的愿望是想拓展土地,使秦楚等大国来朝,统治整个中国,占有四夷之地。可是,以您这样的做法想要满足这样的愿望,无异于爬到树上去想要得到鱼啊。"宣王说:"有你说的这样严重吗?"孟子说:"可能比这还要严重啊。爬到树上想得到鱼,即使得不到鱼,也不会有什么后患;用您这样的办法想要满足这样的愿望,如果您竭尽全力去做的话,以后必定会有祸患。"宣王说:"可以说出来听听吗?"孟子说:"如果邹国和楚国开战,那么大王您认为谁会取胜。"宣王说:"楚国胜。"孟子说:"这也就是说,小的一定打不过大的,少的一定打不过多的,弱的一定打不过强的。中国的土地,如果方圆各千里划分为一块的话,可以划成九块,而齐国的土地全部加起来只占其中之一。用这一分的力量想把其他八分征服,这样做与邹国想要打败楚国有什么不同呢?既然这样,大王您何不回到用仁德统一天下这条根本道路上来呢?"

"现在大王您如果发布命令实行仁政,使天下做官的人都愿意到您的朝堂上任职,种田的农夫都愿意到您的田野里耕种,做生意的商人都愿意到您的市场上售卖,行路的旅客都愿意在您的道路上行走,天下怨恨其君主的人都愿意到您这里来控诉。如果做到了这样,还有谁能够抵挡您一统天下呢?"宣王说:"我头脑昏乱,不能够完全深入地理解你的意思。希望先生能够辅佐我完成我的志愿,把这个道理明明白白地教给我。我虽然不算很聪明,但还是希望你能试一试。"孟子说:"没有固定的产业而能有恒久的道德之心,只有贤明的士能够做得到。至于一般的老百姓,如果没有固定的产业,也就不会有恒久的道德之心。如果没有恒久的道德之心,各种各样的邪恶举动,就都能够做得出来。等到他们陷入犯罪的深渊之中,然后就马上把他们抓起来惩罚他们,这等于故意陷害老百姓啊。如果是有仁德的人处于统治者的地位上,哪里会做出陷害人民的事情呢？因此,贤德的君主规定老百姓的产业,一定要使他们对上足够奉养父母,对下足够养育妻子儿女；丰年的时候衣食充足,荒年的时候不会饿死或逃亡。做到这些之后,领导着他们修养善德,所以老百姓很容易地就会服从他。现在所规定的老百姓的产业,对上不够奉养父母,对下不足以养育妻子儿女；丰年的时候生活困顿,荒年更是不免要饿死或者逃亡；在这种情况下,全部精力仅仅用于摆脱死亡的威胁尚且恐怕做不到,还哪里有空闲修养礼义道德呢？大王您如果想实行仁政,那么为什么不从根本上着手呢？让老百姓在每家五亩的宅地上都栽种上桑树,五十岁以上的老人就可以穿上丝织的衣服了。让老百姓不要错过了饲养鸡犬猪狗的时节,七十岁以上的老人就可以吃上有肉的饭菜了。每家百亩农田,不要随意侵占他们的农时,有着八口人的家庭就可以免于饥寒了。认真地推行学校教育,向老百姓申明孝悌等做人的道理,头发花白的老人就不用再负载着重物在道路上奔波了。老人穿上丝吃上肉,老百姓没有饥寒之忧,做到这些而不能够用仁德统一天下,是自古以来没有过的事情。"

梁惠王下

【题解】

《梁惠王下》共分十六章,记录的都是孟子同齐宣王、邹穆公、滕文公、鲁平公等诸侯国国君的对话和交往经历,阐述自己"仁政"的理念。孟子告诉齐宣王,自己喜欢的东西应当与民同乐,利益与老百姓共享,要"忧民之忧"、"乐民之乐";不要执着于个人的喜怒,要有"一怒而安天下之民"的气魄;要进用贤人,善于听取众人的意见;做战争等重要决策时,不要只考虑眼前的利益,而是要依据老百姓的意愿,看对老百姓有没有好处。对于那些残害人民的君主,孟子将其称做"一夫",独夫民贼,对于这样的统治者,不但不用忠诚于他,相反,即使诛杀他,也不是不可以的。至于邹、滕等在诸侯混战中处境尴尬的小国的国君,孟子则建议他们仁爱百姓、努力为善,以求在自保的基础上能够获得人民的支持而不断壮大。在本篇的最后一章中,记载了鲁平公想要与孟子会面而被身边的宠幸小臣阻止的经历,从中可以看到孟子对于人力与天命之间关系的态度。

庄暴见孟子曰①:"暴见于王②,王语暴以好乐③,暴未有以对也。"曰④:"好乐何如?"孟子曰:"王之好乐甚,则齐国其庶几乎⑤!"他日⑥,见于王曰:"王尝语庄子以好乐⑦,有诸?"王变乎色曰⑧:"寡人非能好先王之乐也⑨,直好世俗之乐耳⑩。"曰:"王之好乐甚,则齐其庶几乎!今之乐,由古之乐也⑪。"曰:"可得闻与?"曰:"独乐乐⑫,与人乐乐,孰乐?"曰:"不若与人。"曰:"与少乐乐,与众乐乐,孰乐?"曰:"不若与众。""臣请为王言乐:今王鼓乐于此⑬,百姓闻王钟鼓之声、管籥之音⑭,举疾首蹙頞而相告⑮,曰:'吾王之好鼓乐,夫何使我至于此极也⑯?父子不相见,兄弟妻子离散。'今王田猎于此⑰,百姓闻王车马之音,见羽旄之美⑱,举疾首蹙頞而相告曰:'吾王之好田猎,夫何使我至于此极也?父子不相见,兄弟妻子离散。'此无他,不与民同乐也。今王鼓乐于此,百姓闻王钟鼓之声、管籥之音,举欣欣然有喜色而相告曰⑲:'吾王庶几无疾病与?何以能鼓乐也?'今王田猎于此,百姓闻王车马之音,见羽旄之美,举欣欣然有喜色而相告曰:'吾王庶几无疾病与?何以能田猎也?'此无他,与民同乐也。今王与百姓同乐,则王矣。"

【注释】

①庄暴:赵岐注曰:"庄暴,齐臣也。"后人多从此说。　②见于王:被王召见。见(xiàn),与"庄暴见孟子"之"见"不同。王,从上下文推知,当为齐宣王。　③乐:关于此"乐"字的读音与意义,一般有两种不同的看法,一是认为"乐"当读为yuè,即"音乐"之"乐";一是认为"乐"应读为lè,即"娱乐"之"乐"。

历代注家多持前说,这里仍因循之。　④曰:下面的话仍为庄暴所说,中间加一"曰"字,一般表示话题的转换或者说话者中间的停顿。　⑤庶几:或许,大概可以,差不多。朱熹《集注》曰:"庶几,近辞也。言近于治。"　⑥他日:日后,其后的某天。　⑦庄子:这里指庄暴。"子"是古代对男子的尊称。　⑧变乎色:指变了脸色。齐王因羞惭而"变乎色",并非因为怨愤。　⑨先王:指前代贤明的圣王。在政治理想和道德人格上,儒家推崇前代的尧、舜、禹、汤、文、武等帝王,把他们看做道德的化身和统治者效仿的榜样。　⑩直:副词,但,只不过。世俗:即流俗,庸俗。　⑪由:通"犹",如同,好像。　⑫独:独自,单独。乐乐:前一"乐"字读 yuè,指欣赏音乐;后一"乐"字读 lè,指感动快乐。下文"孰乐"之"乐"也读为 lè。　⑬鼓乐:演奏音乐。鼓,指演奏(乐器)。一说"鼓乐"为击鼓奏乐。　⑭管籥:指管和籥两种乐器名,亦泛指乐器或音乐。管,古乐器名,赵岐注曰:"管:笙。"亦指通过吹奏发声的管类乐器的总称。籥,古代的一种管乐器,又写作"龠",像竹管编排之形。古代有吹籥和舞籥两种。　⑮举:全部,都。疾首蹙頞:脑袋疼痛,皱着眉头。蹙,指眉头皱拢。頞(è),鼻梁。　⑯极:困窘,疲困。　⑰田猎:狩猎,打猎。"田"也是"打猎"的意思。　⑱羽旄:古代常用鸟羽和旄牛尾作为旗帜的装饰,所以常用"羽旄"作为旌旗、旗帜的代称。　⑲欣欣:高兴、喜乐的样子。

【译文】

庄暴来拜见孟子,对孟子说:"我被大王召见,大王告诉我说他喜欢音乐,我不知回答些什么好。"停了一下,庄暴问:"喜欢音乐,您认为怎么样?"孟子说:"大王如果真的特别喜欢音乐,那么齐国就该治理得差不多了。"一段时间之后,孟子被齐王召见。孟子问:"大王您曾经告诉庄暴,说您喜欢音乐。有这件事吗?"齐王羞愧地变了脸色,说:"我并不是喜欢古代圣王的音乐,而是喜欢一般的世俗音乐罢了。"孟子说:"大王您如果真的特别钟爱音乐,那么齐国就快治理得差不多了。现在的世俗音乐和古代的先王之乐,其实都是一样的。"齐王说:"您能把其中的道理解释给我听听吗?"孟子说:"一个人独自欣赏音乐会感到快乐,与大家一起欣赏音乐也会感到快乐,这两种快乐中,究竟哪一种会感到更快乐呢?"齐王说:"独自欣赏不如与大家一起欣赏快乐。"孟子又说:"和少数人一起欣赏音乐会感到快乐,与许多人一起欣赏音乐也会感到快乐,这两种快乐中,究竟哪一种更快乐呢?"齐王说:"与少数人一起欣赏不如与许多人一起欣赏快乐。"于是孟子说:"就让我给大王您讲讲什么是真正的爱好音乐吧。假设大王您现在在这里演奏音乐,老百姓听到悦耳的钟鼓之声、悠扬的箫笛之音,全都皱着眉头痛苦地相互议论说:'我们的大王如此喜欢音乐,却为什么让我们到了这般困窘的地步?父子不能相互见面,一家老小颠沛流离!'假设大王您现在在这里打猎,老百姓听到奔驰的车马之声,看到飘扬的旌旗之美,全都皱着眉头痛苦地相互议论说:'我们的大王如此喜欢打猎,却为什么让我们到了这般困窘的地步?父子不能相互见面,一家老小颠沛流离!'之所以会这样,没有别的原因,就是因为大王您没有同老百姓一起分享快乐。假设大王您现在在这里演奏音乐,老百姓听到悦耳的钟鼓之声、悠扬的箫笛之音,全都欢欣鼓舞地相互转告说:'我们的大王身体应该没有什么疾病吧,否则怎么能够演奏音乐呢?'假设大王您现在在这里打猎,老百姓听到奔驰的车马之声,看到飘扬的旌旗之美,全都欢欣鼓舞地相互转告说:'我们的大王身体应该没有什么疾病吧,否则怎么能够打猎呢?'之所以会这样,也没有别的原因,就是因为大王您能够与老百姓一起分享快乐。如果大王您能够与老百姓一起分享快乐,就可以用仁德统一天下了。"

齐宣王问曰:"文王之囿①,方七十里②,有诸?"孟子对曰:"于传有之③。"曰:"若是其大乎?"曰:"民犹以为小也④。"曰:"寡人之囿,方四十里,民犹以为大,何也?"曰:"文王之囿方七十里,刍荛者往焉⑤,雉兔者往焉。与民同之,民以为小,不亦宜乎!臣始至于境,问国之大禁⑥,然后敢入。臣闻郊关之内⑦,有囿方四十里,杀其麋鹿者如杀人之罪。则是方四十里为阱于国中⑧,民以为大,不亦宜乎!"

【注释】

①囿:古代畜养禽兽以供观赏的园林,一般为帝王的皇家园林。 ②方:古代计量土地面积的用语,表示纵横若干长度的意思。 ③传:指古书的记载,书传。 ④犹:副词,还,仍。 ⑤刍荛者:割草采薪之人。刍,饲草。荛,薪草。下文"雉兔者"指打猎捕捉鸟兽的人。 ⑥大禁:指在习俗、道德和法令上最禁忌、最避讳的事情,即最重要的禁忌或者禁令。 ⑦郊关:古代城邑四郊起防御作用的关门。郊,根据先秦时期的制度,距国都百里或五十里、三十里、十里之地称为"郊",距离远近一般根据国之大小而定。这里指齐国的都城临淄。 ⑧阱:用来捕捉野兽或者防御敌人而设的陷坑,这里指为老百姓设下的陷阱。

【译文】

齐宣王问孟子说:"当年周文王饲养珍禽异兽的园林方圆达到七十里,有这回事吗?"孟子回答说:"根据史书的记载有。"齐宣王说:"像这样是不是太大了吗?"孟子说:"老百姓还认为它小呢。"齐宣王问:"我的园林方圆才四十里,老百姓还以为它太大。为什么这样呢?"孟子说:"周文王饲养动物的园林方圆七十里,割草打柴的可以去,捕雉捉兔的可以去。和老百姓一同拥有和使用,老百姓觉得它小,不是很合理的吗?我刚到达齐国国境的时候,首先了解了齐国有什么重要的禁令,然后才敢进入。我听说临淄城外有一片方圆四十里放养着珍禽异兽的园林,如果谁杀了里面的动物,就与杀人处以同样的刑罚。这就等于在国家之中设下了一个方圆四十里大的陷阱啊。老百姓认为它大,不也一样是应该的吗?"

齐宣王问曰:"交邻国有道乎?"孟子对曰:"有。惟仁者为能以大事小,是故汤事葛①,文王事昆夷②。惟智者为能以小事大③,故大王事獯鬻④,勾践事吴⑤。以大事小者,乐天者也⑥;以小事大者,畏天者也⑦。乐天者保天下,畏天者保其国⑧。《诗》云:'畏天之威,于时保之⑨。'"王曰:"大哉言矣!寡人有疾,寡人好勇。"对曰:"王请无好小勇。夫抚剑疾视曰⑩:'彼恶敢当我哉⑪!'此匹夫之勇⑫,敌一人者也。王请大之。《诗》云:'王赫斯怒,爰整其旅,以遏徂莒,以笃周祜,以对于天下⑬',此文王之勇也。文王一怒而安天下之民。《书》曰:'天降下民,作之君,作之师,惟曰其助上帝,宠之四方。有罪无罪惟我在,天下曷敢有越厥志⑭?'一人衡行于天下⑮,武王耻之,此武王之勇也。而武王亦一怒而安天下之民。今王亦一怒而安天下之民,民惟恐王之不好勇也。"

【注释】

①汤事葛:汤,即商朝的开国君主商汤,又称成汤、成唐、武汤、武王、天乙等,是儒家所推崇的前代圣王之一。葛,古国名,一说在今河南睢县北,一说在今河南郾城北,后被汤所灭。关于"汤事葛"之事,下文《滕文公下》有详细说明。　②文王事昆夷:昆夷,又称"混夷",殷、周时我国西北少数民族名。　③惟仁者为能以大事小……惟智者为能以小事大:朱熹《集注》曰:"仁人之心,宽洪恻怛,而无较计大小强弱之私。故小国虽或不恭,而吾所以字之之心自不能已。智者明义理,识时势。故大国虽见侵陵,而吾所以事之之礼尤不敢废。"　④大王事獯鬻:大王,又作"太王",即古公亶父,周文王的祖父。獯鬻,即《周世家》中所谓"薰育",又称为"荤粥"、"猃狁"、"荤允"、"狎狁"等,我国古代北方少数民族名,即后来的匈奴。　⑤勾践事吴:勾践,春秋时期越国的国君,先被吴王夫差打败,逃到会稽山中,派人向吴国求和,亲自替吴王做卑贱的事情。暗中卧薪尝胆,积蓄力量,后来灭了吴国,报仇复国成功。　⑥乐天:朱熹《集注》曰:"天者,理而已矣。大之字小,小之事大,皆理之当然也。自然合理,故曰乐天。"　⑦畏天:朱熹《集注》曰:"不敢违理,故曰畏天。"　⑧乐天者保天下,畏天者保其国:赵岐注曰:"圣人乐行天道,如天无不盖也,故保天下,汤、文是也。智者量时畏天,故保其国,大王、勾践是也。"　⑨畏天

之威,于时保之:出自《诗经·周颂·我将》。意思是:敬畏天命的威严,因此而得到国家的稳定。于时,即"于是"。　⑩抚:用手按住。疾视:瞋目怒视。　⑪当:抵敌,抵挡。　⑫匹夫:这里指有勇无谋的独夫。　⑬王赫斯怒,爰整其旅,以遏徂莒,以笃周祜,以对于天下:出自《诗经·大雅·皇矣》。以遏徂莒,原诗作"以按徂旅"。赫斯,盛怒貌。爰,语气助词,用在句首或句中,起调节语气的作用,无义。旅,古代军队编制单位。一说五百人为"旅",一说两千人为"旅",这里泛指军队。遏、按,都是"止"的意思。徂莒,《诗经》作"徂旅"。一说"徂"的意思为往,"莒"为古国名,在今山东省莒县。"徂莒"即入侵莒国者。一说"徂旅"为"徂国的军队"。笃,加厚,增厚。祜,福。对,答,遂。　⑭天降下民,作之君,作之师,惟曰其助上帝,宠之四方。有罪无罪惟我在,天下曷敢有越厥志:此句为《尚书》佚文,伪古文《尚书》录入《泰誓》,作"天佑下民,作之君,作之师。惟其克相上帝,宠绥四方。有罪无罪,予曷敢有越厥志"。"惟曰其助上帝,宠之四方。有罪无罪惟我在",杨伯峻《孟子译注》句读为:"惟曰其助上帝宠之。四方有罪无罪惟我在",并认为:"句读应该如此。朱熹《集注》把下文'四方'连接'宠之'作一句,全文读为:'惟曰其助上帝,宠之四方',是不对的。"　⑮衡行:即"横行"。

【译文】

齐宣王问道:"与邻国交往有原则可循吗?"孟子回答说:"有。只有仁德者才能够虽是大国却敬服于小国,因此汤敬服于葛,文王敬服于昆夷。只有智慧者才能够以小国的地位敬服于大国,因此古公亶父敬服于獯鬻,越王勾践敬服于吴王。以大国敬服于小国的,是乐于顺从天命者;以小国敬服于大国者,是真正畏惧天命者。乐于顺从天命者能够安抚天下,真正畏惧天命者可以保全国家。正如《诗经》中所说:'敬畏天命威严,因此安定国家。'"齐宣王说:"您的见解真高明啊!可是我有个毛病,我喜欢勇敢。"孟子回答说:"大王请不要喜欢小勇。如果手按宝剑怒目而视说:'你怎么能是我的对手呢!'这样的勇敢只是粗鲁人的匹夫之勇,只能够对付一个人罢了。还是请大王您将勇敢的品质加以扩大。《诗经》中说:'周王勃然大怒,整顿麾下军旅,阻止侵莒之敌,以增周之福佑,以慰天下之望。'这里说的是周文王的勇敢。周文王一怒而使天下百姓得到安定。《尚书》中说:'上天降生天下黎民,替他们选择了君主,为他们树立了楷模,目的只有一个,就是协助上帝爱护百姓。四方之人有无罪责,都由我来负责。天下谁敢胡作非为?'那时有一个人(指商纣王)横行于天下,周武王深感耻辱。于是周武王也一怒而使天下百姓得到安定。现在大王您如果也能一怒而使天下百姓得到安定,那样的话,老百姓就要惟恐您不喜欢勇敢了!"

齐宣王见孟子于雪宫①。王曰:"贤者亦有此乐乎?"孟子对曰:"有。人不得则非其上矣。不得而非其上者非也,为民上而不与民同乐者亦非也。乐民之乐者,民亦乐其乐;忧民之忧者,民亦忧其忧。乐以天下,忧以天下,然而不王者,未之有也。昔者齐景公问于晏子曰②:'吾欲观于转附③、朝儛④,遵海而南⑤,放于琅邪⑥,吾何修而可以比于先王观也⑦?'晏子对曰:'善哉问也!天子适诸侯曰巡狩⑧,巡狩者巡所守也。诸侯朝于天子曰述职,述职者述所职也。无非事者。春省耕而补不足⑨;秋省敛而助不给⑩。夏谚曰:吾王不游,吾何以休?吾王不豫⑪,吾何以助?一游一豫,为诸侯度。今也不然:师行而粮食⑫;饥者弗食,劳者弗息。睊睊胥谗,民乃作慝⑬。方命虐民⑭,饮食若流;流连荒亡⑮,为诸侯忧。从流下而忘反谓之流⑯,从流上而忘反谓之连,从兽无厌谓之荒⑰,乐酒无厌谓之亡⑱。先王无流连之乐、荒亡之行。惟君所行也。'景公说,大戒于国⑲,出舍于郊⑳。于是始兴发补不足㉑。召大师曰㉒:'为我作君臣相说之乐。'盖《徵招》、《角招》是也㉓。其诗曰:'畜君何尤㉔?'畜君者,好君也。"

【注释】

①雪宫:齐宣王的离宫名。　②齐景公:春秋时齐国国君,名杵臼,齐庄公的异母弟,公元前547~前490年在位。晏子:即春秋时齐国的贤臣晏婴,字平仲,夷维(今山东高密)人,历仕灵公、庄公、景公三代君主五十余年。今传《晏子春秋》,就是后人记述晏子的言行和政治思想的著作。　③观:游览。　④转附、朝儛:山名。　⑤遵:即"循",沿着。　⑥放(fǎng):至,到。琅邪:亦作"琅琊"、"瑯琊"。山名,在今山东省诸城县东南海滨。秦始皇曾经游历至此,"大乐之,留三月"(《史记·秦始皇本纪》),并在其上建琅邪台。一说"琅邪"即"琅邪郡",不妥。　⑦修:行,做,从事。　⑧适:去,往。⑨省:视察,查看。　⑩敛:这里指收获。给:丰裕,充足。⑪豫:一说意为"乐",一说"豫"与"游"义同,一说"豫"同"预",即参。这里指出游。　⑫师:这里指"众",而不是指军队。粮食:古代行道曰粮,止居曰食,后来通称供食用的原粮和成品粮。这里指运转、耗费粮食。　⑬睊(juàn)睊:(因愤

恨而)侧目相视貌。胥:相互。谗:说坏话,毁谤。慝:邪恶。
⑭方命:违命,抗命。这里指违逆天命。一说为违反先王之命。方,违抗,违逆。　⑮流连:指耽于游乐而忘归。荒亡:指沉迷于田猎酒色之类,纵欲无度。关于"流"、"连"、"荒"、"亡",下文还有解释。　⑯从流下:朱熹《集注》曰:"谓放舟随水而下。"下文"从流上"为"谓挽舟逆水而上"。　⑰从兽:追逐禽兽,指田猎。　⑱乐酒:指以饮酒为乐。　⑲戒:这里当是"准备"的意思,为"备好农具,准备耕作"之意。　⑳出舍:外出驻扎。　㉑兴发:指开仓放赈。　㉒大师:指古代乐官之长。　㉓《徵招》、《角招》:徵和角均为古代"五音"(宫、商、角、徵、羽)之一。招:通"韶"。传说帝舜时有音乐名"韶"。　㉔畜君:一说"畜"即为好之意,"畜君"即"好君",喜欢自己的国君。一说"畜君"指匡正君主的过失。一说"畜"为"奉养"之意,"畜君"即为"奉养自己的国君"的意思。根据上下文,似以"好君"为善。尤:过错,罪责。

【译文】

齐宣王在雪宫接见孟子。齐宣王说:"有道德的贤人也有这样的享乐吗?"孟子说:"有。人们得不到这样的享乐,就会抱怨他们的君主。得不到享乐而抱怨他们的君主,是不对的;作为老百姓的君主而不与老百姓一起享受快乐,也是不对的。以老百姓的快乐为快乐的人,老百姓也会以他的快乐为快乐;以老百姓的忧患为忧患的人,老百姓也会以他的忧患为忧患。以天下人的快乐为快乐,以天下人的忧患为忧患,这样还不能以仁德一统天下的,是从来没有的。当年齐景公曾经问晏子说:'我想出去游览一番,先到转附、朝儛两座山,然而顺着海滨南下,最后到琅邪山。我应该怎么做才能够比得上前代圣王的巡游呢?'晏子回答说:'这个问题问得好啊!天子到诸侯的封地去叫做巡狩。所谓巡狩,就是巡视自己所保有的疆土和人民。诸侯到天子的朝堂去叫做述职。所谓述职,就是陈述自己所履行的职责和成效。他们的出巡没有不和一定的事务相联系的。春天出巡视察耕作的情况,以帮助劳力不足的人;秋天出巡视察收获的情况,以赈济收成不好的人。夏朝时有谚语说:我的国君不出游,我们如何能休养?我的国君不巡视,我们如何能受助?国君出游和巡视,可为诸侯的法度。可是今天的情形就不同了:国君的大队人马一出动,就要征调耗费大量的粮食。饥饿的人得不到饭吃,劳作的人得不到休息。人们纷纷怒目而视,满腹怨言,于是就难免起来作乱。违背天理残害人民,像流水一般地耗费粮食。流连荒亡,是作为诸侯来说最可忧虑的事情。顺流而下,耽于游乐以致忘返,称为流;逆流而上,耽于游乐以致忘归,称为连;行围打猎,沉迷其中不知满足,称为荒;饮酒作乐,纵情其中不知节制,称为亡。前代的圣王,既没有流连的游乐,也没有荒亡的行为。大王您自己来选择自己的行动吧。'景公听了非常高兴,马上命令全国为耕作做好充分的准备,自己也到郊外驻扎在老百姓中间。并且接着打开仓库,拿出粮食,赈济生活贫困的人。又把乐官叫来,对他说:'请为我创作以君臣同乐为主题的曲子。'所创作的曲子就是《徵招》和《角招》。为曲子配的歌词中说:'畜君有什么过错呢?'所谓畜君,就是喜欢自己的国君的意思。"

齐宣王问曰:"人皆谓我毁明堂①,毁诸?已乎②?"孟子对曰:"夫明堂者,王者之堂也。王欲行王政,则勿毁之矣。"王曰:"王政可得闻与?"对曰:"昔者文王之治岐也③,耕者九一④,仕者世禄⑤,关市讥而不征⑥,泽梁无禁⑦。罪人不孥⑧。老而无妻曰鳏,老而无夫曰寡,老而无子曰独,幼而无父曰孤,此四者天下之穷民而无告者⑨。文王发政施仁,必先斯四者。《诗》云：'哿矣富人,哀此茕独⑩。'"王曰："善哉言乎!"曰："王如善之,则何为不行?"王曰："寡人有疾,寡人好货⑪。"对曰："昔者公刘好货⑫。《诗》云：'乃积乃仓,乃裹糇粮,于橐于囊。思戢用光,弓矢斯张；干戈戚扬,爰方启行⑬。'故居者有积仓,行者有裹囊也,然后可以爰方启行。王如好货,与百姓同之,于王何有?"王曰："寡人有疾,寡人好色。"对曰："昔者太王好色,爱厥妃⑭。《诗》云：'古公亶父,来朝走马,率西水浒,至于岐下；爰及姜女,聿来胥宇⑮。'当是时也,内无怨女⑯,外无旷夫⑰。王如好色,与百姓同之,于王何有?"

【注释】

①谓:劝。明堂:古代天子宣明政教的地方。凡朝会、祭祀、庆赏、选士、养老、教学等大典,都在明堂举行。 ②已:停止。 ③岐:山名,在今陕西省岐山县境内。这里指岐山一带,是古公亶父之后、武王灭商之前周部落所生活的区域。 ④九一:这里指井田制度。井田制相传为古代的一种土地制度。以九百亩为一里,纵横划分为九区,形如"井"字,因此一里又称一井。其中,外面的八个区域为私田,八家各占一个区域,即一百亩,归各家耕种。中央的一个区域为公田,八家共同耕种。每到耕种收获季节,各家要先合理完成公田上的农事,然后才到自家的私田上劳动。从春秋时起,井田制日趋崩溃,逐渐被封

建的土地制度和生产关系所取代。　⑤仕者世禄：朱熹《集注》说："世禄者,先王之世,仕者之子孙皆教之,教之而成材则官之。如不足用,亦使之不失其禄。盖其先世尝有功德于民,故报之如此,忠厚之至也。"　⑥关市：位于交通要道的市集。关,指古代征税的关卡。讥：稽查,盘问。征：指征税。⑦泽梁：在河流中用石头筑成用以拦水捕鱼的堤坝。⑧孥：妻子儿女。这里做动词,指累及妻子儿女。　⑨告：同"靠"。依赖,依靠。　⑩哿(gě)矣富人,哀此茕独：出自《诗经·小雅·正月》。哿：快乐。茕：孤独无依。　⑪好货：爱财。货,财物,也专指金钱珠玉布帛的总称。　⑫公刘：周代的始祖,后稷的曾孙,《诗经·大雅》中有《公刘》一诗,专门赞颂他的德行和业绩。　⑬乃积乃仓,乃裹糇粮,于橐于囊。思戢用光,弓矢斯张;干戈戚扬,爰方启行：出自《诗经·大雅·公刘》。积：朱熹解释为"露积",与"仓",即仓廪积储相对。糇粮：干粮。橐、囊：均为盛东西的口袋。橐为两端有底中间开口,装上东西后可以中间搭起,可以担、扛,也可以搭在车上或牲口背上。囊则为一端有底,一端开口,东西盛于其中后可以将口扎起或拎着有口的一端(一说囊无底,东西盛于其中然后两端括起)。一般囊较大而橐相对较小。所以,《毛传》说："小曰橐,大曰囊"。朱熹则说："无底曰橐,有底曰囊。"思：语气助词,用于句首或句中,无义。戢：《诗经》原诗中作"辑",安辑,和睦。光：发扬光大。干、戈、戚、扬：都是古代的兵器。干即盾、盾牌。戈为古代的主要兵器,一般为青铜制,盛行于商至战国时期,其突出的部分名为"援",援上下都有锋利的刃,可用以横击和钩杀。戚是斧的一种。扬即钺,形状像斧,比一般的斧大。爰：助词,无义,用在句首或句中,用以调节语气。

⑭厥：代词，其。　⑮古公亶父，来朝走马，率西水浒，至于岐下；爰及姜女，聿来胥宇：出自《诗经·大雅·绵》。率：沿着，顺着。浒：水边。姜女：指太王的妃子姜氏。聿：助词，用于句首或句中，无义。胥：观察，视察。宇：房屋，住所。　⑯怨女：指已到婚龄而没有合适配偶的女子。　⑰旷夫：指已到婚龄而没有合适配偶的男子。

【译文】

齐宣王问道："人们都劝我毁掉明堂。是毁掉呢，还是不毁呢？"孟子回答说："明堂，是通过仁德一统天下的王者的殿堂。如果大王您也想推行王者之政道，就不要毁了它。"齐宣王说："什么是王者之政道？可以说来听听吗？"孟子回答说："想当年周文王治理岐这个地方的时候，对于耕作者，通过井田制抽取九分之一的税赋；对于做官者，通过世禄制给他们可以世代承袭的俸禄。设立关卡和市集只是为了检查而不是为了收税，任何人在水流中筑坝捕鱼不会得到禁止。有人犯罪，只是处罚本人，不会累及妻子儿女。年老却没有妻子的男子称为'鳏'，年老而没有丈夫的女子称为'寡'，年老而没有子女的老人称为'独'，年幼却失去父亲的儿童称为'孤'。这四种人，是天下穷苦人之中最无依无靠的。文王发布政令施行仁德，一定会从这四种人开始考虑。这也就是《诗经》里说的：'富足的人们生活得还算惬意啊，孤独无依者才是最值得可怜的！'"齐宣王说："你说得太好了！"孟子问："大王您既然认为说得好，那为什么不实行呢？"齐宣王说："我有个毛病，我这个人比较贪财（所以怕做不到）。"孟子说："想当年公刘也是比较贪财的。《诗经》里说：'粮食堆满内外仓，干粮裹在橐和囊。上下一心扬国威，弓弦拉开箭搭上。戈盾斧钺高举起，开始出发向前方。'可见他给居住原地的人用各种仓库堆满粮食，给出发远行的人用各种包裹备好干粮，然后才可以

‘开始出发向前方’。大王您如果爱财,就同老百姓一起都生活富足。如果这样,何愁不能用仁德一统天下呢?"齐宣王说:"我还有个毛病,我这个人比较好色(所以怕做不到)。"孟子说:"想当年古公亶父也比较好色,喜爱他的妃子。《诗经》里说:'古公亶父,清晨乘马。沿着水滨,来到岐下。偕同妃子,视察住处。'那时候,天下没有已到婚龄而没有合适配偶的女子,也没有已到婚龄而没有合适配偶的男子。大王您如果好色,就和老百姓一起都生活美满。如果这样,何愁不能用仁德一统天下呢?"

孟子谓齐宣王曰:"王之臣有托其妻子于其友而之楚游者①,比其反也②,则冻馁其妻子③,则如之何?"王曰:"弃之④。"曰:"士师不能治士⑤,则如之何?"王曰:"已之⑥。"曰:"四境之内不治⑦,则如之何?"王顾左右而言他。

【注释】

①托:嘱托,委托,托付。 ②比:待到,等到。反:回来,还归。后来多写作"返"。 ③馁:使受饥饿。 ④弃:这里指断绝关系,绝交。 ⑤士师:古代执掌禁令刑狱的官名。士,这里应当是指士师属下的"乡士"、"遂士"等属官。 ⑥已:这里指撤职,罢官。 ⑦四境之内:指一个国家之内。四境,指一个国家四方的边界。四境之内的事情是一个国君应该负责的。

【译文】

孟子问齐宣王说:"大王您如果有一个臣子,把自己的妻子儿女托付给一位朋友照顾,自己去楚国游历。等他回来的时候,发现自己的妻子儿女在挨饿受冻。他该怎么办呢?"齐宣王说:"和他绝交。"孟子又说:"如果执掌禁令刑狱的官员没有管理好自己属下的官吏,那该怎么办呢?"齐宣王说:"撤换掉他。"孟子接着又问:"如果一个国家的事务没有得到很好的治理,又该怎么办呢?"齐宣王左右环顾了一下,马上把话题引到其他事情上去了。

孟子见齐宣王曰:"所谓故国者①,非谓有乔木之谓也②,有世臣之谓也③。王无亲臣矣④,昔者所进,今日不知其亡也⑤。"王曰:"吾何以识其不才而舍之?"曰:"国君进贤如不得已,将使卑逾尊,疏逾戚⑥,可不慎与?左右皆曰贤⑦,未可也;诸大夫皆曰贤,未可也;国人皆曰贤,然后察之⑧,见贤焉,然后用之。左右皆曰不可,勿听;诸大夫皆曰不可,勿听;国人皆曰不可,然后察之,见不可焉,然后去之。左右皆曰可杀,勿听;诸大夫皆曰可杀,勿听;国人皆曰可杀,然后察之,见可杀焉,然后杀之。故曰国人杀之也。如此,然后可以为民父母。"

【注释】

①故国:指有着悠久历史的国家。　②乔木:指高大的树木。　③世臣:历代有功勋的旧臣。　④亲臣:与国君亲近的大臣。　⑤亡:去位,去国。　⑥戚:亲近,亲密。　⑦左右:指身边的侍臣、近臣。　⑧察:指考察、了解。

【译文】

孟子谒见齐宣王,说:"那些历史悠久可以称得上'故国'的国家,并不是因为有高大的树木才得到这样的称呼,而是因为有几代都有功勋的旧臣。大王您现在连个亲近的臣子都没有啊。那些昔日选拔进用的大臣,今天想不到都已经被罢免了。"齐宣王问:"我如何才能发现一个人没有才能而不起用他呢?"孟子说:"大王您选拔贤才,如果在迫不得已的情况下,就要让原本地位低的人超过地位高的人,原本关系远的人超过关系近的人,这样的事情难道不应该谨慎从事吗? 身边亲近的人都称赞一个人有才德,不要轻信;朝中的大臣都称赞一个人有才德,也不要轻信;全国的民众都称赞一个人有才德,然后就要去考察他,如果发现他真的有才德,就起用他。身边的近臣都说一个人不好,不要听信;朝中的大臣都说一个人不好,也不要听信;全国的民众都说一个人不好,然后就要去考察他,如果发现他真的不好,就不要再任用他。身边的近臣都说某个人该杀,不要听信;朝中的大臣都说某个人该杀,也不要听信;全国的民众都说某个人该杀,然后就要去考察他,如果发现他真的该杀,就杀掉他。所以说,这是全国的民众处死了他。这样去做,就可以称得上是民之父母了。"

齐宣王问曰:"汤放桀①,武王伐纣②,有诸?"孟子对曰:"于传有之。"曰:"臣弑其君③,可乎?"曰:"贼仁者④,谓之贼⑤;贼义者,谓之残⑥。残贼之人,谓之一夫⑦。闻诛一夫纣矣⑧,未闻弑君也。"

【注释】

①汤放桀:汤即商朝的开国君主商汤。放,驱逐,流放。
②纣:即殷商的末代君主帝辛。　③弑:古代卑幼者杀死尊长者叫做"弑",如臣子杀死君主,子女杀死父母。　④贼:动

词,伤害,毁坏。　⑤贼:名词,指对国家、人民、社会道德风尚造成严重危害的人。　⑥残:指暴虐无道的人。　⑦一夫:即"独夫",指众叛亲离的人。　⑧诛:"诛"与"弑"都是杀的意思,但二者所蕴含的褒贬意义不同。"弑"指为卑为下者违背礼制杀死为尊为长者,而"诛"则有通过正义的讨伐而杀死无道者、作乱者或悖礼者的意味。

【译文】

齐宣王问:"商汤流放夏桀,武王讨伐商纣,有这样的事吗?"孟子回答说:"根据史籍的记载,有。"齐宣王问:"做臣子的做出'弑君'这样的事情,这是可以的吗?"孟子说:"戕害仁道的人称为'贼',破坏道义的人称为'残',这样的'残'、'贼'之人就被称为'独夫'。我只听说诛杀了'独夫'纣,而没有听说弑君这样的事情。"

孟子见齐宣王,曰:"为巨室①,则必使工师求大木②。工师得大木,则王喜,以为能胜其任也。匠人斫而小之③,则王怒,以为不胜其任矣。夫人幼而学之,壮而欲行之,王曰'姑舍女所学而从我④',则何如? 今有璞玉于此⑤,虽万镒⑥,必使玉人雕琢之⑦。至于治国家,则曰'姑舍女所学而从我',则何以异于教玉人雕琢玉哉?"

【注释】

①巨室:大宫殿,大房屋。　②工师:古代官名,百工之长,专掌营建工程和管教百工等事务。　③斫:用刀、斧等砍或削。　④姑:姑且,暂且。女:同"汝"。　⑤璞玉:包在石中而尚未经过雕琢之玉。　⑥镒:古代重量单位,这里以"万镒"指具

有极高的价值。　⑦玉人:雕琢玉器的工人。雕琢:对玉石进行加工雕刻。

【译文】

孟子谒见齐宣王,说:"建造一所大宫殿,就一定要让掌管工程的工师去搜求大木料。工师找来了大木料,大王您就会很高兴,认为这个工师很好地履行了他的职责。如果建造房子的木匠把那块木料砍小了,大王您一定就会很生气,认为这个木匠没有很好地尽到自己的责任。有人从小学习一门知识,长大之后想要在实践中运用它,大王您却说:'姑且放弃你所学的那些知识来听从我的指挥吧。'那样怎么行呢?现在如果您这里有一块尚包在石头中的璞玉,即使它价值几十万两黄金,也一定要让有手艺的玉匠来雕琢它。可是到了治理国家这样的事上,您却说:'姑且放弃你所学的那些知识来听从我的指挥吧。'这和让玉匠雕琢玉石有什么不同呢?"

齐人伐燕,胜之。宣王问曰:"或谓寡人勿取,或谓寡人取之。以万乘之国伐万乘之国,五旬而举之,人力不至于此。不取,必有天殃①。取之何如?"孟子对曰:"取之而燕民悦,则取之;古之人有行之者,武王是也。取之而燕民不悦,则勿取;古之人有行之者,文王是也。以万乘之国伐万乘之国,箪食壶浆以迎王师②,岂有他哉?避水火也。如水益深,如火益热,亦运而已矣③。"

【注释】

①天殃:天降的祸殃。　②箪食壶浆:用箪装着饭食,用壶盛着浆汤。箪,古代以竹或苇编成用来盛饭食的盛器,一般为圆

形,有盖。浆,古代用米熬成的一种微酸的饮料。　③运:转,转换。这里指统治权的转移。

【译文】

齐国攻打燕国,取得了胜利。齐宣王问孟子:"有人劝我不要吞并燕国,有人劝我吞并燕国。以一个拥有万乘兵车的国家的实力去攻打另外一个有着万乘兵车的大国,只用了五十天的时间就取得了成功,这不是仅仅凭借人力所能达到的啊。如果不吞并它,一定会受到上天的惩罚。吞并它,怎么样?"孟子回答说:"如果吞并了它燕国的人民感到高兴,那就吞并了它,古人有做过这种事情的先例,周武王就是这样做的。如果吞并了它燕国的人民不高兴,那就不要吞并它,古人也有做过这种事情的先例,周文王就是这样做的。以一个拥有万乘兵车的国家去攻打另一个拥有万乘兵车的国家,人民用箪装着饭食,用壶盛着浆汤,来欢迎大王您的军队,难道有其他的原因吗?只不过是想摆脱水深火热的处境罢了。如果吞并之后使老百姓水深火热的程度更加深重,那就仅仅是统治权的又一次转移而已。"

齐人伐燕,取之。诸侯将谋救燕①。宣王曰:"诸侯多谋伐寡人者,何以待之?"孟子对曰:"臣闻七十里为政于天下者,汤是也。未闻以千里畏人者也。《书》曰:'汤一征,自葛始②。'天下信之。'东面而征,西夷怨;南面而征,北狄怨。曰:奚为后我③?'民望之,若大旱之望云霓也④。归市者不止,耕者不变。诛其君而吊其民⑤,若时雨降⑥。民大悦。《书》曰:'徯我后,后来其苏⑦。'今燕虐其民,王往而征之,民以为将拯己于水火之中也,箪食壶浆以迎王师。若杀其父兄,系累其子弟⑧,毁其宗庙⑨,迁其重器⑩,如之何其可也?天下固畏齐之强也⑪,今又倍地而不行仁政,是动天下之兵也。王速出令,反其旄倪⑫,止其重器;谋于燕众,置君而后去之,则犹可及止也。"

【注释】

①谋:谋划,计议。　②汤一征,自葛始:这两句应是《尚书》的佚文。一,开始。　③东面而征,西夷怨;南面而征,北狄怨。曰:奚为后我:伪古文《尚书·仲虺之诰》作"东征西夷怨,南征北狄怨。曰:'奚独后予。'"奚,为什么。　④云霓:即虹。　⑤吊:慰问,抚慰。　⑥时雨:应时的降雨。　⑦徯我后,后来其苏:伪古文《尚书·仲虺之诰》"我"作"予"。徯,等待,期望。后,君主,帝王。苏,复活,恢复。　⑧系累:束缚,捆绑,拘囚。　⑨宗庙:古代帝王、诸侯祭祀其祖宗的庙宇。　⑩重器:指国家的宝器。　⑪固:副词,原来,本来。　⑫旄倪:老人和幼儿。旄,又作"耄",年老者。倪,即幼儿。

【译文】

齐国攻打燕国,占领了它。其他诸侯国谋划着要援救燕国。齐宣王问孟子:"一些诸侯国正在谋划着攻打我国,我们该怎么办呢?"孟子回答说:"我听说有人凭借着七十里土地就统治了天下,商汤就是这样的。没有听说凭借着一千里国土的实力却害怕别人的。《尚书》中说:'商汤开始征伐,是从葛国开始。'天下人都信服他,如果他到西边的国家去征讨,东边的国家就会感到不平;如果他到南边的国家去征讨,北边的国家就感到不平。他们说:'为什么把我们放在后面呢?'老百姓盼望他,就像久旱之时盼望天空出现彩虹一样。到市场上做生意的人依然不断,到田地里干农活的人也照常下地。杀掉无道的国君抚慰受难的人民,就好像上天降下及时雨一样,老百姓都感到非常高兴。《尚书》中说:'等待着我的君主来啊,君主来了我们就有救了。'现在燕国统治者虐待他的人民,大王您前去征讨,老百姓认为您是要从水深火热之中把他们解救出来啊,所以都用箪装着饭食,用壶盛着浆汤来欢迎您的军队。在这样的情形下,如果您杀死了他们的父亲和兄长,掳走了他们的子女和幼弟,捣毁了他们祭祖的宗庙,搬走了他们珍视的宝器,这样做怎么可以呢?天下的其他诸侯国本来就都畏惧齐国的强大,如今土地又增加了一倍却不推行仁政,这无异于招致天下诸侯发兵前来进攻啊。您现在应该赶快发布命令,遣回从燕国掳掠的人口,停止从燕国搬运宝器;和燕国的民众进行协商,重新择立一位国君,然后让军队撤离燕国。这样做,还来得及阻止各诸侯国发兵。"

邹与鲁哄①,穆公问曰②:"吾有司死者三十三人③,而民莫之死也。诛之,则不可胜诛;不诛,则疾视其长上之死而不救④。如之何则可也?"孟子对曰:"凶年饥岁,君之民老弱转乎沟壑⑤,壮者散而之四方者几千人矣;而君之仓廪实、府库充⑥,有司莫以告,是上慢而残下也。曾子曰⑦:'戒之戒之!出乎尔者,反乎尔者也。'夫民今而后得反之也,君无尤焉⑧!君行仁政,斯民亲其上、死其长矣。"

【注释】

①哄:纠纷,争斗。　②穆公:邹国的国君邹穆公。　③有

司:即官吏,古代设关分职,各有其司职,所以称官吏为"有司"。　④疾:憎恨,怨恨。长上:即上文所谓"有司"。　⑤转:饥饿辗转而死。　⑥仓廪实、府库充:仓廪、府库,都是指储藏粮食、财物的仓库。充、实,都是"足"、"满"的意思。　⑦曾子:即孔子的弟子曾参,南武城人,字子舆。《史记·孟子荀卿列传》说孟子"受业子思之门人",而子思则相传受业于曾子。　⑧尤:责备,怪罪。

【译文】

邹国和鲁国发生了冲突,邹穆公问孟子说:"我的官吏在这次冲突中死了三十三个,而普通老百姓却一个也没有死。想要杀了他们吧,可又不能杀那么多;不杀他们吧,又憎恨他们眼睁睁地看着自己的官长战死却不去救援。我该拿他们怎么办呢?"孟子回答说:"灾荒年景的时候,您的百姓中,年老体弱者辗转死于沟谷之中,年轻力壮的四处去逃难,总共有几千人啊;而这时候您的仓廪府库中的粮食财帛却堆得满满的。有关的官吏没有向您报告老百姓的处境,这就是在上位者怠慢而使底层的老百姓受到残害啊。曾子曾经说:'警惕啊,警惕!你做过了什么事情,一定会在自己身上得到报应。'您的老百姓现在是终于有了一个报复的机会,您不要怪罪他们了。如果您实行仁政,老百姓就会亲近他们的官长,为他们的官长牺牲生命。"

滕文公问曰①:"滕,小国也,间于齐、楚,事齐乎②?事楚乎?"孟子对曰:"是谋非吾所能及也。无已③,则有一焉:凿斯池也④,筑斯城也,与民守之。效死而民弗去⑤,则是可为也。"

【注释】

①滕文公：滕国的国君，滕是西周时分封的一个小国，在今山东省滕州一带。　②事：侍奉，这里指依附。　③无已：不得已。　④凿：挖掘，开凿。池：护城河。　⑤效死：舍命报效。弗：不。

【译文】

滕文公问孟子："滕国是一个小国，夹在齐、楚两个强国之间，我们是应该依附齐国呢，还是应该依附楚国？"孟子回答说："这样的问题不是我能够解决的。如果一定要回答，我只有一个建议：深挖护城河，修筑好城墙，与老百姓同心协力守卫国家。老百姓宁愿舍死报效也不会离开，这个办法还是可行的。"

　　滕文公问曰："齐人将筑薛①，吾甚恐。如之何则可？"孟子对曰："昔者大王居邠②，狄人侵之，去之岐山之下居焉。非择而取之，不得已也。苟为善，后世子孙必有王者矣。君子创业垂统③，为可继也；若夫成功④，则天也。君如彼何哉？强为善而已矣⑤。"

【注释】

①薛：周初分封的诸侯国之一，在今山东省枣庄市的薛城一带，后被齐所灭。　②邠：又作"豳"，古代地名，后稷的曾孙公刘率周部落由邰迁居于此，在今陕西省彬县。《史记》记载，到古公亶父时，由于受到狄人的侵扰，周部落又由此迁到岐。
③创业垂统：开创基业，传之子孙。　④若夫：至于。用于句首或段落的开始，表示另提一事。　⑤强：勤勉，努力。

【译文】

滕文公问:"齐国人要修筑薛城,我感到非常担心,我现在怎么办才好呢?"孟子说:"想当年周太王古公亶父居住在邠地,狄人去入侵骚扰他,于是就离开邠地到岐山脚下定居下来。这并不是周太王主动选择了那个地方,而是迫不得已啊。如果一个国家一心推行善政,那么后世子孙就一定能有通过仁德一统天下的。有功德的君子开创基业传之子孙,就是能够世世代代传承发扬。至于是否能够成功,那就要看天命了。您能拿齐国人有什么办法呢?只有依靠自己努力实行善政而已。"

滕文公问曰:"滕,小国也,竭力以事大国,则不得免焉①,如之何则可?"孟子对曰:"昔者大王居邠,狄人侵之,事之以皮币②,不得免焉,事之以犬马,不得免焉,事之以珠玉,不得免焉。乃属其耆老而告之曰③:'狄人之所欲者,吾土地也。吾闻之也,君子不以其所以养人者害人。二三子何患乎无君④?我将去之。'去邠,逾梁山⑤,邑于岐山之下居焉⑥。邠人曰:'仁人也,不可失也。'从之者如归市。或曰:'世守也,非身之所能为也⑦,效死勿去。'君请择于斯二者。"

【注释】

①免:指免于被侵犯的命运。　②皮币:指毛皮和缯帛,古代用做聘享的贵重礼物。　③属:聚集,会合。耆老:指老年人,古称六十岁为"耆",七十岁为"老"。　④二三子:(你们)几个人,相当于现在所说的"诸君"。　⑤梁山:山名,在

今陕西省乾县境内。　　⑥邑:建筑城邑始居。　　⑦身:自己。

【译文】

滕文公问孟子:"滕国是一个小国,尽心竭力来顺从大国,还是不能免于被侵犯的命运,应该怎么办才好呢?"孟子回答说:"想当年周太王古公亶父居住在邠地,狄人常去入侵骚扰他。他就给狄人送去毛皮和缯帛想要与他们交好,不能免于被侵害;他又给狄人送去良马和好狗想要讨好他们,还是不能免于被侵害;他就又给狄人送去珠宝和美玉想要讨好他们,仍然不能免于被侵害的命运。于是周太王就召集部落中的老年人对他们说:'狄人想要得到的,就是我的土地啊。我听说:有功德的君子不能为用来养人的东西而使人受到伤害。诸君怕什么没有君主呢?我打算离开这里了。'于是他离开了邠地,越过梁山,在岐山之下建筑城邑居住下来。邠地的人说:'太王是个有仁德的人啊,我们不能离开他。'追随他而来的人就像赶集一样多。也有人说:'这是祖先留下来让我们世代保守的基业啊,不是我自己能够随便处置的。拼死保卫也不会离开。'您将从这两条道路中选择哪一条呢?"

鲁平公将出^①,嬖人臧仓者请曰^②:"他日君出,则必命有司所之。今乘舆已驾矣^③,有司未知所之,敢请。"公曰:"将见孟子。"曰:"何哉君所为轻身以先于匹夫者?以为贤乎?礼义由贤者出,而孟子之后丧逾前丧^④。君无见焉!"公曰:"诺。"乐正子入见^⑤,曰:"君奚为不见孟轲也?"曰:"或告寡人曰:'孟子之后丧逾前丧。'是以不往见也。"曰:"何哉君所谓逾者?前以士,后以大夫;前以三鼎,而后以五鼎与⑥?"曰:"否。谓棺椁衣衾之美也⑦。"曰:"非所谓逾也,贫富不同也。"乐正子见孟子,曰:"克告于君,君为来见也⑧。嬖人有臧仓者沮君⑨,君是以不果来也⑩。"曰:"行或使之,止或尼之⑪,行止非人所能也。吾之不遇鲁侯,天也。臧氏之子,焉能使予不遇哉?"

【注释】

①鲁平公:《史记·鲁世家》记载:"景公二十九年卒,子叔立,是为平公。" ②嬖人:身份卑下而受宠爱的人,如姬妾、侍臣、左右等。 ③乘舆:古代特指天子和诸侯所乘坐的车子。驾:把车套在马等牲口身上。 ④孟子之后丧逾前丧:朱熹《集注》曰:"孟子前丧父,后丧母。逾,过也,言其厚母薄父也。" ⑤乐正子:孟子的学生,名克。 ⑥鼎:原为古代的炊器,圆鼎两耳三足,方鼎两耳四足。又为盛熟牲的器具,作为宗庙的礼器和墓葬的明器。多用青铜或陶土制成,盛行于商、周时期。如郑玄注《周礼·秋官·掌客》"鼎簋十有二"说:"鼎,牲器也。"按照古代的礼制,身份不同祭祀时所用鼎的数量也不同,"礼祭,天子九鼎,诸侯七,卿大夫五,元士三也"。这里的三鼎、五鼎,说的就是士和大夫的区别。孟子的父亲去世时,孟子的身份为士,因此祭祀父亲时用三鼎;等到他的母亲去世时,孟子的身份已经成了大夫,所以祭祀母亲用五鼎。 ⑦棺椁衣衾:指丧葬时所用的装殓物品。棺椁,古代的棺材常用两层,内层为棺,外层为椁。衣衾,指装殓死者的衣服与单被。 ⑧为:副词,将。 ⑨沮:终止,阻止。 ⑩不果:没有成为事实,最终没有实行。 ⑪尼(nǐ):阻止,阻拦。

【译文】

鲁平公将要外出,他的宠幸小臣臧仓来请示说:"以前您外出,一定会告诉有关人员您所要去的目的地。现在车马都已经备好了,有关人员还都不知道您要去哪里。因此特来请示。"鲁平公说:"我要去见孟子。"臧仓说:"您为什么要屈尊前去拜访一个普通人呢?认为他贤明吗?贤明的人所做的事情都是合乎礼义的,而孟子给他母亲办丧事的规模超过先死的父亲。您还是别去看他了吧!"鲁平公说:"好吧。"乐正子入宫拜见鲁平公,问他:"您为什么不去见孟轲了呢?"鲁平公说:"有人告诉我说:'孟子给他母亲办丧事的规模超过先死的父亲。'因此我不去见他了。"乐正子说:"您所说的超过是什么意思呢?孟子先前为他父亲办丧事的时候是以士的身份,而后来为他母亲办丧事的时候是以大夫的身份。您指的是他父亲的丧礼上用三鼎祭祀,而母亲的丧礼上用五鼎祭祀吗?"鲁平公说:"不是。我指的是装殓物品的华美程度他母亲的葬礼超过他父亲。"乐正子说:"那也不是超过啊,只是因为前后贫富的不同。"乐正子又去拜见孟子,说:"我去和国君说了,国君打算来见你,结果一个叫臧仓的宠幸小臣阻止了国君,国君因此最终没有来。"孟子说:"去做一件事情,有一种力量在指使着他;不去做一件事情,有一种力量在阻挡着他。是做还是不做,不是人力所能决定的。我不能够和鲁侯见面,是天意如此,姓臧的小子怎么能够使我不能与鲁侯相见呢?"

公孙丑上

【题解】

《公孙丑上》共包括九章。在这一篇中,孟子阐述了"王道"和"霸道"的区别。孟子提倡"王道",反对"霸道",认为二者最主要的不同之一,就是"以德服人"还是"以力服人"。"以力假仁者"即为"霸道","以德行仁者"即为"王道"。孟子认为,只有王道才是符合社会发展需要和人民需要的政治措施和模式,在战国老百姓的处境如同"倒悬"一般痛苦的时代,如果有像齐国这样的万乘之国能够推行"王道"、"仁政",统一天下将易如反掌。这一篇中,孟子还提出了"养气"的思想,认为要提高自己的修养和境界,就要涵养自己的"浩然之气"。在同公孙丑的对话中,他详细阐述了养"浩然之气"的意义和方法。此外,在这一篇中,孟子还提出和论证了"仁则荣,不仁则辱"、仁者"无敌于天下"、"以不忍人之心,行不忍人之政"、"反求诸己"、"与人为善"等著名的理论和主张。

公孙丑问曰①:"夫子当路于齐②,管仲③、晏子之功,可复许乎④?"孟子曰:"子诚齐人也⑤,知管仲、晏子而已矣。或问乎曾西曰⑥:'吾子与子路孰贤⑦?'曾西蹴然曰⑧:'吾先子之所畏也⑨。'曰:'然则吾子与管仲孰贤?'曾西艴然不悦曰⑩:'尔何曾比予于管仲⑪?管仲得君如彼其专也,行乎国政如彼其久也,功烈如彼其卑也⑫。尔何曾比予于是!'"曰:"管仲,曾西之所不为也,而子为我愿之乎?"曰:"管仲以其君霸,晏子以其君显,管仲、晏子犹不足为与?"曰:"以齐王由反手也⑬。"曰:"若是,则弟子之惑滋甚⑭。且以文王之德,百年而后崩,犹未洽于天下⑮;武王、周公继之⑯,然后大行⑰。今言王若易然,则文王不足法与?"曰:"文王何可当也?由汤至于武丁⑱,贤圣之君六七作⑲。天下归殷久矣;久则难变也。武丁朝诸侯有天下,犹运之掌也⑳。纣之去武丁未久也,其故家遗俗㉑、流风善政㉒,犹有存者;又有微子、微仲、王子比干、箕子、胶鬲㉓,皆贤人也,相与辅相之㉔,故久而后失之也。尺地莫非其有也,一民莫非其臣也;然而文王犹方百里起,是以难也。齐人有言曰:'虽有智慧㉕,不如乘势㉖;虽有镃基㉗,不如待时。'今时则易然也。夏后、殷、周之盛,地未有过千里者也,而齐有其地矣;鸡鸣狗吠相闻,而达乎四境,而齐有其民矣。地不改辟矣㉘,民不改聚矣㉙,行仁政而王,莫之能御也。且王者之不作,未有疏于此时者也㉚;民之憔悴于虐政㉛,未有甚于此时者也。饥者易为食,渴者易为饮。孔子曰:'德之流行,速于置邮而传命。'当今之时,万乘之国行仁政,民之悦之,犹解倒悬也。故事半古之人功必倍之,惟此时为然。"

【注释】

①公孙丑：孟子的弟子。朱熹认为是齐人。　②夫子：古代对男子的敬称，这里指孟子。当路：指执政、掌权。　③管仲：名夷吾，齐国颍上人，生年无可考。据《史记·齐太公世家》和《管晏列传》记载，管仲在齐桓公执政之前，曾经辅佐公子纠与他争夺国君之位，齐桓公执政之后，不记前仇，任命管仲为国相。管仲于周庄王十二年（公元前685年）开始辅佐齐桓公，到周襄王七年（公元前645年）去世，相齐桓公历四十年。世传《管子》一书，相传为管仲所著，是我国古代一部重要的学术著作。　④许：期望。　⑤诚：真正，确实。　⑥曾西：赵岐注与朱熹《集注》等都认为曾西为曾参之孙，但此说很早便遭到人们质疑。曾西应为曾参的儿子曾申。　⑦吾子：古代对对方的敬爱之称，一般用于成年男子之间。　⑧蹴然：一作"蹙然"，局促不安貌。　⑨先子：古代对亡父的称呼。　⑩艴(fú)然：恼怒貌。　⑪何曾：为何，何故。　⑫功烈：功勋业绩。　⑬由：同"犹"，如同。　⑭滋：更加。　⑮洽：周遍，广博。　⑯周公：西周初期政治家。姓姬名旦，也称叔旦、周公旦。周文王的儿子，周武王的弟弟，周成王的叔叔。辅佐武王灭掉殷商。武王死后，成王年幼，周公亲自摄政，平定了武庚、管叔、蔡叔的叛乱。又"制礼作乐"，厘定典章制度，营筑洛邑为东都，作为统治中原的中心，使天下得到了安定。后来成为儒家所推崇的圣人之一。事迹详见《史记·鲁周公世家》。　⑰大行：广为推行，普遍流行。　⑱武丁：商朝的君主，以贤明著称。　⑲作：出现，兴起。这里相当于量词。　⑳运之掌：玩弄于手掌之上，形容容易。运，玩弄，拨弄。　㉑故家：故旧之家，世家大族，世代仕宦的勋旧之家。遗俗：前代留

传下来的风俗习惯。　㉒流风:前代流传下来的好风气。善政:清明的政治或良好的政令。　㉓微子、微仲、王子比干、箕子、胶鬲:都是商朝末年的贤臣。　㉔相与:共同。　㉕智慧:一作"智能"。　㉖乘势:趁势,乘机。　㉗镃基:锄头。　㉘改:再,另。　㉙聚:这里指增加。　㉚疏:指时间久、长远。　㉛憔悴:这里指困顿。虐政:残暴的政策法令。

【译文】

公孙丑问:"先生您如果在齐国掌了权,像管仲、晏子所建立的那种功业,可以再次实现吗?"孟子说:"你真是个齐国人啊,只知道管仲和晏子。有人曾经问曾西说:'您和子路比起来哪个更贤明?'曾西不安地说:'子路是我的先父都敬畏的人。'那人又问:'那么您与管仲比起来哪个更贤明?'曾西非常不高兴地说:'你为什么让我和管仲相比呢?管仲得到国君那样专一的支持,执掌齐国的政权是那样的长久,而他的功绩勋业又是那样的微不足道。你为什么要让我和他相比呢?'"顿了一下,孟子又说:"管仲那样的人,是曾西所不愿意做的,而你认为我就愿意吗?"公孙丑说:"管仲使他的国君称霸诸侯,晏子让他的国君名扬天下。管仲、晏子这样的人还不值得做吗?"孟子说:"凭借齐国的国力用仁德一统天下,简直就是易如反掌啊。"公孙丑说:"如果这样说,弟子我就更加不明白了。就像周文王具有那样高尚的德行,活了差不多一百岁才去世,也没有使他的仁德周遍于天下;武王和周公继承了他的事业,然后才将王道推行于天下。如果以仁德一统天下像您现在说的那样容易,文王难道就不足以效法了吗?"孟子说:"有谁能够比得上文王呢?商朝从商汤建国到武丁,贤明智慧的君主出了六七个,天下的人心已经归附商朝很久了。人心归附久了就很难再使他们改变。武丁使诸侯来朝,统治整个天下,就像在手掌中拨弄东西一样简单。商纣王统治时期离武丁还不是太久远,商朝的那些勋旧之家、纯正习俗、良好风气、德政措施,还有许多都保存着。同时,微子、微仲、王子比干、箕子、胶鬲这些大臣,都是非常贤明的人,他们共同辅佐着商纣王,所以经过了很长的时间商朝才失去天下。那时候,每一尺土地,莫不属于商纣王,每一个百姓,莫不归属商纣王;可是周文王仍然能够凭借方圆百里的土地而崛起,这已经很难做到了。齐国有句俗语:'虽然有智慧,不如趁机会;虽然有锄头,不如待农时。'今天的这种形式,推行王道已经变得很容易了。夏、商、周三代最兴盛的时期,土地也没有超过方圆千里的,而齐国已经拥有了方圆千里的土地;鸡鸣狗叫的声音在齐国境内处处都能听到,一直到边境上依然如此,齐国已经拥有了非常众多的人口。土地广到了不需要再开拓,人口多到了不需要再增加,凭着这样的实力推行仁政用仁德一统天下,天下没有人能够阻挡。况且,能够以仁德一统天下的贤君不出现,从来没有像现在这样隔了这么长的时间的;老百姓因残暴的政治而困顿,也没有像现在这样严重的。腹中饥饿的人不挑剔食物,口中干渴的人不苛求饮料。孔子说:'仁德的推广流行,比通过设立驿站传递命令还要迅速。'在现在的这种局势之下,一个拥有万辆兵车的大国推行仁政,老百姓对待它的高兴程度,就像从被倒挂着的困境中解救下来一样。所以所花费的力气只是古人的一半,取得的业绩却要高于古人一倍,只有现在这个时代才能达到这样的效果。"

公孙丑问曰:"夫子加齐之卿相①,得行道焉②,虽由此霸王不异矣③。如此则动心否乎④?"孟子曰:"否,我四十不动心⑤。"曰:"若是则夫子过孟贲远矣⑥。"曰:"是不难。

告子先我不动心⑦。"曰:"不动心有道乎?"曰:"有。北宫黝之养勇也⑧,不肤挠⑨,不目逃⑩。思以一豪挫于人⑪,若挞之于市朝⑫。不受于褐宽博⑬,亦不受于万乘之君。视刺万乘之君若刺褐夫⑭。无严诸侯⑮。恶声至⑯,必反之⑰。孟施舍之所养勇也⑱,曰:'视不胜犹胜也⑲。量敌而后进⑳,虑胜而后会㉑,是畏三军者也㉒。舍岂能为必胜哉?能无惧而已矣。'孟施舍似曾子,北宫黝似子夏㉓。夫二子之勇,未知其孰贤㉔,然而孟施舍守约也㉕。昔者曾子谓子襄曰㉖:'子好勇乎?吾尝闻大勇于夫子矣㉗:自反而不缩㉘,虽褐宽博,吾不惴焉㉙;自反而缩,虽千万人吾往矣。'孟施舍之守气㉚,又不如曾子之守约也。"曰:"敢问夫子之不动心与告子之不动心,可得闻与?""告子曰:'不得于言,勿求于心;不得于心,勿求于气㉛。'不得于心,勿求于气,可;不得于言,勿求于心,不可。夫志㉜,气之帅也㉝;气,体之充也㉞。夫志至焉㉟,气次焉。故曰:持其志,无暴其气㊱。""既曰'志至焉,气次焉',又曰'持其志,无暴其气'者,何也?"曰:"志壹则动气㊲;气壹则动志也。今夫蹶者趋者㊳,是气也,而反动其心。""敢问夫子恶乎长㊴?"曰:"我知言㊵,我善养吾浩然之气㊶。""敢问何谓浩然之气?"曰:"难言也㊷。其为气也,至大至刚㊸,以直养而无害㊹,则塞于天地之间㊺。其为气也,配义与道㊻,无是,馁也㊼。是集义所生者㊽,非义袭而取之也㊾。行有不慊于心㊿,则馁矣。我故曰:告子未尝知义,以其外之也㉛。

公孙丑上

必有事焉而勿正[52]，心勿忘，勿助长也。无若宋人然。宋人有闵其苗之不长而揠之者[53]，芒芒然归[54]，谓其人曰[55]：'今日病矣[56]，予助苗长矣。'其子趋而往视之，苗则槁矣[57]。天下之不助苗长者寡矣。以为无益而舍之者，不耘苗者也[58]；助之长者，揠苗者也，非徒无益[59]，而又害之。""何谓知言？"曰："诐辞知其所蔽[60]，淫辞知其所陷[61]，邪辞知其所离[62]，遁辞知其所穷[63]。生于其心，害于其政；发于其政，害于其事。圣人复起，必从吾言矣。""宰我、子贡善为说辞[64]，冉牛、闵子、颜渊善言德行[65]；孔子兼之，曰：'我于辞命[66]，则不能也。'然则夫子既圣矣乎？"曰："恶！是何言也！昔者子贡问于孔子曰：'夫子圣矣乎？'孔子曰：'圣则吾不能，我学不厌而教不倦也。'子贡曰：'学不厌，智也；教不倦，仁也。仁且智，夫子既圣矣。'夫圣，孔子不居，是何言也！""昔者窃闻之：子夏、子游、子张皆有圣人之一体[67]，冉牛、闵子、颜渊则具体而微[68]，敢问所安[69]。"曰："姑舍是[70]。"曰："伯夷、伊尹何如[71]？"曰："不同道。非其君不事，非其民不使，治则进，乱则退，伯夷也。何事非君？何使非民？治亦进[72]，乱亦进，伊尹也。可以仕则仕，可以止则止[73]，可以久则久，可以速[74]则速，孔子也。皆古圣人也。吾未能有行焉，乃所愿[75]，则学孔子也。""伯夷、伊尹于孔子，若是班乎[76]？"曰："否，自有生民以来，未有孔子也。""然则有同与？"曰："有，得百里之地而君之[77]，皆能以朝诸侯有天下；行一不义、杀一不辜而得天下[78]，皆不为也。是则同。"曰:"敢问其所以异。"曰:"宰我、子贡、有若⑦,智足以知圣人,污不至阿其所好⑧。宰我曰:'以予观于夫子,贤于尧舜远矣㉛。'子贡曰:'见其礼而知其政,闻其乐而知其德。由百世之后㉜,等百世之王㉝,莫之能违也。自生民以来㉞,未有夫子也。'有若曰:'岂惟民哉㉟!麒麟之于走兽㊱,凤凰之于飞鸟㊲,泰山之于丘垤㊳,河海之于行潦㊴,类也。圣人之于民,亦类也。出于其类,拔乎其萃㊵。自生民以来,未有盛于孔子也㊶。'"

【注释】

①加:使居其位,担任。　②道:指孟子所主张的政治措施、治国理念。　③异:以……为奇怪。　④动心:朱熹《集注》曰:"任大责重如此,亦有所恐惧疑惑而动其心乎?"　⑤四十不动心:朱熹《集注》曰:"四十强仕,君子道明德立之时。孔子四十而不惑,亦不动心之谓。"　⑥孟贲(bēn):古代的勇士名。贲,勇、勇敢。　⑦告子:名不害。本书中,记载孟子曾与他就人性等问题展开过激烈的辩论。　⑧北宫黝:根据现有史籍,此人已不可考。　⑨挠:退却。　⑩目逃:朱熹《集注》曰:"目被刺而转睛逃避也。"　⑪挫:摧折。　⑫挞:用鞭子或棍子打。这里指被打。市朝:市场和朝廷,这里偏重于"市",指人流密集之处。　⑬受:指受辱。褐宽博:褐,指粗布或粗布衣,为古时贫贱者所穿的衣服,最早用葛、兽毛等制成,后来也通常指大麻、兽毛的粗加工品。宽博:即宽大的衣服,一般也是贫贱者所穿。这里以"褐宽博"指代地位卑贱者。　⑭刺:刺杀。褐夫:穿粗布衣服的人,指贫贱者。与上

文"褐宽博"同义。　⑮严:畏惧。　⑯恶声:粗鲁的话语。⑰反:报复。　⑱孟施舍:古代的勇士名,事迹亦无可考。⑲不胜:无法战胜的敌人。下文中的"胜"指可以战胜的敌人。⑳量:衡量,估计。　㉑会:指两军交锋。　㉒三军:周时的制度,大诸侯国设"三军"。其中中军是最重要,地位最高的,上军次之,下军又次之。一军一万二千五百人,三军共计三万七千五百人。后以"三军"泛指军队。　㉓子夏:孔子的弟子,七十二贤之一。姓卜名商。　㉔贤:胜过,超过。㉕守约:简易可行。约,简要,简单而得其要。　㉖子襄:曾子的弟子。　㉗夫子:指曾子的老师孔子。　㉘自反:反躬自问,自我反省。缩:正直,合乎道义。　㉙惴:这里是"使之惴"之意,让他惊恐不安。　㉚气:这里指勇气,勇敢精神。㉛不得于言,勿求于心;不得于心,勿求于气:在言语上说不过去,就不要再反求于心了;经过思索之后觉得不合乎道义,就不要再诉诸意气。　㉜志:意志、信念。　㉝帅:起主导作用者。　㉞充:充塞其中者。　㉟至:最主要的。　㊱持:守,保持。暴:乱,滥用。　㊲壹:专一。　㊳蹶:颠仆,跌倒。趋:疾走,奔跑。　㊴长:擅长。　㊵知言:朱熹《集注》曰:"知言者,尽心知性,于凡天下之言,无不有以究极其理,而识其是非得失之所以然也。"即下文所言:"诐辞知其所蔽,淫辞知其所陷,邪辞知其所离,遁辞知其所穷。"　㊶浩然之气:朱熹《集注》曰:"浩然,盛大流行之貌。气,即所谓体之充者。本自浩然,失养故馁,惟孟子为善养之以复其初也。"　㊷难言:难以用语言描述,难以说清。　㊸至大至刚:朱熹《集注》曰:"至大初无限量,至刚不可屈挠。盖天地之正气,而人得以生者,其体段本如是也。"　㊹直养而无害:用正义来培育它,不要使它受到伤害。　㊺塞:充塞。　㊻配义与道:朱熹《集注》曰:"配者,合而有助之意。义者,人心之裁制。道者,天理之自然……言人能养成此气,则其气合乎道义而为之助,使其行之勇决,无所疑惮。"　㊼馁:原意为饥饿,这里指萎缩、困乏。　㊽集义:即积善,指行事皆合乎道义。　㊾袭:原指出其不意的进攻。这里指通过偶然的行为去取得。　㊿慊:满意,满足。　㉛外之:告子有"仁内义外"之说,详见下文《告子上》。　㉜正:目标,目的。　㉝闵:忧虑,担心。揠:拔起。　㉞芒芒然:很疲倦的样子。　㉟其人:指他的家人。　㊱病:非常疲惫。　㊲槁:枯槁,干枯。　㊳耘:除草。　㊴非徒:不但,不仅。　㊵诐(bì)辞:偏邪不正的言论。诐,偏颇、不正。蔽:偏差。　㊶淫辞:邪僻荒诞的言论。淫,过分、过度。陷:过失,缺陷。　㊷邪辞:不合正道的言论。邪,不正,不正派。离:背离,偏离。　㊸遁辞:指理屈词穷或有意隐瞒真情时用来支吾搪塞的话。遁,逃避,隐匿。穷:困屈。　㊹宰我、子贡:孔子的两个弟子。宰我,即宰予,字子我。子贡,即端沐赐,卫人,字子贡。　㊺冉牛、闵子、颜渊:都是孔子的弟子。冉牛,即冉耕,字伯牛。孔子以为他有德行。闵子,即闵损,字子骞。颜渊,即颜回,字子渊,鲁国人,以德行著称,29岁时即早死。　㊻辞命:即辞令。　㊼子游、子张:都是孔子的弟子。子游,即言偃,吴国人,字子游。子张,即颛孙师,陈国人,字子张。　㊽具体而微:总体的各部分都具备而形状或规模较小。　㊾所安:这里是"哪个可以相比"的意思。　㊿故舍是:暂且不谈这个话题。　㉛伯夷、伊尹:都是古代的贤人。伯夷,商朝末年人。伊尹,商初名臣,名挚。因官封为尹,故称伊尹,又称阿衡或保衡。原为有莘氏女陪嫁于汤的媵臣,因精通治国之道,汤授以国政,在助汤灭夏中所建功勋卓著。汤死后,辅佐外丙、仲壬、太甲。卒后商王沃丁葬以天子之礼,与汤并祀。传有《伊训》、《咸有一德》等,已佚。　㋕进:进仕,出仕。　㋖止:等待。　㋗速:短暂。　㋘乃:至于。　㋙班:同等,并列。　㋚君:名词用作动词,"使……为君"之意。　㋛不辜:指无罪之人。　㋜有若:孔子的弟子,鲁国人。　㋝污:指品行不好。阿其所好:屈从他们所亲近的人。　㋞尧舜:传说中古代的两位圣君,也是儒家所推崇的圣人。　㋟由:经过。　㋠等:差等。这里指品评差等,即评价。　㋡生民:人类诞生。　㋢岂惟:难道只是,何止。　㋣麒麟:古代传说中的一种动物,古人以为仁兽、瑞兽,以它象征祥瑞。体形像鹿,头上有角,全身有鳞甲,尾巴像牛。　㋤凤凰:古代传说中的百鸟之王,常用来象征祥瑞。羽毛五色,声如箫乐。雄的叫凤,雌的叫凰,通称为凤或凤凰。　㋥丘垤:小山丘,小土堆。丘,自然形成的小土山。垤,原意为蚂蚁做窝时堆积在洞口周围的浮土,引申为小土堆。　㋦行潦:沟中的流水。潦,雨后的流水或积水。　㋧拔乎其萃:指远远超出一般。拔,超出,突起。萃,原意为丛生的杂草,引申为群、类,聚在一起的人或物。　㋨盛:盛大,伟大。

【译文】

公孙丑问道:"老师您如果做了齐国的卿或者相,有了实现自己政治主张的机会,即使因此而成就王霸之业,也没有什么可奇怪的。如果这样,您是不是会有所恐惧不安而动心呢?"孟子说:"不会。我四十岁的时候就已经不再因恐惧不安而动心了。"公孙丑说:"这样的话,老师您要超过古代的勇士孟贲很多啊。"孟子说:"这并不难做到。告子比我先做到了不动心。"公孙丑问:"做到不动心有什么方法吗?"孟子说:"有。北宫黝培养勇气的时候,肌肤被刺,毫不退缩;眼睛被戳,不眨一下。觉得有一点点输给别人,所受的侮辱就如同在大庭广众之下被人用鞭子抽打一般。既不会受辱于地位低贱者,也绝不会受辱于有势力的大国之君。把刺杀大国的国君看成像刺杀一个地位卑贱的人一样。毫不畏惧各国的诸侯。受到别人粗鲁的叱骂,必然要报复回击。孟施舍培养勇气的时候,说:'要把不能战胜的敌人和可以战胜的敌人一样看待。如果先考虑敌人的情况再进攻,思量着可以取胜才交战,这样就会害怕敌方的人马。我孟施舍怎么一定能够战无不胜呢?只是因为无所畏惧罢了。'孟施舍有些像曾子,北宫黝有些像子夏。这两个人的勇气,无法判断哪个更高一筹,然而孟施舍培养勇气的方法,相比更加简要一些。想当初曾子曾经对子襄说:'你喜欢勇敢吗?我曾经从我的老师那里听他讲过什么是大勇:自己反躬自问,如果觉得不合乎正义,即使面对着的是地位卑贱者,我也不会使他受到恐吓;自己反躬自问,如果觉得合乎正义,即使面对着千军万马,我也会勇往直前。'孟施舍那种培养勇气的方法,相比之下又不如曾子的更简要。"公孙丑问:"请问先生您的不动心和告子的不动心,可以分别讲来听听吗?"孟子说:"告子说:'在言语上就说不过去,就不要再反求于心了;经过思索之后觉得不合乎道义,就不要再诉之于意气。'经过思索之后觉得不合乎道义,就不要再诉之于意气,这是对的;在言语上就说不过去,就不要再反求于心了,就不对了。意志信念,是情感意气的统帅;情感意气,是充塞人体的力量。意志信仰对于一个人来说是最重要的,情感意气相对较次要一点。所以说:要保养好你的意志信念,同时也不要滥用你的情感意气。"公孙丑问:"您既说'意志信仰对于一个人来说是最重要的,情感意气相对较次要一点',又说'要保养好你的意志信念，同时也不要滥用你的情感意气'，为什么要这样说呢？"孟子说："意志信念如果专一，情感意气相应也会随之转移；情感意气如果专一，意志信念也会相应发生变化。比方说，一个人是仆倒还是快跑，是其情感意气的表现，反过来，这又不能不使他的思想受到影响。"公孙丑问："请问老师您擅长什么呢？"孟子说："我能够从别人的言语中得到正确的判断，我善于培养我的浩然之气。"公孙丑问："请问什么是浩然之气？"孟子说："这很难用言语来表述啊。浩然之气作为一种气，是最浩大最刚强的，用正义去培养它，不要使它受到伤害，就会使它充塞于天地之间。浩然之气作为一种气，是与义和道相辅相成的，如果没有了义和道，就会委顿。它是道义经过不断的集聚才产生的，并不是偶然遵循道义就能够取得的。只要是做了与道义相违背的事情，就会使它委顿。所以我说，告子并不知道义是怎么回事啊，因为他认为义是在人的思想信念之外的东西。（义作为浩然之气的基础，）要努力地培养它，但不要有具体的目的；要时时刻刻地把它记在心里，但也不要人为地助长它。不要像那个宋国人一样。宋国有一个人，担心自己田里的禾苗不再长高，就把它们都往上拔了拔，显得很疲倦的样子回家了，对家里的人说：'今天累坏我了，我去帮助禾苗长高了。'他的儿子急忙跑到田里一看，禾苗都已经枯萎了。天下之人，没有做过类似于拔苗助长这样事情的人是很少的。认为没有用处而放弃的，就如同不给庄稼除草的人一样；违背规律而人为助长的，就如同将禾苗拔高的人一样。这样做不但不会有什么好处，反而会伤害它。"公孙丑问："什么是从别人的言语中得到正确的判断呢？"孟子说："对于片面的言辞，知道其偏颇之所在；对于过分的言辞，知道其缺陷之所在；对于邪谬的言辞，知道其悖理之所在；对于隐晦的言辞，知道其理屈之所在。言辞来自于人的思想，必然要在政治上产生危害；通过政治措施体现出来，必然会妨害国家的各项事业。即使再有圣人出现，也一定会赞同我这些话的。"公孙丑问："宰我、子贡擅长辞令论辩，冉牛、闵损、颜渊善于阐释德行；孔子是各方面的才能都兼而有之的，但他仍然说：'我对于辞令，没有这方面的才能。'像先生您这样的人，已经达到圣人的标准了吗？"孟子说："唉，这是什么话呢！想当初子贡问孔子：'先生您可以称得上圣人了吗？'孔子说：'圣人我无法达到，我只不过学习不知道厌烦，教育人不知道疲倦罢了。'子贡说：'学习不知道厌烦，这是智；教育人不知道疲倦，这是仁。具有了仁和智的德行，老师可以称得上圣人了。'圣人，是连孔子都不敢自居的。你这是说的什么话！"公孙丑说："我以前曾经听说：子夏、子游、子张都具备圣人的某一个方面，冉牛、闵子、颜渊则总体的各部分都具备而规模较小。请问老师您属于哪一类呢？"孟子说："暂且不要谈这个话题了吧。"公孙丑又问："伯夷、伊尹这两个人怎么样？"孟子说："他们不是同一类人。不是理想的君主不辅佐，不是理想的百姓不驱使，天下安定就出来做官，天下混乱就退居泉林，伯夷是这种人。不论什么样的君主都辅佐，不论什么样的人民都驱使，天下安定出来做官，天下混乱也出来做官，伊尹是这种人。可以出来做官的时候就做官，应该耐心等待的时候就等待，能够长久做就长久做，应该马上退就马上退，孔子是这种人。他们都是古代的圣人，我不能做到像他们那样，至于我的愿望，我还是愿意学习（效法）孔子。"公孙丑问："这样的话，伯夷、伊尹和孔子，可以相提并论吗？"孟子说："不能。自从人类诞生以来，从来没有像孔子那么伟大的人。"公孙丑问："那么他们之间有相同点吗？"孟子说："有。给他们方圆百里的地方让他们做国君，他们都能够使诸侯来朝，统一天下；做一件不符合道义的事情、杀死一个无辜之人而得到天下，他们都不会做。这就是他们的相同点。"公孙丑问："请问他们之间有哪些不同点呢？"孟子说：

"宰我、子贡、有若的智慧,都足以了解什么是圣人,即使他们有些瑕疵,也不至于奉承他们所亲近的人。宰我说:'以我的眼光来看我的老师,比尧舜这些人贤明多了。'子贡说:'看到一个国家的礼仪,就能够知道这个国家的政治状况;听到一个国家的音乐,就能够知道这个国家的道德风尚。即使经过百世之后,再去评价这百世中君主,他们也不会违背孔子之道。自从人类诞生以来,从来没有像我的老师那么伟大的人。'有若说:'难道只有人类是这样吗?麒麟对于普通的走兽,凤凰对于一般的飞禽,泰山对于低矮的土堆,河海对于道旁的流水,可以说都是同类啊。圣人对于普通的百姓,也都是同类啊。卓立于他的同类之中,超然于他的同类之上。自从人类诞生以来,没有比孔子更伟大的啊。'"

孟子曰:"以力假仁者霸①,霸必有大国;以德行仁者王,王不待大②,汤以七十里,文王以百里。以力服人者,非心服也,力不赡也③;以德服人者,中心悦而诚服也,如七十子之服孔子也④。《诗》云:'自西自东,自南自北,无思不服⑤。'此之谓也。"

【注释】

①力:指土地甲兵之力。假:假借。霸:称霸,成为以武力为后盾的霸主。　②待:依靠;依恃。　③赡:充足,足够。　④七十子:指孔子的众弟子。七十,是举成数而言。　⑤自西自东,自南自北,无思不服:出自《诗经·大雅·文王有声》。思,助词,用于句首或句中,无义。

【译文】

孟子说:"依仗武力再假借仁义之名者,能够称霸诸侯,称霸诸侯一定要有强大的国力为后盾;依靠道德来推行仁政,能够一统天下,一统天下不需要依仗强大的实力,商汤凭借着七十里的土地统一了天下,周文王凭借着百里的土地统一了天下。用力气来压服别人的,别人并不是从内心里顺服,是因为力气不足的缘故;凭道德来使人归服的,别人才是真心诚意的服从和佩服,就像七十二位贤人信服孔子一样。《诗经》里说:'从西从东,从南从北,无不敬服。'说的就是这个意思。"

孟子曰:"仁则荣,不仁则辱。今恶辱而居不仁,是犹恶湿而居下也。如恶之,莫如贵德而尊士①。贤者在位,能者在职②;国家闲暇③,及是时明其政刑④,虽大国,必畏之矣。《诗》云:'迨天之未阴雨,彻彼桑土,绸缪牖户。今此下民,或敢侮予⑤?'孔子曰:'为此诗者,其知道乎!能治其国家,谁敢侮之?'今国家闲暇,及是时般乐怠敖⑥,是自求祸也。祸福无不自己求之者。《诗》云:'永言配命,自求多福⑦。'《太甲》曰⑧:'天作孽⑨,犹可违⑩;自作孽,不可活',此之谓也。"

【注释】

①贵:崇尚,重视,以为宝贵。　②贤者在位,能者在职:朱熹《集注》中解释说:"贤,有德者,使之在位,则足以正君而善俗。能,有才者,使之在职,则足以修政而立事。"　③闲暇:平安无事。　④政刑:政令和刑罚。　⑤迨天之未阴雨,彻彼

桑土,绸缪牖户。今此下民,或敢侮予:出自《诗经·豳风·鸱鸮》。迨,趁着。彻,剥,取。彼,语气助词,用于句首或句中。桑土,桑根皮。土,音dù。绸缪,紧密地缠缚。牖,窗。户,门。牖户,这里指鸟巢之通气出入处。下民,树下的人,这里是以鸱鸮的口气说的。或,代词,谁。　⑥般(pán)乐:大肆作乐。般,快乐,游乐。怠敖:怠惰遨游。敖,游玩,游逛。　⑦永言配命,自求多福:出自《诗经·大雅·文王》。永,长久。言,助词,无义。配命,配合天命,即朱熹《集注》中所说:"使其所行,无不合于天理。"　⑧《太甲》:《尚书》篇名。　⑨作孽:制造灾难。　⑩违:避开,逃避。

【译文】

孟子说:"实行仁政,就能得到荣耀;不实行仁政,就会招致羞辱。如今有些人厌恶羞辱却又甘居于不仁之地,就如同厌恶潮湿却又甘居于低洼之地一样。如果厌恶羞辱,什么办法都不如推崇道德尊重士人。让贤明的人居于与其德行相应的地位,有能力的人担当与其能力相应的职责;国家内外安定的时候,要乘机修明政令和刑法,这样的话,就是实力强大的国家,也会对其产生畏惧。《诗经》中说:'趁着天还没下雨,赶紧剥些桑根皮,绑紧我的门和窗。现在下面这些人,谁还敢来欺负我?'孔子说:'做这首诗的人,真是洞察事理啊!能够把自己国家治理得内外承平,谁还敢来欺负你呢?'现在国家正好内外安定,如果趁着这个时候寻欢作乐,这就等于是自己寻求灾祸啊。世间的灾祸和幸福,无不是自己招来的。《诗经》里说:'永远配合天命,自己寻求多福。'《尚书·太甲》中说:'上天降下灾祸,还有可能逃脱;自己造下罪孽,肯定不能活命。'说的就是这个意思。"

孟子曰："尊贤使能，俊杰在位①，则天下之士皆悦而愿立于其朝矣。市，廛而不征②，法而不廛③，则天下之商皆悦而愿藏于其市矣④。关，讥而不征，则天下之旅皆悦而愿出于其路矣⑤。耕者，助而不税⑥，则天下之农皆悦而愿耕于其野矣。廛，无夫里之布⑦，则天下之民皆悦而愿为之氓矣⑧。信能行此五者⑨，则邻国之民仰之若父母矣⑩。率其子弟攻其父母，自有生民以来未有能济者也⑪。如此则无敌于天下。无敌于天下者，天吏也⑫。然而不王者，未之有也。"

【注释】

①俊杰：才德超卓的人。朱熹《集注》说："俊杰，才德之异于众者。" ②廛而不征：这里"廛"指市内可以储存货物的空地。 ③法而不廛：意思是国家只是制定市集中物品流通的法则并以此治理市场，而对储藏货物的场所不收税。 ④藏：储藏物品。 ⑤旅：旅客，行旅之人。 ⑥助：古代借民力助耕公田的一种劳役租赋制度。 ⑦廛，无夫里之布：朱熹《集注》中说："《周礼》：'宅不毛者有里布，民无职事者，出夫家之征。'郑氏谓：'宅不种桑麻者，罚之使出一里二十五家之布；民无常业者，罚之使出一夫百亩之税，一家力役之征也。'今战国时，一切取之。市宅之民，已赋其廛，又令出此夫里之布，非先王之法也。"清代江永《群经补义》卷四中则认为："《集注》用旧说，皆未安。凡民居、区域、关市、邸舍，通谓之'廛'。上文'廛而不征'、'法而不廛'之'廛'是市宅。此'廛'谓民居，即周礼'上地夫一廛'、'许行愿受一廛'之'廛'，非市宅也。'布'者，泉也，

亦即钱也,非'布帛'之'布'。夫'布'见《周礼·闾师》:'凡无职者出夫布',谓闲民为民佣力者不能赴公旬三日之役,使之出一夫力役之泉,犹后世之雇役钱也。'里'谓里居,即孟子'收其田里'之'里'。'里布'见《地官·载师》:'凡宅不毛者有里布',谓有宅不种桑麻,或荒其地,或为台榭游观,则使之出里布,犹后世凡地皆有地税也。此皆民之常赋,战国时一切取之,非佣力之闲民已有力役之征,而仍使之别出夫布;宅有种桑麻,有嫔妇布缕之征,而仍使之别出里布,是额外之征,借夫布、里布之名而横取者,今皆除之,则居廛者皆受惠也。"此说可取。
⑧氓(méng):民,百姓。　⑨信:果真,确实。　⑩仰:仰望,仰慕。　⑪济:成功。　⑫天吏:奉天命治民的人。

【译文】

孟子说:"尊崇贤德的人,任用有才能的人,才德卓越的人都能有相应的地位,那么,天下的士人都会高兴,愿意到这样的朝廷里来做官。在市集中,只提供存放货物的地方而对存放的货物不征税,只制定市集中物品流通的法则并以此治理市场而对储藏货物的场所不收税,那么,天下的商人就会高兴,愿意把货物存储到这样的市场上。设置的关卡,只负责稽查而不征收税赋,那么,天下的旅客都会高兴,愿意从这样的道路上经过。对于种田的人,只助耕公田而不再收税,那么,天下的农夫都会高兴,愿意到这样的田野里来耕种。对于定居之民,没有土地税、人头税之类的杂税,那么,天下的人民都会高兴,愿意成为这种制度下的百姓。如果国君真的能够做到这五条,那么邻国的百姓就会像对待自己的父母一般地仰望他。率领一个人的子弟来攻打他们的父母,自从人类诞生以来也没有能够成功的。这样的话就能够天下无敌。天下无敌的人,是上天派下来的统治者。这样还不能用他的仁德一统天下的,从来就没有过。"

孟子曰:"人皆有不忍人之心①。先王有不忍人之心,斯有不忍人之政矣。以不忍人之心,行不忍人之政,治天下可运之掌上。所以谓人皆有不忍人之心者,今人乍见孺子将入于井②,皆有怵惕恻隐之心③;非所以内交于孺子之父母也④,非所以要誉于乡党朋友也⑤,非恶其声而然也。由是观之,无恻隐之心非人也,无羞恶之心非人也⑥,无辞让之心非人也⑦,无是非之心非人也。恻隐之心,仁之端也⑧;羞恶之心,义之端也;辞让之心,礼之端也;是非之心,智之端也。人之有是四端也,犹其有四体也⑨。有是四端而自谓不能者,自贼者也⑩;谓其君不能者,贼其君者也。凡有四端于我者⑪,知皆扩而充之矣⑫,若火之始然⑬、泉之始达⑭。苟能充之,足以保四海;苟不充之,不足以事父母。"

【注释】

①不忍人之心:赵岐认为是"不忍加恶于人之心",用现在的话说,就是怜悯别人的同情心。　②乍:突然;忽然。　③怵惕:戒惧,惊惧。恻隐:同情,怜悯。　④内(nà)交:结交。内,"纳"的古字。　⑤要:求。乡党:同乡,乡亲。　⑥羞恶:对自己或者别人的坏处感到羞耻厌恶。　⑦辞让:谦逊推让。　⑧端:开始。　⑨四体:四肢。　⑩自贼:自己伤害自己,自杀。　⑪我:己。　⑫扩:推广。　⑬然:"燃"的古字。燃烧。　⑭达:通。

【译文】

孟子说:"人人都有怜悯别人的同情心。前代的圣王有怜悯人的同情心,于是就有了同情人的政治措施。凭着怜悯人的同情心,来推行同情人的政治,使天下得到安定就如同在手掌上拨弄东西一样简单。之所以说人人都有怜悯别人的同情心的原因是,如果现在有人突然看到一个幼小的孩子马上就要掉到井里面去了,都会产生一种惊惶怜悯的心情。这并不是因为他想结交这个孩子的父母,不是因为他想以此在乡亲朋友面前获取赞誉,也不是因为厌恶听到孩子惊恐的声音才会那样。由此看来,没有恻隐同情之心,不算是人;没有羞耻厌恶之心,不算是人;没有谦虚逊让之心,不算是人;没有是非善恶之心,不算是人。恻隐同情之心,是仁的发端;羞耻厌恶之心,是义的发端;谦虚逊让之心,是礼的发端;是非善恶之心,是智的发端。人有这四个发端,就好像具有四肢一样。有了这四种发端还说自己做不到(仁义礼智),这是自己在坑害自己;说自己的君主做不到,这是在坑害他的君主。凡是具备了这四种发端的人,如果知道把它们都扩充起来,就会像火刚刚烧起来,泉刚刚流出来一样。如果能够使它充盈,就足以使天下安定;如果不能够使它充盈,就连父母都赡养不了。"

孟子曰:"矢人岂不仁于函人哉①?矢人惟恐不伤人,函人惟恐伤人。巫匠亦然②。故术不可不慎也③。孔子曰:'里仁为美。择不处仁,焉得智④?'夫仁,天之尊爵也⑤,人之安宅也⑥。莫之御而不仁⑦,是不智也。不仁不智,无礼无义,人役也⑧。人役而耻为役,由弓人而耻为弓、矢人而耻为矢也。如耻之,莫如为仁。仁者如射:射者正己而后发;发而不中,不怨胜己者,反求诸己而已矣。"

【注释】

①矢人:造箭的工匠。函人:造铠甲的工匠。函,铠甲。 ②巫:中国古代巫医不分。最初的巫从事祈祷、卜筮、星占,并兼用药物为人求福、却灾、治病。春秋以后,医道才逐渐从巫术中分离出来,但民间仍有许多专门用巫术为人祈祷治病者。匠:木工,木匠。后以"匠"泛指工匠。 ③术:技艺,业术。 ④里仁为美。择不处仁,焉得智:出自《论语·里仁》。里仁,即居住在仁者所居之里,与仁人为邻。 ⑤天之尊爵:朱熹《集注》曰:"仁、义、礼、智,皆天所与之良贵。而仁者天地生物之心,得之最先,而兼统四者,所谓元者善之长也,故曰尊爵。" ⑥人之安宅:朱熹《集注》曰:"(仁)在人则为本心全体之德,有天理自然之安,无人欲陷溺之危。人当常在其中,而不可须臾离者也,故曰安宅。" ⑦御:制止,阻止。 ⑧人役:仆役,奴婢。

【译文】

孟子说:"制造弓箭的工匠与制造铠甲的工匠比起来难道更没有仁爱之心吗?制造弓箭的工匠惟恐自己造的东西伤不了人,制造铠甲的工匠惟恐自己造的东西使人受伤。巫医和木匠也是同样的道理。所以一个人选择技艺的时候不可以不谨慎啊。孔子说:'与仁者为邻是件美事。自己选择住处却不选仁者居住的地方,怎么能称得上是有智慧呢?'仁,是天之最尊贵的爵位,人之最安定的居所。没有人阻挡却不行仁道,是不聪明的表现。不仁、不智,无礼、无义,这种人只配做别人的奴仆。做别人的奴仆而耻于被别人驱使,就像做弓的工匠耻于做弓,做箭的人耻于做箭一样。如果真的感到耻辱,就不如去实行仁道。实行仁道的人就像射箭一样:射箭的人先要使自己的身体端正然后才把箭射出去,如果没有射中,也不会埋怨胜过自己的人,而是回过头来寻找自己还有哪些做得不好的地方。"

孟子曰:"子路,人告之以有过则喜。禹闻善言则拜①。大舜有大焉②,善与人同③,舍己从人,乐取于人以为善。自耕稼、陶、渔,以至为帝,无非取于人者。取诸人以为善,是与人为善者也④。故君子莫大乎与人为善。"

【注释】

①禹:又称大禹、夏禹、戎禹,古代部落联盟的领袖。姓姒,名文命,鲧的儿子。原为夏后氏部落的领袖,奉舜的命令负责治理洪水,治水十三年中,三过家门不入。领导人民疏通江河,兴修沟渠,发展农业。后被推举为舜的继承人。禹同尧舜等一起,被儒家视为圣王而受到推崇。善言:好话,有益之言。　　②有:同"又"。　　③同:同"通"。　　④与人为善:同别人一起做好事。

【译文】

孟子说:"子路听到别人指出他的过错就会非常高兴。大禹听到对他有帮助的话就会拜谢。大舜就更加了不起了,在行善这样的事情上觉得自己和别人没有分别,能够舍弃自己的不善之处学习别人,乐于吸取别人的优点来发展自己的善行。从种庄稼、做陶器、当渔夫,以至于到后来成为帝王,所有的长处无不是从别人那里学习来的。吸取别人的优点来行善,就是同别人一起做好事。所以君子最重要的就是同别人一起做好事。"

孟子曰:"伯夷非其君不事,非其友不友。不立于恶人之朝,不与恶人言;立于恶人之朝,与恶人言,如以朝衣朝冠坐于涂炭①。推恶恶之心,思与乡人立,其冠不正,望望然去之②,若将浼焉③。是故诸侯虽有善其辞命而至者④,不受也。不受也者,是亦不屑就已⑤。柳下惠不羞污君⑥,不卑小官。进不隐贤,必以其道。遗佚而不怨⑦,厄穷而不悯⑧。故曰:'尔为尔,我为我;虽袒裼裸裎于我侧⑨,尔焉能浼我哉!'故由由然与之偕而不自失焉⑩,援而止之而止⑪。援而止之而止者,是亦不屑去已。"孟子曰:"伯夷隘⑫,柳下惠不恭⑬。隘与不恭,君子不由也⑭。"

【注释】

①朝衣:君臣上朝时穿的礼服。朝冠:君臣上朝时所戴之冠。涂炭:泥淖和炭灰,比喻污浊之地。　②望望然:失望、扫兴貌。　③浼(měi):沾污,玷污。　④至:同"致"。招引,招致。　⑤不屑就:不屑与其亲近、接触。　⑥柳下惠:即春秋时鲁国大夫展获,字季,又字禽,曾为士师官,食邑于柳下,谥惠,故称其为展禽、柳下季、柳士师、柳下惠等。　⑦遗佚:遗漏,遗弃而不用。　⑧厄穷:艰难困苦。悯:忧愁,忧伤。　⑨袒裼裸裎:指赤身裸体。袒(tǎn),指脱衣露出上身。裼(xī),原指古代行礼时,开出上服前襟,袒出上服左袖,以左袖插于前襟之右,而露出中衣。后来引申为袒开或脱去上衣,露

出身体。裸,赤身露体。裎(chéng),脱衣露体。光着身子。 ⑩由由然:愉悦的样子。偕:并处,共处。自失:自己离开,自己逃走。失,通"逸"。 ⑪援:拉,牵。 ⑫隘:指人气量褊狭,见识短浅。 ⑬不恭:即不严肃,不讲原则。 ⑭由:行,为。

【译文】

孟子说:"伯夷这个人,不是他理想中的君主,他不去辅佐;不是他理想中的朋友,他不去结交。不会在坏人的朝堂上做官,不会与品质不好的人说话。在坏人的朝堂上做官,与品质不好的人说话,在他看来就像穿戴着整齐的衣服帽子坐在污泥灰尘中一般。他把这种厌恶坏人的情绪,推广到与同乡中人的交往之中,看到别人帽子戴得不正,就会非常失望地离开,好像对方会玷污了自己一样。所以诸侯中即使有来好言相请的,他也不会接受他们的邀请。之所以不接受,是因为他自己不屑于和这些诸侯接触。柳下惠这个人,即使辅佐名声很坏的国君,他也不以为羞耻;即使做非常低微的官职,他也不以为卑微。得到任用的时候就毫不保留自己的才能,始终会按照自己的原则行事。被遗弃不用的时候不会心怀不满,处境艰难时也不会忧愁。因此他有这样的话:'你是你,我是我。即使你在我身边赤身裸体,你又怎么能够玷污我呢!'所以他会非常愉快地与别人相处而不会自己主动离开,(即使想要离开的时候,)别人拉着他劝阻一下,他也就会再留下来。拉着他劝阻一下就留下来,也是因为他不屑于离开的缘故。"因此孟子总结说:"伯夷器量褊狭,柳下惠没有原则。器量褊狭和没有原则,都是君子不能采取的处事态度。"

公孙丑下

【题解】

《公孙丑下》共包括十四章,大部分内容都是孟子到齐国前后的对话和议论。在本篇第一章中,孟子提出了"天时不如地利,地利不如人和"的著名论断,认为"得道者多助,失道者寡助"。在这一篇中,孟子还在君臣的职责以及礼制等问题上提出了一些自己的看法。在君臣关系上,孟子认为"将大有为之君,必有所不召之臣",表明了君主应当尊重贤才的态度;在同平陆大夫和蚔鼃等人的对话中,他表达了君臣都应自觉担负起爱抚百姓的职责的观点,否则,"有官守者,不得其职则去;有言责者,不得其言则去";在对待父母的态度上,他坚持"不以天下俭其亲"的观点;在讨论燕国叛齐问题时,他提出了"古之君子,其过也如日月之食,民皆见之;及其更也,民皆仰之"的观点。通过这一篇,不但可以了解孟子许多重要的思想观点,而且在孟子的行迹中,可以领略他为人处世的风格和方式,感受他的人格魅力。他的"如欲平治天下,当今之世,舍我其谁也"的豪迈气概,他对自己的理想和志向的坚持,对"必求龙断而登之"的"贱丈夫"行为和"谏于其君而不受,则怒,悻悻然见于其面"的"小丈夫"行为的抵制,都是让人肃然起敬的。

孟子曰:"天时不如地利①,地利不如人和②。三里之城,七里之郭③,环而攻之而不胜④;夫环而攻之,必有得天时者矣,然而不胜者,是天时不如地利也。城非不高也,池非不深也,兵革非不坚利也⑤,米粟非不多也,委而去之⑥,是地利不如人和也。故曰:域民不以封疆之界⑦,固国不以山谿之险,威天下不以兵革之利。得道者多助,失道者寡助。寡助之至,亲戚畔之⑧;多助之至,天下顺之。以天下之所顺,攻亲戚之所畔,故君子有不战⑨,战必胜矣。"

【注释】

①天时:有利的自然条件或气候条件。地利:有利的土地条件或地理优势。　②人和:人事和谐,民心和乐,人心团结。③郭:指外城,是古代在城的外围加筑的一道城墙。一般与"郭"相对而言时,"城"指内城。　④环:包围。　⑤兵革:兵器和甲胄,泛指武器军备。　⑥委:舍弃,丢弃。⑦域:限制,控制。封疆:界域的标记,疆界。　⑧畔:同"叛"。背叛。　⑨有:同"或"。或许。

【译文】

孟子说:"气候因素不如地理优势重要,地理优势不如人心团结重要。一座内城三里、外城七里的小城,包围着它攻打而无法攻下;能够包围着一座城池攻打,说明一定具备有利的气候条件,然而总是攻打不下来,这就是气候因素不如地理优势重要的道理。城墙不是不高,护城河不是不深,武器装备不是不精良,粮食储备不是不充足,可是一旦交战守城者就弃城而逃,这就是地理优势不如人心团结重要的道理。所以说:控制人民不依靠疆界的限制,稳固国家不依靠山川的险阻,威行天下不依靠武器的精良。遵循道义的人会有许多人来帮助他,背弃道义的人很少有人会帮助他。很少有人帮助,如果达到极致,就连自己的亲人都会背叛他;有许多人帮助,如果达到极致,整个天下的人都会归顺他。凭借着整个天下都归顺的形势,攻打就连亲戚都处于背叛状态之中的人,所以说贤德的君子或许不发动战争,如果发动战争就一定能取得胜利。"

孟子将朝王①。王使人来曰:"寡人如就见者也②,有寒疾③,不可以风④;朝将视朝⑤,不识可使寡人得见乎⑥?"对曰:"不幸而有疾,不能造朝⑦。"明日出吊于东郭氏⑧。公孙丑曰:"昔者辞以病⑨,今日吊,或者不可乎⑩?"曰:"昔者疾,今日愈,如之何不吊?"王使人问疾,医来。孟仲子对曰⑪:"昔者有王命,有采薪之忧⑫,不能造朝。今病小愈,趋造于朝;我不识能至否乎?"使数人要于路曰⑬:"请必无归,而造于朝。"不得已而之景丑氏宿焉⑭。景子曰:"内则父子,外则君臣,人之大伦也。父子主恩⑮,君臣主敬。丑见王之敬子也,未见所以敬王也。"曰:"恶!是何言也!齐人无以仁义与王言者,岂以仁义为不美也?其心曰'是何足与言仁义也'云尔⑯,则不敬莫大乎是。我非尧舜之道不敢以陈于王前,故齐人莫如我敬王也。"景子曰:"否,非此之谓也。《礼》曰:'父召无诺⑰;君命召,不俟驾⑱。'固将朝也,闻王命而遂不果,宜与夫礼若不相似然⑲。"曰:"岂谓是与?曾子曰:'晋楚之富,不可及也。

彼以其富，我以吾仁；彼以其爵，我以吾义，吾何慊乎哉㉑？'夫岂不义而曾子言之？是或一道也。天下有达尊三㉑：爵一、齿一㉒，德一。朝廷莫如爵，乡党莫如齿，辅世长民莫如德㉓。恶得有其一，以慢其二哉？故将大有为之君，必有所不召之臣；欲有谋焉则就之。其尊德乐道，不如是不足与有为也。故汤之于伊尹，学焉而后臣之，故不劳而王；桓公之于管仲，学焉而后臣之，故不劳而霸；今天下地丑德齐㉔，莫能相尚㉕。无他，好臣其所教，而不好臣其所受教。汤之于伊尹，桓公之于管仲，则不敢召；管仲且犹不可召，而况不为管仲者乎？"

【注释】

①王：指齐王。　②如：应当。就：主动前来。　③寒疾：指因感受寒邪所导致的疾病。　④风：这里用做动词，指见风。　⑤视朝：指临朝听政。　⑥不识：不知道。　⑦造：到，至，去。　⑧吊：祭奠死者或对遭丧事及不幸者给予慰问，即吊祭，吊丧。东郭氏：齐国的大夫。赵岐和朱熹均说："东郭氏，齐大夫家也。"　⑨昔者：以往，以前。对以前的任何时间，不论长短，说话时再提起都可称为"昔"或"昔者"。这里"昔者"指昨天，相对"明日"而言。　⑩或者：也许，或许。　⑪孟仲子：赵岐注曰："孟仲子，孟子之从昆弟，从学于孟子者也。"　⑫采薪之忧：自称有病的婉辞。　⑬要：拦截，阻截。　⑭景丑氏：即下文所说之"景子"，事迹已不可考。　⑮主：根本。这里的意思是"以……为根本"。　⑯云尔：助词，常用于句子或文章的末尾，表示句子或文章结束。　⑰父

召无诺:意思是父亲召唤时,要马上起身,来不及答应。
⑱君命召,不俟驾:与上文"父召无诺"一样,都是恭敬的表现,也是先秦儒家非常重视的礼仪。俟,等待。　⑲宜:大概,似乎,恐怕,表示不十分肯定。　⑳慊:这里是"不满足,遗憾"的意思,与上文"行有不慊于心,则馁矣"之"慊"不同。
㉑达尊:众所共尊。达,通行的,共同遵行的。　㉒齿:人的年龄。　㉓辅世:辅佐世人。长民:为民之长,统治人民。
㉔丑:类,相同。　㉕相尚:互相超过。

【译文】

孟子打算去拜见齐王。这时齐王派人来告诉他说:"我本来应该亲自来看你的,可是偶染风寒,不能见风;明天早上我要临朝听政,不知那时能不能让我见到你?"孟子回答说:"我也不幸得了点小毛病,明天早上无法到朝堂上去。"第二天,孟子要到东郭大夫家里去吊丧。公孙丑说:"昨天您以有病为借口谢绝了齐王召见,今天又出去吊丧,这样做大概不太好吧?"孟子说:"昨天有病,今天好了,为什么不能去吊丧呢?"(孟子走了之后,)齐王派了人来问候孟子的病情,并带了一名医生来。孟仲子回复说:"昨天大王命人召见,他身体不适,无法到朝堂上去。今天病稍微好了一些,就急忙到朝堂去了。我不知道他现在到了没有?"接着,孟仲子派了好几个人在路上拦截孟子,对他说:"现在请一定不要回去,还是到朝堂上去吧。"孟子没有办法,只得到景丑大夫家住下了。景丑先生说:"在家有父子关系,出外有君臣关系,这两种关系是所有人伦关系中最重要的。父子之间以恩情为根本,君臣之间以恭敬为根本。我看到大王已经对您很恭敬了,可是没有看见您怎么恭敬大王啊。"孟子说:"哎!这是什么话呢!齐国人没有同大王谈论仁义的,难道是因为仁义不美好吗?他们心里都说:'他怎么能够配得上与我一起谈论仁义呢?'

对大王不恭敬的态度没有比这更严重的了。我与大王谈话时,不是尧舜之道我不敢在大王面前说,所以说齐国人没有一个比我更恭敬大王的。"景丑先生说:"不,我并不是指这个说的。《礼》中说:'父亲召唤时,要来不及答应就起身;国君召唤时,要等不及备车就动身。'本来您是打算去朝见大王的,听到大王的命令之后就不去了,这似乎和礼制不太符合吧。"孟子说:"怎么能这样说呢?曾子说:'晋国和楚国的富有,是我比不上的。他们凭着他们的富有,我凭着我的仁爱;他们凭着他们的地位,我凭着我的道义,我有什么可遗憾的呢?'这些话难道没有道理而曾子就去说吗?也许里面包含着一些道理。天下有三种东西是人人推崇的:一个是爵位,一个是年龄,一个是德行。在朝堂之上,爵位最受重视;在乡里之间,年龄最受重视;对于经国治民这样的事情,最受重视的则是德行。为什么只得到了其中的一个,就怠慢另外的两个呢?所以打算大有作为的国君,必然有不能召唤的大臣,想要与他商量事情的时候就自己亲自过去。他们要推崇德行乐于仁政,不这样做的话就不能大有作为啊。所以商汤对于伊尹,先向他请教然后才作为臣子看待,因此没费力气就用仁德统一天下;齐桓公对于管仲,先向他请教然后才作为臣子看待,因此没费力气就凭实力称霸诸侯。如今天下诸侯土地差不多,德行也不相上下,没有一个能超过其他。没有别的原因,就是因为他们都喜欢以听从他们教令的人为臣子,而不喜欢让能够给他们教诲的人作为他们的臣子。商汤对于伊尹,齐桓公对于管仲,就是不敢召唤。管仲尚且不敢召唤,更何况连管仲那样的人都不愿做的人呢?"

陈臻问曰[①]:"前日于齐,王馈兼金一百而不受[②];于宋,馈七十镒而受;于薛,馈五十镒而受。前日之不受是,则今日之受非也；今日之受是，则前日之不受非也。夫子必居一于此矣。"孟子曰："皆是也。当在宋也，予将有远行；行者必以赆③，辞曰'馈赆'，予何为不受？当在薛也，予有戒心，辞曰'闻戒，故为兵馈之'，予何为不受？若于齐则未有处也④。无处而馈之，是货之也⑤。焉有君子而可以货取乎⑥？"

【注释】

①陈臻：孟子弟子。　　②兼金：价值倍于常金的好金子。
③赆：送行时赠送的财物。　　④未有处：指没有理由。
⑤货：贿赂，收买。　　⑥取：致，得到。

【译文】

陈臻问孟子："当初在齐国，齐王送给您一百镒好黄金，您没有接受；在宋国，宋君送给您七十镒，您接受了；在薛地，薛君送给您五十镒，您也接受了。如果当初您不接受是正确的，那么现在您接受就是错误的；如果现在您接受是正确的，那么当初您不接受就是错误的。老师您在这两个错误之中，一定犯了一个。"孟子说："两个都正确。当我在宋国的时候，我打算要出远门，对远行的人一定要送些盘缠，他们说'送点盘缠给您'，我有什么理由不接受呢？当我在薛地的时候，我因为安全无法得到保障而心存戒备，他们说：'听说您要有所戒备，所以送点买武器的钱给您'，我有什么理由不接受呢？然而对于在齐国，就没有任何理由了。没有理由而送给我钱物，是收买我啊。哪有有德行的君子可以用钱物收买得到的道理呢？"

孟子之平陆①,谓其大夫曰:"子之持戟之士②,一日而三失伍③,则去之否乎?"曰:"不待三。""然则子之失伍也亦多矣。凶年饥岁,子之民老羸转于沟壑,壮者散而之四方者几千人矣。"曰:"此非距心之所得为也④。"曰:"今有受人之牛羊而为之牧之者,则必为之求牧与刍矣⑤。求牧与刍而不得,则反诸其人乎?抑亦立而视其死与?"曰:"此则距心之罪也。"他日见于王曰:"王之为都者⑥,臣知五人焉。知其罪者,惟孔距心。"为王诵之⑦。王曰:"此则寡人之罪也。"

【注释】

①平陆:齐国的城邑,在今山东省汶上县境内。　②持戟之士:指战士。　③失伍:失其行伍,掉队。　④距心:大夫的名字。根据下文,平陆大夫姓孔名距心。　⑤刍:饲草。　⑥为都:管理城邑。都,即城邑。　⑦诵:述说。

【译文】

孟子到了平陆,对平陆大夫说:"您手下的士兵,如果一天三次掉队,您是否会辞退他呢?"大夫说:"等不到三次就该辞退了。"孟子说:"可是您掉队的时候也很多啊。灾荒年景的时候,您管辖的百姓中,年老体弱者辗转死于沟谷之中,年轻力壮的四处去逃难,总共有几千人啊。"大夫说:"这不是我管得了的。"孟子说:"现在如果有一个人接受了别人的牛羊替人家放牧,就一定要为人家寻找牧场准备草料。如果找不到牧场准备不好草料,就要把牛羊还给人家呢,还是眼睁睁地看着牛羊被饿死呢?"大夫说:"这么说来都是我的罪过啊。"一段时间之后,孟子见到了齐王,说:"替大王您管理都邑的人中,我认识五个。知道自己的过错的,只有平陆大夫孔距心一个人。"并把当日的情况向齐王叙述了一下。齐王说:"这么说来都是我的罪过啊。"

孟子谓蚳鼃曰^①:"子之辞灵丘而请士师^②,似也^③,为其可以言也^④。今既数月矣,未可以言与?"蚳鼃谏于王而不用,致为臣而去^⑤。齐人曰:"所以为蚳鼃,则善矣;所以自为,则吾不知也。"公都子以告^⑥。曰:"吾闻之也:有官守者^⑦,不得其职则去;有言责者^⑧,不得其言则去。我无官守,我无言责也,则吾进退岂不绰绰然有余裕哉^⑨?"

【注释】

①蚳(chí)鼃:齐国大夫。　②灵丘:齐国都邑名,今无可考。请:要求,请求。　③似:似乎有理。　④可以言:可以谈论。　⑤致为臣:辞去大臣的职务。古代有"致仕"之说,即辞去官职。致,归还,交还。　⑥公都子:孟子的学生。⑦官守:官位职守,官吏的职责。　⑧言责:进言劝谏的责任。　⑨绰绰然:非常宽裕的样子。

【译文】

孟子对蚳鼃说:"先生您辞去在灵丘的职位而请求担任掌管刑狱的士师,这样做似乎有道理,因为可以接近国君和他谈论一些刑狱方面的问题。现在已经几个月过去了,您还没有得到和国君谈论的机会吗?"蚳鼃于是就去劝谏国君,没有被采纳,结果就辞职而去了。齐国有人说:"孟子为蚳鼃所出的主意,是不错的;可是他怎么为自己考虑的,我们就弄不明白了。"公都子听到这些话之后,就来告诉了孟子。孟子说:"我听说:有官位职守的,如果没有办法尽到自己的职责,就要离开他原来的位置;有劝谏责任的,如果没有办法使他的劝谏发生效果,也要离开他原来的位置。我既没有官位职守,又没有劝谏责任,难道我的行动,回旋进退选择起来,不是绰绰有余吗?"

孟子为卿于齐,出吊于滕,王使盖大夫王驩为辅行①。王驩朝暮见,反齐、滕之路,未尝与之言行事也②。公孙丑曰:"齐卿之位,不为小矣;齐、滕之路,不为近矣。反之而未尝与言行事,何也?"曰:"夫既或治之③,予何言哉?"

【注释】

①盖:齐国的都邑名,在今山东省沂水县西北。王驩:齐国盖邑的大夫,齐王的宠臣。辅行:即副使,辅助正使行事者。
②行事:出使之事,行人之事。指此次出吊于滕之事。
③既或治之:既然有人都已经独自安排好了。意思是不满王驩独断专行。

【译文】

孟子在齐国做了卿,奉命到滕国去吊丧,齐王派盖邑的大夫王驩做他的副使与他同行。孟子和王驩天天见面,来回于齐、滕之间的路上,孟子从来没有和他谈论起此次出使的事。公孙丑问:"齐国的卿职,不是小职位;齐国和滕国之间的路程,也不是近距离。往返的路途上你们从来没有谈论过与此次出使有关的事情,这是为什么呢?"孟子说:"既然有人都已经独自安排好了,我还有什么好说的呢?"

孟子自齐葬于鲁①。反于齐,止于嬴②。充虞请曰③:"前日不知虞之不肖,使虞敦匠事④;严⑤,虞不敢请。今愿窃有请也:木若以美然⑥。"曰:"古者棺椁无度⑦,中古棺七寸⑧、椁称之,自天子达于庶人。非直为观美也,然后尽于人心。不得,不可以为悦;无财,不可以为悦。得之为有财,古之人皆用之,吾何为独不然?且比化者⑨,无使土亲肤,于人心独无恔乎⑩?吾闻之也君子:不以天下俭其亲。"

【注释】

①孟子自齐葬于鲁:孟子从齐国回到鲁国安葬母亲。 ②嬴:齐国的都邑,在今山东省莱芜市西北。 ③充虞:孟子的弟子。请:请教。 ④敦匠事:督促木工的工作,这里指督促棺椁的制作。敦,督促。 ⑤严:紧急。 ⑥木:这里指棺木,棺椁。 ⑦度:准则,规范。 ⑧中古:中国传统上将古代划分为上古、中古和近古。由于古人所处的时代不同,或者划分的标准不一,所指时期也不一致。 ⑨比:介词,为,替。与上文《梁惠王上》中"寡人耻之,愿比死者壹洒之"之"比"意同。化者:死者。 ⑩恔(xiào):快慰,满意。

【译文】

孟子从齐国回到鲁国安葬母亲。返回齐国的途中,在嬴邑停下来休息。这时,充虞过来请教说:"前日承蒙先生看得起,让我督促制造棺椁之事。因为当时时间紧迫,我不敢向您请教。现在我想请教一下:棺木制作得似乎太华丽了。"孟子说:"远古的时候棺椁的制作没有标准,中古的时候规定内棺七寸,椁的尺寸与之相称,上自天子下至平民都是这个标准。这不是为了看上去华丽,而是只有这样做了才能够表达活着的人的心意。如果由于礼制的限制达不到这样的标准,就不能够称心;没有足够的财力使其达到这样的标准,也不能够称心。礼制允许并且财力又能达到,古人都采用这样的标准,我有什么理由单单不采用呢?而且对于死者来说,不要让泥土沾染了肌肤,对于活着的人来说,难道不也是一件令人欣慰的事情吗?我听有才德的君子说过:即使有获得天下这样的大利,也不要通过在父母身上节省来换取。"

沈同以其私问曰①:"燕可伐与?"孟子曰:"可。子哙不得与人燕,子之不得受燕于子哙。有仕于此,而子悦之,不告于王,而私与之吾子之禄爵;夫士也,亦无王命而私受之于子,则可乎?何以异于是?"齐人伐燕。或问曰:"劝齐伐燕,有诸?"曰:"未也。沈同问:'燕可伐与?'吾应之曰:'可。'彼然而伐之也。彼如曰:'孰可以伐之?'则将应之曰:'为天吏则可以伐之。'今有杀人者,或问之曰:'人可杀与?'则将应之曰:'可。'彼如曰:'孰可以杀之?'则将应之曰:'为士师则可以杀之。'今以燕伐燕②,何为劝之哉?"

【注释】
①沈同:齐国大臣,事迹无可考。　②以燕伐燕:让像燕国一样暴虐的齐国去讨伐燕国。

【译文】
沈同以私人的身份问孟子:"燕国可以讨伐吗?"孟子说:"可以。

子哙不应该把燕国送给别人,子之也不应该从子哙手里取得燕国。比方说这里有一个士人,你非常喜欢他,没有去向国君请示,而私自把你的爵禄给了他;那个士人,也没有获取国君的命令就私自接受了你给他的爵禄,那样可以吗?这两件事情有什么差别吗?"齐国发动了攻打燕国的战争。有人问孟子说:"您劝齐国讨伐燕国,有这件事吗?"孟子说:"没有。沈同问我:'燕国可以讨伐吗?'我回答他说:'可以。'他们然后就去讨伐了。他如果接着问:'谁可以讨伐?'我就会回答他说:'只有天吏才可以去讨伐。'好比现在这里有一个人杀了人,有人问我:'这个人可以处死吗?'我就会回答他说:'可以。'他如果说:'谁可以处死他?'我就会回答他说:'掌管刑罚的士师可以处死他。'现在让像燕国一样残暴的齐国去讨伐燕国,我为什么要鼓励他呢?"

燕人畔,王曰:"吾甚惭于孟子。"陈贾曰①:"王无患焉,王自以为与周公,孰仁且智?"王曰:"恶!是何言也!"曰:"周公使管叔监殷,管叔以殷畔。知而使之,是不仁也;不知而使之,是不智也。仁智,周公未之尽也,而况于王乎?贾请见而解之。"见孟子问曰:"周公何人也?"曰:"古圣人也。"曰:"使管叔监殷,管叔以殷畔也,有诸?"曰:"然。"曰:"周公知其将畔而使之与?"曰:"不知也。""然则圣人且有过与?"曰:"周公,弟也;管叔,兄也。周公之过,不亦宜乎?且古之君子②,过则改之;今之君子,过则顺之。古之君子,其过也如日月之食,民皆见之;及其更也,民皆仰之。今之君子,岂徒顺之,又从为之辞。"

【注释】

①陈贾:齐国大夫。　　②君子:指统治者。

【译文】

燕国人背叛了齐国,齐王说:"我真是有愧于孟子啊。"陈贾劝他说:"大王您不要为此忧心了,您以为自己和周公相比,谁更具有仁和智这两种美德呢?"齐王说:"哎!这是什么话呢?"陈贾说:"周公派管叔去监督殷商的遗民,管叔却借着殷商遗民的力量发生了叛乱。如果周公预料到管叔会叛乱而派他去,这是不仁的表现;如果周公没有预料到管叔会叛乱而派了他去,这是不智的表现。仁和智,周公都没有完全做到,况且大王您呢?我请求去见见孟子替您解释解释这件事情。"陈贾见到孟子,问他:"周公是什么样的人呢?"孟子说:"古代的圣人。"陈贾说:"周公派管叔去监督殷商的遗民,管叔却借着殷商遗民的力量发动了叛乱。有这件事吗?"孟子说:"有。"陈贾说:"周公预料到管叔将会叛乱而派他去的吗?"孟子说:"他不知道。"陈贾说:"这么说圣人也有犯错误的时候了?"孟子说:"周公是弟弟,管叔是哥哥。周公没有怀疑自己的哥哥会造反这样的错误即使犯了,不也是可以理解的吗?况且,古代的君子,如果有了过错就会改正;现在的君子,有了过错也顺其发展。古代的君子,他们如果有了过错,就像太阳和月亮发生了日食、月食一样,老百姓都看得清清楚楚;等到他们改正了过错,老百姓依然都敬仰他们。现在的君子,岂止是顺从错误的发展,还经常去为其寻找一些托词。"

孟子致为臣而归,王就见孟子曰:"前日愿见而不可得,得侍同朝甚喜。今又弃寡人而归,不识可以继此而得见乎?"对曰:"不敢请耳,固所愿也。"他日王谓时子曰①:

"我欲中国而授孟子室②,养弟子以万钟③,使诸大夫国人皆有所矜式④。子盍为我言之?"时子因陈子而以告孟子⑤;陈子以时子之言告孟子。孟子曰:"然⑥。夫时子恶知其不可也?如使予欲富,辞十万而受万,是为欲富乎?季孙曰⑦:'异哉子叔疑⑧!使己为政,不用,则亦已矣,又使其子弟为卿。人亦孰不欲富贵?而独于富贵之中有私龙断焉⑨。'古之为市也,以其所有易其所无者,有司者治之耳。有贱丈夫焉,必求龙断而登之⑩,以左右望而罔市利⑪。人皆以为贱,故从而征之。征商自此贱丈夫始矣。"

【注释】

①时子:齐王之臣。　②中国:朱熹《集注》曰:"中国,当国之中也。"即齐国的国都临淄城中。　③钟:古代的容量单位,春秋时齐国公室的公量,合六斛四斗。之后亦有合八斛及十斛之制。　④矜式:敬重和取法。　⑤陈子:赵岐以为即孟子的弟子陈臻。　⑥然:应言,表示肯定。　⑦季孙:其人已不可考。　⑧子叔:其人已不可考。　⑨龙断:垄断。龙,通"垄"。本指独立的高地,引申为独占其利。　⑩登:取。　⑪左右望:朱熹《集注》曰:"左右望者,欲得此而又取彼也。"罔:搜括,牟取。

【译文】

孟子辞去了在齐国的官职回到家里,齐王亲自来看望孟子,说:"以前的时候想要见你而没能如愿,能够和你做同朝君臣,我感到很高兴。今天你又要弃我而去了,不知道从此之后还能不能再见到你?"孟子回答说:"我不敢提出这样的要求,但是我从心里希望能这样。"过了些时候,齐王对时子说:"我打算在临淄城中给孟子置办一处房子,用万钟粟米来养活他的弟子们,让国中的官吏和人民都有所尊崇,有所效法。你何不替我去和孟子谈谈呢?"时子托陈臻把齐王的意思转达给孟子,陈臻将时子的话对孟子说了。孟子说:"知道了。时子难道不知道这事办不成吗?如果想使我追求富足,辞掉十万钟的俸禄去接受万钟,难道是为了追求富足吗?季孙曾经说过:'子叔的疑问真奇怪啊!想让自己当官,没有得到任用,这就罢了,又要自己的儿子兄弟出来做官。世上的人哪有不追求富贵的?而单单让你们家垄断了富贵不成!'(什么是垄断呢?)古代设立市场进行交易,目的就是为了互通有无,设置的官吏只是对市场进行管理罢了。出了一个卑贱的男子,一定要追求通过垄断的方式来取得市场上的所有好处。他不停地穿梭,想搜刮市场上所有的利润。人们都认为这样的人很卑贱,因此就根据他的这种行为对他征税。对商人征税就是从这个卑贱的家伙开始的。"

孟子去齐,宿于昼①。有欲为王留行者,坐而言。不应,隐几而卧②。客不悦曰:"弟子齐宿而后敢言③,夫子卧而不听,请勿复敢见矣。"曰:"坐。我明语子:昔者鲁缪公无人乎子思之侧④,则不能安子思;泄柳、申详无人乎缪公之侧⑤,则不能安其身。子为长者虑⑥,而不及子思。子绝长者乎?长者绝子乎?"

【注释】
①昼:齐国都邑名。在今山东省淄博市西南,为孟子从齐国返回故乡邹国的必经之道。 ②隐(yǐn)几:靠着几案,伏在几

案上。隐,依据,凭依。　　③齐宿:提前一日斋戒。齐,同"斋",指古人在祭祀或其他典礼前整洁身心,以示庄敬。　　④鲁缪公:即鲁穆公,名显,在位33年而卒。子思:名伋,孔子的孙子,伯鱼之子,相传《中庸》为其所作,《史记·孟子荀卿列传》说孟子"受业子思之门人"。　　⑤泄柳、申详:都是鲁缪公时的贤人。泄柳即《告子下》中所说的"子柳";申详,孔子学生子张的儿子,子游的女婿。　　⑥长者:孟子自称。

【译文】

孟子离开齐国,夜里住在昼邑。有一个人想替齐王挽留住孟子,坐下来和孟子谈话。孟子没有搭理他,自己靠在几案上打瞌睡。客人非常不高兴,说:"学生我前一天就恭敬地做了斋戒,之后才敢过来和您说话,先生您躺着睡觉不听我说,我以后再也不敢来拜见您。"(说着便起身想走。)孟子说:"坐下吧。我明白地告诉你:当初鲁缪公对待子思,如果没有人在子思身边,就不能够使子思安心;泄柳、申详对待鲁缪公,如果没有人在缪公身边,他们自己也就不能安心。你为我这个老人考虑一下,没有想到过鲁缪公如何对待子思吗。这是你和我这个老人决绝呢,还是我这个老人该和你决绝呢?"

孟子去齐,尹士语人曰①:"不识王之不可以为汤、武,则是不明也;识其不可然且至,则是干泽也②。千里而见王,不遇故去;三宿而后出昼,是何濡滞也③!士则兹不悦④。"高子以告⑤。曰:"夫尹士恶知予哉?千里而见王,是予所欲也。不遇故去,岂予所欲哉?予不得已也。予三宿而出昼,于予心犹以为速。王庶几改之⑥!王如改诸,则必反予。夫出昼而王不予追也,予然后浩然有归志⑦。予虽然,岂舍王哉? 王由足用为善⑧;王如用予,则岂徒齐民安? 天下之民举安。王庶几改之! 予日望之! 予岂若是小丈夫然哉! 谏于其君而不受,则怒,悻悻然见于其面⑨,去则穷日之力而后宿哉⑩?"尹士闻之,曰:"士诚小人也。"

【注释】

①尹士:齐国人。　②干泽:追求实惠。干,求。泽,恩德,恩惠。这里指俸禄,禄位。　③濡滞:停留,迟延,迟滞。④兹不悦:即"不悦兹"。兹,此。　⑤高子:赵岐注曰:"高子亦齐人,孟子弟子。"　⑥庶几:或许,也许。　⑦浩然:不可阻遏、无所留恋貌。　⑧由:同"犹"。足用:足以,可以。⑨悻悻然:怨恨失意的样子。见:同"现"。　⑩穷日:一整天,终日。

【译文】

孟子离开齐国,尹士对别人说:"不知道君王不可能成为商汤、周文王那样的人,这是不明智的表现;知道君王不可能成为有为之君还是去了,这是追求富贵的表现。跋涉千里来见齐王,没有受到赏识而离开;经过三天的时间才通过昼邑,这是多么的迟滞啊! 我不喜欢这种人。"高子把听到的这些话告诉了孟子。孟子说:"尹士哪里理解我呢? 跋涉千里来见齐王,这是我所期望的;没有受到赏识而离开,这难道也是我所期望的吗? 我这是因为没有办法啊。我经过三天的时间才通过昼邑,从我内心里来说还是太快了。大王也许会改变主意呢! 大王如果改变了主意,就一定会让我回去。我通过了昼邑可是大王还是没来追我,我然后才毫无依恋地坚定了回家的念头。我虽然这样做,难道是抛弃大王吗?齐王还是可以推行仁政的。齐王如果起用我,又何止是可以使齐国的百姓得到安定呢?整个天下的百姓都可以得到安宁。大王也许会改变主意的!我天天都盼望着啊!我难道像这样的小气鬼一样吗!对他的国君进行劝谏而没有被接受,就感到生气,怨恨失意的表情写在脸上,离开的时候非走到天黑日落精疲力竭才休息吗?"尹士听了孟子的话后,说:"我真是个小人啊。"

孟子去齐,充虞路问曰:"夫子若有不豫色然。前日虞闻诸夫子曰:'君子不怨天,不尤人。'"曰:"彼一时,此一时也。五百年必有王者兴,其间必有名世者①。由周而来,七百有余岁矣;以其数则过矣,以其时考之则可矣②。夫天,未欲平治天下也,如欲平治天下,当今之世,舍我其谁也?吾何为不豫哉?"

【注释】

①名世者:闻名于当世之人。　②考:研求,推定。

【译文】

孟子离开齐国,充虞在路上问孟子:"先生您看起来好像不高兴的样子。前几天我曾经听您说过:'有德才的君子不怨恨上天,不怪罪别人。'"孟子说:"那时是一种情形,现在又是一种情形。历史发展的规律,每隔五百年必然要有圣君出现,这个过程中一定还会有才能出众的命世之才出现。自从周朝建立以来,已经七百多年了。如果从相隔的年数看,时间已经超过了。从时间上推断,早该有圣君出现了。这是天意还不想让天下安定啊。如果想要使天下得到安定,当今这个时代,除了我还有谁呢?我为什么不高兴呢?"

孟子去齐居休^①。公孙丑问曰:"仕而不受禄,古之道乎?"曰:"非也。于崇^②,吾得见王;退而有去志,不欲变,故不受也。继而有师命^③,不可以请。久于齐,非我志也。"

【注释】

①休:地名。　②崇:地名,今已不可考。　③师命:师旅之命,即军事行动。

【译文】

孟子离开齐国,居住在休地。公孙丑问道:"做官却不接受俸禄,古代有这样的道理吗?"孟子说:"没有。在崇地的时候,我见到了齐王。回来之后就有离开齐国的打算,我不想改变离开齐国的打算,所以才不接受他的俸禄。接着齐国就有军事行动,这个时候不可以请求离开。长期居住在齐国,并不是我的意愿。"

滕文公上

【题解】

《滕文公上》共五章,前三章是孟子与滕文公对治国、礼制等问题的讨论,后两章分别是孟子同农家与墨家的辩论。在治国问题上,孟子认为,即使像滕国这样的小国,只要愿意努力去做,也是能够治理好的。在治国的具体策略上,他还是一贯的"仁政"主张,认为必须要切实为老百姓着想,要使民以时、减轻税负,而且还要兴办学校、加强教化。只有这样,才能使老百姓安心生产、相互帮助、风俗淳美、和谐有序,从而使国家富强,在诸侯林立的时代取得有利的竞争地位。在礼制的推行上,孟子认为,统治者要发挥以身作则的作用,下级和人民才会效仿和遵从。在同农家的辩论中,孟子驳斥了他们否认社会分工的必要性和合理性的观点,认为一个社会如果要正常运转,没有社会分工是不可能的。正是在此意义上,他提出了"劳心者治人,劳力者治于人。治于人者食人,治人者食于人"的观点。在同墨家的讨论中,孟子则着重反驳了他们的"兼爱"、"节葬"等核心观点。

滕文公为世子①,将之楚,过宋而见孟子。孟子道性善②，言必称尧舜。世子自楚反，复见孟子。孟子曰："世子疑吾言乎？夫道一而已矣。成覵谓齐景公曰③：'彼丈夫也，我丈夫也，吾何畏彼哉？'颜渊曰：'舜何人也？予何人也？有为者亦若是。'公明仪曰④：'文王我师也，周公岂欺我哉？'今滕绝长补短，将五十里也，犹可以为善国。《书》曰：'若药不瞑眩，厥疾不瘳⑤。'"

【注释】

①世子：即太子。　②道：言，说。　③成覵：春秋时齐国的大臣。　④公明仪：鲁国的贤人，姓公明，名仪。　⑤若药不瞑(mián)眩，厥疾不瘳(chōu)：此句为《尚书》佚文，后录入伪古文《尚书》的《说命篇》。瞑眩：指用药后而产生的头晕目眩的强烈反应。瘳：病愈。

【译文】

滕文公做太子的时候，有一次要到楚国去，路过宋国的时候会见了孟子。孟子和他谈论人性本善的道理，一说话就必然提到尧舜这些古代的圣君。太子从楚国返回滕国时，又会见了孟子。孟子说："太子您怀疑我所说的道理吗？天下所有的道理其实都可以归结到一点上。成覵曾经对齐景公说：'他是个男子汉，我也是个男子汉，我为什么会怕他呢？'颜渊说：'舜是什么人，我又是什么人，有作为的人都是一样的。'公明仪说：'周文王是我的榜样，周公所说的这句话难道会欺骗我吗？'现在滕国的土地，截长补短，接近纵横各五十里的面积，是可以治理成一个稳定有序的好国家的。就像《尚书》中所说：'如果药物被吃了之后不使人头晕目眩，那么病不可能被治愈。'"

滕定公薨①,世子谓然友曰②:"昔者孟子尝与我言于宋,于心终不忘。今也不幸至于大故③,吾欲使子问于孟子,然后行事。"然友之邹,问于孟子。孟子曰:"不亦善乎!亲丧固所自尽也④。曾子曰:'生,事之以礼;死,葬之以礼,祭之以礼⑤,可谓孝矣。'诸侯之礼,吾未之学也。虽然,吾尝闻之矣:三年之丧,齐疏之服⑥,饘粥之食⑦,自天子达于庶人,三代共之。"然友反命,定为三年之丧。父兄百官皆不欲,曰:"吾宗国鲁先君莫之行⑧,吾先君亦莫之行也;至于子之身而反之,不可。且《志》曰⑨:'丧祭从先祖。'曰:'吾有所受之也⑩。'"谓然友曰:"吾他日未尝学问,好驰马试剑⑪。今也父兄百官不我足也⑫;恐其不能尽于大事。子为我问孟子。"然友复之邹,问孟子。孟子曰:"然,不可以他求者也。孔子曰:'君薨,听于冢宰,歠粥,面深墨,即位而哭⑬。百官有司,莫敢不哀,先之也。'上有好者,下必有甚焉者矣。'君子之德,风也;小人之德,草也。草尚之风必偃⑭。'是在世子。"然友反命。世子曰:"然,是诚在我。"五月居庐⑮,未有命戒。百官族人,可谓曰知。及至葬,四方来观之。颜色之戚,哭泣之哀,吊者大悦。

【注释】

①滕定公:滕文公的父亲。薨:自周代开始,对于人去世的称谓,有了尊卑之分,"薨"最初指诸侯之死。后来,则以"薨"称达到一定品级之上的大官之死。　②然友:太子师傅的名

字。　③大故：重大的事故，多指对国家、社会有重大影响的祸患，如灾害、兵寇、国丧等。　④自尽：尽己之力，尽己之情。　⑤生，事之以礼；死，葬之以礼，祭之以礼：见《论语·为政》，原为孔子答樊迟问时所说的话，孟子引为曾子之言，亦为曾子转述。　⑥齐(zī)疏：齐，原指长衣下部的缉边，也指将丧服下部的边折转缝起来。后引申为丧服。疏，即粗。朱熹《集注》曰："疏，粗也，粗布也。"　⑦飦粥：稠粥。　⑧宗国：同姓诸侯国。滕国和鲁国同姓，都是周文王的后代。鲁国是周公之后；滕国是叔绣之后。因此滕国称鲁国为宗国。　⑨《志》：赵岐注曰："志，记也。《周礼》：小史'掌邦国之志'。"焦循《正义》中说："小史所掌之志，记世系昭穆之事，容有'丧祭从先祖'云云，故赵氏引以为证，实不知为何书也。"　⑩吾有所受之也：关于此句历来有歧见，如赵岐注曰："曰丧祭之事，各从其先祖之法，言我转有所承受之，不可于己身独改更也。一说吾有所受之，世子言我受之于孟子也。"今取前说。　⑪驰马：驱马疾行。试剑：练剑，击剑。　⑫不我足：对我不满意。　⑬冢宰：周代官名，为六卿之首，又称太宰。歠(chuò)：饮，喝。深墨：晦暗，深黑。即位：就位，这里指在孝子的位置上。　⑭尚：同"上"。偃：倒伏。　⑮五月居庐：庐，古人为守丧而构筑在墓旁的小屋。居庐，住在守丧的房子中，指守孝。

【译文】

滕定公去世之后，太子对然友说："当初孟子曾经和我在宋国有过谈话，我至今都记在心里没有忘记。如今不幸遇到了这样的大变故，我想派你去向孟子请教一下，然后再办丧事。"然友到了邹国，向孟子请教。孟子说："能够先请教再行事，这样很好啊！父母去世，本来就应该尽己所能办好丧事。曾子说过：'父母活着的时候，要依据礼节侍奉他们；去世之后，要依据礼节安葬他们，依据礼节祭祀他们，这样做才可称得上孝。'诸侯的丧礼，我没有专门学过。即使这样，我还是曾经听说过一些：三年的守丧时间，穿粗布缉边的丧服，吃些粥类简单的饭食，上至天子下至平民百姓都要这样，三代以来普遍都是这么做的。"然友回到滕国复命，太子将丧期定为三年。滕国的宗族官吏都不想这样做，他们说："我们同宗的鲁国的历代君主没有这样做过，我国的历代君主也没有这样做过；到了你这里，却要改变祖宗的做法这样做，这是不可以的。而且《志》中说：'丧事祭祀这样的事情要依照祖先的规矩。'又说：'我们办事的方式应当有所继承。'"太子对然友说："我从前的时候没有学过这些知识，只是喜欢骑马练剑。现在宗族官吏都对我不满意，恐怕我无法尽心竭力地完成丧事，你再为我向孟子请教一下吧。"然友又回到邹国，向孟子请教。孟子说："哦，这种事是不能求助于别人的。孔子说：'国君去世了，太子把国家的事务交给家宰去安排，自己喝着稀粥，脸色晦暗，在孝子的位置上哭。这样，大小官吏没有敢不悲哀的，这就是亲自带头的缘故。'在上位的人爱好某种事情，在下位的人一定会比他更爱。'君子的德行好比风一样，小人的德行好比草一样。风吹到哪里，草就倒向哪里。'这件事情关键在太子怎么做。"然友回到滕国复命。太子说："对，这件事真的在于我。"于是太子在丧庐中守孝五个月，没有发布任何命令。官吏和宗族都说他这是知礼。等到安葬的时候，各地的人都前来观礼。太子脸色非常凄惨，哭声非常哀恸，吊丧的人都感到很欣慰。

滕文公问为国。孟子曰："民事不可缓也①。《诗》云：'昼尔于茅，宵尔索绹。亟其乘屋，其始播百谷②。'民之为道也,有恒产者有恒心,无恒产者无恒心。苟无恒心,放辟邪侈,无不为已。及陷乎罪然后从而刑之,是罔民也。焉有仁人在位罔民而可为也?是故贤君必恭俭礼下,取于民有制。阳虎曰③:'为富不仁矣;为仁不富矣。'夏后氏五十而贡,殷人七十而助,周人百亩而彻④。其实皆什一也。彻者彻也,助者藉也。龙子曰⑤:'治地莫善于助,莫不善于贡。'贡者校数岁之中以为常⑥。乐岁粒米狼戾⑦,多取之而不为虐,则寡取之;凶年粪其田而不足⑧,则必取盈焉。为民父母,使民盻盻然⑨,将终岁勤动,不得以养其父母,又称贷而益之⑩,使老稚转乎沟壑,恶在其为民父母也?夫世禄滕固行之矣。《诗》云:'雨我公田,遂及我私⑪。'惟助为有公田。由此观之,虽周亦助也。设为庠序学校以教之⑫。庠者养也,校者教也,序者射也。夏曰校,殷曰序,周曰庠,学则三代共之,皆所以明人伦也。人伦明于上,小民亲于下⑬。有王者起,必来取法,是为王者师也。《诗》云:'周虽旧邦,其命维新⑭。'文王之谓也。子力行之,亦以新子之国。"使毕战问井地⑮。孟子曰:"子之君将行仁政,选择而使子,子必勉之。夫仁政必自经界始⑯。经界不正,井地不均,穀禄不平⑰。是故暴君污吏必慢其经界。经界既正,分田制禄,可坐而定也。夫滕壤地褊小⑱,将为君子焉,将为野人焉⑲。无君子莫治野人,无野人莫养君子。请野九一而助⑳,国中什一使自赋㉑。卿以下必有圭田㉒。圭田五十亩,余夫二十五亩㉓。死徙无出乡,乡田同井,出入相友㉔,守望相助㉕,疾病相扶持,则百姓亲睦。方里而井,井九百亩,其中为公田。八家皆私百亩,同养公田。公事毕,然后敢治私事,所以别野人也。此其大略也。若夫润泽之㉖,则在君与子矣。"

【注释】

①民事:百姓日常生产和生活之事,犹特指农事。　②昼尔于茅,宵尔索绹。亟其乘屋,其始播百谷:出自《诗经·豳风·七月》。于,往,去,取。茅,茅草,一种草名。索绹,制绳索。索,绞合使紧。绹,绳索。亟,急。乘,治理,管理。乘屋,即修盖房屋。　③阳虎:即阳货。大约与孔子同时,春秋末期鲁国季孙氏的家臣。曾挟持季氏,掌握鲁国国政。失败后去晋国,又成为赵鞅的家臣。《论语》中多次提及。　④贡、助、彻:这里都是指不同的租税制度。　⑤龙子:古代贤人,事迹不详。　⑥挍:同"校"。　⑦粒米狼戾:赵岐注曰:"狼戾,犹狼藉也。粒米,粟米之粒也。"　⑧粪:施肥。　⑨盼盼:一说勤苦不得休息貌。一说恨视貌。今取前说。　⑩称贷:即借贷。称,指举债,借钱。　⑪雨我公田,遂及我私:出自《诗经·小雅·大田》。雨(yù):动词,下雨,降雨。　⑫庠序学校:古代的学校。庠,古代的学校,特指乡学。校,也指学校,多指地方学校。　⑬小民:指一般老百姓。　⑭周虽旧邦,其命维新:出自《诗经·大雅·文王》。维新,乃始更新之意。　⑮毕战:滕文公的臣子。井地:井田。　⑯经界:土地、疆域的分界,也作动词,指划分疆界。　⑰穀禄:即俸禄。古代俸禄用谷,以谷量计俸禄的高下,故称。　⑱褊小:狭

小。　⑲野人：庶人，平民。　⑳野：指郊野。　㉑国中：国都之内。　㉒圭田：古代卿、大夫、士供祭祀用的田地。㉓余夫：古代指法定的受田人口之外的人。　㉔友：协助。㉕守望：看守瞭望，助察奸恶，防范盗贼。　㉖润泽：润色，修饰，进一步地发展。

【译文】

　　滕文公问孟子如何治理国家。孟子说："老百姓的生产生活是最不能延误和放松的事情。《诗经》中说：'早晨你去割茅草，晚上还得搓绳索。赶紧修理好房屋，按时开始种百谷。'老百姓有一个基本的规律：有固定的产业才能有恒久的道德之心，如果没有固定的产业，也就不会有恒久的道德之心。如果没有恒久的道德之心，各种各样的邪恶举动，就都能够做得出来。等到他们陷入犯罪的深渊之中，然后就马上把他们抓起来惩罚他们，这等于故意陷害老百姓啊。如果是有仁德的人处于统治者的地位上，哪里会做出陷害人民的事情呢？所以贤明的君主一定认真办事，节省用度，有礼貌地对待臣下，向人民征收赋税有一定的制度。阳虎说过：'要发财就不要有仁爱之心，有仁爱之心就不能发财。'夏朝的时候每家五十亩土地实行'贡'法，商代的时候每家七十亩土地实行'助'法，周朝的时候每家一百亩土地实行'彻'法。这三种租税的收取方法，实质上都是采用十分之一的税率。彻就是通的意思，助就是借的意思。龙子说：'管理土地最好的方法是助法，最不好的方法是贡法。'贡法就是平均若干年的收成取一个定额作为计算赋税的一般标准。年成好的时候，粮食丢弃得到处都是，多收取一些也不算横征暴敛，按照贡法却收取得过少；年成差的时候，收成连施肥的投入都收不回来，按照贡法也一定要收足常年的数额。作为老百姓的父母官，让他们勤苦劳作不得休息，要终年辛勤劳动，还不能够养活自己的父母，还不得不靠借贷来补足赋税,结果让老人和儿童辗转死于沟谷之中,这样又怎么能够起到老百姓的父母官的作用呢？世禄制度在滕国早就推行了。《诗经》里说:'降雨浇灌我公田,顺便下到我私田。'只有推行助法,才能真正有公田。从这里也可以看出,即使周朝,也是实行助法的。还要开设庠、序、学、校等各级教化机构以教育百姓。庠的意思就是培养,校的意思就是教导,序的意思就是习射。夏朝的时候称地方教化机构为校,商朝称序,周代称庠,至于学,是三代都设立的,这些教化机构设立的目的都是引导教育人们明确人与人之间的各种人伦关系。在上位的人明确了人伦关系,在下位的老百姓就会互相亲近。有圣王贤君出现的话,必然会来这里学习经验和做法,这样就成了圣王的老师了。《诗经》中说:'岐周虽然是旧国,天命才换新气象。'这是说的周文王。您大力推行这些制度,也可以让您的国家焕发出新气象。"滕文公派毕战向孟子请教井田之制。孟子说:"您的国君想要推行仁政,经过挑选把任务赋予您,您一定要努力啊。推行仁政一定要从划定土地的疆界做起。土地的疆界不正,井田划分得不均,充做俸禄的租税也就不公平。所以暴虐的君主和卑劣的官吏一定不会重视疆界的划分。疆界划正了,田地的分配和俸禄的制定,也就自然而然确定了。滕国的土地虽然面积狭小,但也既要有统治者,又要有老百姓。没有统治者就无法管理老百姓,没有老百姓就无人供养统治者。我建议在乡野实行九取其一的助法收取租税,在城市实行十分抽一的方法收取赋税。从卿以下的官吏一定要有祭祀用的圭田,每家五十亩,如果还有剩余劳动力,每人再加二十五亩。无论死亡还是迁徙,都不离开本乡,同一井田的各家,出入的时候相互结伴,看守防御的时候相互帮助,患了疾病的时候相互照应,那样老百姓之间就会亲近和睦。每一方里的土地为一井,一井为九百亩,中间一块是公田。其余部分八家各有一百亩作为私田,八家要一起耕种公田。公田上的农活干完之后,才可以干自家私田上的农活,这就是区别统治者和老百姓的办法。这些只是一个大体的描述。至于如何根据实际情况实施和改进,就在于您和您的国君了。"

有为神农之言者许行①,自楚之滕,踵门而告文公②,曰:"远方之人,闻君行仁政,愿受一廛而为氓。"文公与之处。其徒数十人,皆衣褐,捆屦③、织席以为食。陈良之徒陈相与其弟辛④,负耒耜而自宋之滕⑤。曰:"闻君行圣人之政,是亦圣人也,愿为圣人氓。"陈相见许行而大悦,尽弃其学而学焉。陈相见孟子,道许行之言曰:"滕君则诚贤君也;虽然,未闻道也。贤者与民并耕而食,饔飧而治⑥。今也滕有仓廪府库,则是厉民而以自养也⑦,恶得贤?"孟子曰:"许子必种粟而后食乎?"曰:"然。""许子必织布而后衣乎?"曰:"否,许子衣褐。""许子冠乎?"曰:"冠。"曰:"奚冠?"曰:"冠素⑧。"曰:"自织之与?"曰:"否,以粟易之。"曰:"许子奚为不自织?"曰:"害于耕⑨。"曰:"许子以釜甑爨⑩、以铁耕乎⑪?"曰:"然。""自为之与?"曰:"否,以粟易之。""以粟易械器者,不为厉陶冶⑫;陶冶亦以其械器易粟者,岂为厉农夫哉?且许子何不为陶冶,舍皆取诸其宫中而用之⑬?何为纷纷然与百工交易⑭?何许子之不惮烦⑮?"曰:"百工之事,固不可耕且为也。""然则治天下独可耕且为与?有大人之事⑯,有小人之事。且一人之身,而百工之所为备。如必自为而后用之,是率天下而路也⑰。故曰:或劳心⑱,或劳力⑲。劳心者治人,劳力者治于人。治于人者食人⑳,治人者食于人——天下之通义也。当尧之时,天下犹未平,洪水横流㉑,泛滥于天下;草木畅茂㉒,禽兽繁殖㉓;五谷不登㉔,禽兽逼人㉕;兽蹄鸟迹之道,交于中国㉖。尧独忧之,举舜而敷治焉㉗。舜使益掌火㉘,益烈山泽而焚之㉙,禽兽逃匿。禹疏九河㉚,瀹济㉛、漯而注诸海㉜;决汝、汉㉝,排淮、泗㉞,而注之江㉟,然后中国可得而食也。当是时也,禹八年于外,三过其门而不入,虽欲耕,得乎?后稷教民稼穑㊱,树艺五谷㊲,五谷熟而民人育㊳。人之有道也,饱食暖衣,逸居而无教㊴,则近于禽兽。圣人有忧之,使契为司徒㊵,教以人伦:父子有亲,君臣有义,夫妇有别,长幼有序,朋友有信。放勋曰㊶:'劳之来之、匡之直之、辅之翼之,使自得之㊷;又从而振德之㊸。'圣人之忧民如此,而暇耕乎?尧以不得舜为己忧;舜以不得禹、皋陶为己忧㊹。夫以百亩之不易为己忧者㊺,农夫也。分人以财谓之惠,教人以善谓之忠,为天下得人者谓之仁。是故以天下与人易,为天下得人难。孔子曰:'大哉,尧之为君!惟天为大,惟尧则之。荡荡乎民无能名焉!君哉舜也!巍巍乎有天下而不与焉㊻!'尧舜之治天下,岂无所用其心哉?亦不用于耕耳㊼。吾闻用夏变夷者㊽,未闻变于夷者也。陈良,楚产也㊾;悦周公、仲尼之道,北学于中国,北方之学者,未能或之先也㊿。彼所谓豪杰之士也。子之兄弟事之数十年,师死而遂倍之㉛。昔者孔子没㉜，三年之外㉝，门人治任将归㉞，入揖于子贡㉟，相向而哭，皆失声，然后归。子贡反，筑室于场㊱，独居三年，然后归。他日子夏、子张、子游以有若似圣人，欲以所事孔子事之，强曾子。曾子曰：'不可，江汉以濯之㊲，秋阳以暴之㊳，皜皜乎不可尚已㊴。'今也南蛮鴃舌之人㊵，非先王之道，子倍子之师而学之，亦异于曾子矣。吾闻出于幽谷、迁于乔木者㊶，未闻下乔木而入于幽谷者。《鲁颂》曰㊷：'戎狄是膺，荆舒是惩㊸。'周公方且膺之，子是之学，亦为不善变矣。""从许子之道，则市贾不贰㊹，国中无伪；虽使五尺之童适市㊺，莫之或欺。布帛长短同，则贾相若；麻缕丝絮轻重同，则贾相若；五谷多寡同，则贾相若；屦大小同，则贾相若。"曰："夫物之不齐，物之情也㊻。或相倍蓰㊼，或相什百㊽，或相千万；子比而同之㊾，是乱天下也。巨屦小屦同贾㊿，人岂为之哉？从许子之道，相率而为伪者也，恶能治国家？"

【注释】

①为神农之言者：即春秋战国时期诸子百家中的农家，托神农以自重。农家是反映农业生产和农民思想的学术派别，主张劝耕桑，以足衣食。《汉书·艺文志》列为"九流"之一。神农，也称炎帝。我国传说中的太古帝王名，三皇之一。相传他教民为耒耜，务农业，故称神农氏。又传说他曾尝百草，发现药材，教人治病。许行：农家的代表，具体事迹不可考。　②踵门：登门，上门。踵，至，到。　③捆屦：即打草鞋，织鞋子。捆，编

织。　　④陈良、陈相:赵岐注曰:"陈良,儒者也。陈相,良之门徒也。"　　⑤耒耜:古代耕地翻土的农具,柄称为"耒",下端的起土部分称为"耜"。一说耒耜为两种不同的农具。后以"耒耜"泛指农具的总称。　　⑥饔飧(yōngsūn):熟食,饭食。⑦厉:虐害,欺压。　　⑧素:白色生绢。这里指白色生绢制的帽子。　　⑨害:妨碍。　　⑩釜甑:釜和甑都是古代的炊器名。釜,敛口,圆底,也有的两侧有两只耳。置于灶口,上置甑以蒸煮。有铁制的,也有铜和陶制的。甑,蒸食炊器,其底有孔,最初用陶制,故从"瓦",殷周时代有以青铜制的,后多用木制。爨:烧火煮饭。　　⑪铁:这里指铁制农具。　　⑫陶冶:陶工和铸工。　　⑬舍:朱熹《集注》曰:"舍,止也,或读属上句。舍,谓作陶冶之处也。"宫:古代对房屋、居室的通称。⑭纷纷然:忙乱,繁忙的样子。百工:我国古代对各种工匠的统称。　　⑮惮烦:怕麻烦。　　⑯大人:指在高位者。⑰路:通"露",衰败,疲敝。　　⑱劳心:动脑筋,费心思。⑲劳力:从事体力劳动。　　⑳食(sì):动词,供养,喂养。㉑横流:朱熹《集注》曰:"横流,不由其道而散溢妄行也。"㉒畅茂:旺盛繁茂。　　㉓繁殖:指生物的滋生增殖。　　㉔五谷:五种谷物,所指多有不同。　　㉕逼:逼迫,威胁。㉖交:错杂,交错。　　㉗敷:施予,施行。　　㉘益:人名,即伯益,相传为尧、舜时大臣。　　㉙烈:烤,烧。　　㉚九河:禹时黄河的九条支流。　　㉛瀹(yuè):疏通水道,使水流通畅。㉜济、漯:都是古水名。济,古四渎之一。《周礼·夏官·职方氏》《汉书·地理志》《说文》中作"沛",其他书均作"济"。包括黄河南北两部分。发源于今河南济源西王屋山,今下游已为黄河所占。漯(tà),漯水,为古黄河的支流,其河道屡有变

滕文公上

迁。　㉝汝、汉：都是古水名。汝水源出今河南省鲁山县大盂山,流经宝丰、襄城、郾城、上蔡、汝南,注入淮河。汉水也称汉江,现为长江最长的支流。发源于今陕西省宁强县,流经湖北省,在武汉市入长江。　㉞淮、泗：水名。淮即淮河,现为我国第四大河。源出河南省桐柏山,东流经河南、安徽等省到江苏省入洪泽湖。洪泽湖以下,主流出三河经高邮湖由江都三江营入长江。全长约1000公里,流域面积18.7万平方公里。下游原有入海河道,1194年黄河夺淮后,河道淤高,遂逐渐以入江为主。泗即泗水,源于今山东省泗水县东,源头为四源并发,故名。　㉟江：指长江。　㊱后稷：周朝的先祖。稼穑：耕种和收获,泛指农业劳动。　㊲树艺：种植,栽培。亦作"树蓺"。　㊳育：指生存繁衍。　㊴逸居：即安居。教：即道德教化。中国古代很早就有"教"字和"教"的观念出现。在中国现存最古老的文字甲骨文中,"教"除用做人名和地名外,做动词用时,基本都是"教导"的意思。金文中,"教"的含义与甲骨文中大体相同。随着文化的发展和人们认识水平的日益提高,人们对"教"字含义的理解也逐渐细化、深入和丰富,给予它不同的训释,但总体来说,各种理解都没有对"教"字的原始意义发生太大的偏离,是指施教者通过一定的手段向受教者传授相关知识并影响受教者行为的一种活动。许慎《说文解字》中说："教,上所施下所效也。从攴,从孝。凡教之属皆从教。""攴"的字形像一只手拿着鞭子,《说文解字》中将其解释为"小击",即轻轻击打的意思。"孝",段玉裁解释说,即"效也"。对"教"字的这种解释和甲骨文中所见字形是一致的。根据这种理解,"教"就是施教者通过鞭策、激励的手段,促使受教者在行为上遵循事先确定的规范和要求。汉代刘熙的《释名》中说：

"教,效也。下所法效也",与《说文解字》中的解释大致相同。 ⑩契:相传为商朝的祖先。司徒:古代官名,相传少昊始置。"司徒"作为以国家的土地和人民的教化为主要职责的官吏,历代因之。周时为六卿之一,称地官大司徒。 ㊶放勋:帝尧的名字。 ㊷自得:指自得其善性。 ㊸振德:赵岐注中以为"振其赢穷,加德惠",以"振"为救济,"德"为对人民施恩惠。 ㊹皋陶(gāoyáo):传说虞舜时的司法官。 ㊺易:整治,治理。 ㊻荡荡乎民无能名焉!君哉舜也!巍巍乎有天下而不与焉:荡荡乎,广大辽阔的样子。名,说得出。君哉,指得到了为君之道。巍巍,高大的样子。不与,朱熹《集注》曰:"不与,犹言不相关,言其不以位为乐也。" ㊼亦:只不过。 ㊽用夏变夷:用华夏民族的礼仪文化教化边疆落后的各少数民族,使之接受先进的华夏文明。 ㊾楚产:生于楚国。产,生。 ㊿先:超过。 ㉛倍:同"背"。 ㉜没(mò):通"殁"。死,去世。 ㉝三年:朱熹《集注》曰:"三年,古者为师心丧三年,若丧父而无服也。" ㉞任:担。 ㉟揖:揖别。 ㊱场:即坛场,祭坛旁的平地。 ㊲濯:洗涤。 ㊳秋阳:即烈日。周代的历法,七八月相当于今日农历的五六月,所以周时所谓秋阳,其实是今天所说的夏天的太阳。暴(pù):晒。 ㊴皓皓乎:洁白、高洁貌。尚:加。 ㊵䴇(jué)舌:像伯劳一样啼聒,比喻语言难懂。䴇,又作"鴃"。鸟名,一般称伯劳。 ㊶出于幽谷、迁于乔木:指鸟儿从幽暗的山谷中飞出,栖止在高大的乔木上。 ㊷鲁颂:《诗经》305篇共分为风、雅、颂三大类,其中,颂分为周颂、鲁颂和商颂,共40篇。颂大部分都是国君祭祀宗庙的乐歌。 ㊸戎狄是膺,荆舒是惩:出自《诗经·鲁颂·閟宫》。膺,伐击。荆,楚国的旧称。舒,春秋时国名。故地在今安徽省庐江县西南,靠近楚。 ⑭贾:"价"的古字,价格,价钱。 ⑮五尺之童:指幼小无知的儿童。古代的尺短,五尺相当于现在的一米左右。 ⑯情:本性。 ⑰蓰(xǐ):五倍。 ⑱什百:又作"什佰"、"什伯",即十倍、百倍。 ⑲比:平列,齐同,等同。 ⑳巨屦小屦:粗鞋子、细鞋子。

【译文】

有一个奉行神农学说的人,名字叫许行,从楚国来到滕国,直接到了滕文公的宫门外,对滕文公说:"我是从远方而来的人,听说您推行仁政,愿意在您的国中得到一处居所做您治下的百姓。"文公给了他房屋。许行有门徒几十个人,都穿着粗麻布做的衣服,以打草鞋、织席子为手段谋生。陈良的弟子陈相和他的弟弟陈辛,背着农具从宋国来到滕国。拜见滕文公说:"听说您推行圣人的治国方式,那么您也是圣人啊,我们愿意做圣人治下的百姓。"陈相见到了许行,非常高兴,把以前所信奉的学说都抛弃了,转投到许行门下向他学习。陈相来拜见孟子,转述许行的话说:"滕君真是个贤明的君主啊。即使如此,还是没有真正懂得治国的道理。贤明的君主和老百姓一起耕作获取食物,管理国家但是还是自己做饭吃。现在滕国有储存粮食和财物的各种仓库,这是盘剥百姓养活自己啊,怎么能称得上是真正的贤明呢?"孟子问:"许先生是自己种庄稼然后收获粮食吃吗?"陈相说:"对。"孟子问:"许先生一定要自己织布然后才做衣服穿吗?"陈相说:"不,许先生穿粗麻布的衣服。"孟子问:"许先生戴帽子吗?"陈相说:"戴。"孟子问:"戴什么帽子?"陈相说:"戴白绢做的帽子。"孟子问:"自己织的白绢吗?"陈相说:"不是,用粮食换的。"孟子问:"许先生为什么不自己织呢?"陈相说:"自己织会妨碍耕种。"孟子问:"许先生用甑釜做饭、用铁犁耕地吗?"陈相说:

"是。"孟子问:"这些东西都是自己做的吗?"陈相说:"不是,都是用粮食换的。"孟子说:"用粮食换各种器具,不算是盘剥陶工冶工;陶工冶工用自己制作的器具换粮食,难道就是盘剥农夫吗?并且许先生为什么不亲自做陶器、铁器,所有的东西都从自己家里取用?为什么要忙忙碌碌地去与各种工匠进行交换?许先生不嫌麻烦吗?"陈相说:"各种工匠的工作,本来就不是一边耕作一边就能干得过来的。"孟子说:"那么为什么只有治理天下这项工作能够一边耕种一边做呢?官吏有官吏的事情,平民有平民的事情。并且一个人的能力有限,其他各种工匠的工作都是为他所需要的。如果一定要自己劳动取得的东西才能够使用,这是引领着天下人去疲于奔命啊。所以说:有的人用心智劳作,有的人用力气劳作。用心智劳作的人管理别人,用力气劳作的人被人管理。被人管理的人奉养别人,管理别人的人被人奉养——这是天下普遍通行的准则啊。在尧帝的时代,天下还没有安定,洪水横流,四处泛滥;杂草树木生长茂盛,飞禽走兽大量繁殖;粮食作物收成不好,猛禽野兽威胁人类;各种鸟兽的活动范围,在当时人们生活的各个区域无所不在。尧一个人为此非常忧虑,提拔了舜进行全面的治理。舜让伯益负责火政,伯益把山间水岸的野草树木都点燃烧掉,各种鸟兽只得逃跑隐藏。大禹负责疏浚各条大河,他疏导济水、漯水,让它们流到海里去;挖开汝水、汉水,疏通淮水、泗水,让它们流到大江里去。做了这些之后,中国才可以生活。这期间,大禹八年的时间都在外奔波,三次经过自己的家门都没有进去,即使想要他耕种,做得到吗?后稷教导人们栽种收割,种植各种作物,各种作物成熟了,便可以养活百姓。人有人自身的规律和规范,吃得饱了,穿得暖了,住得舒适了,如果不对其进行教化,就会和禽兽差不多。圣人为此感到忧虑,任命契做司徒,教给人们人与人之间的基本规范:父子之间有骨肉之亲,君臣之间有礼义之道,夫妻之间有尊卑之别,长幼之间有等级之序,朋友之间有信义之德。尧说:'督促他们,招致他们;教导他们,匡正他们;帮助他们,照顾他们;让他们完善自己的德行,接着再赈济他们,给他们以恩惠。'圣人为老百姓考虑达到如此的地步,哪里有时间耕种呢?尧以没有得到像舜这样的人作为值得自己忧虑的事情,舜以没有得到像禹、皋陶这样的人作为值得自己忧虑的事情。以自己的土地没有种好作为值得自己忧虑的事情的,那是农夫。把自己的钱财分给别人称为'惠',用善行善德教育别人称为'忠',为天下人寻得优秀人才的才称得上'仁'。所以说把天下送给别人这样的事情做起来容易,而为天下寻得优秀的人才才是困难的事情。孔子说:'尧作为君主,真是伟大啊!只有天是最伟大的,也只有尧才能效法天。尧的德行如此浩大啊,老百姓没有合适的词汇赞美它!舜是真正领悟了为君之道啊!高居君位拥有天下,却从来不为自己享受!'尧舜治理天下的时候,难道不是用心智在劳作吗?只是他们从事的不是耕种罢了。我听说过要用中国先进的文化改变四方蛮夷落后观念的说法,没有听说过被蛮夷的落后观念改造的道理。陈良出生于楚国,敬慕周公、孔子的学说,来到北方的中国学习。北方学习这些学说的人,没有人能超过他。他就是人们常说的那种豪杰之士啊。你们兄弟跟随陈良学习了几十年,老师死了之后却背弃了他的思想。想当初孔子去世之后,弟子们守孝满三年,之后,将要各自回去,来到子贡的居处与子贡告别,大家相对而哭,痛哭失声,然后才各自回家。子贡又回到孔子的墓地,在坛场上搭建了房子,又独自在那里守孝三年,然后才回家。过了些时候,子夏、子张、子游等人觉得有若与孔子比较相像,想要用服侍孔子的礼节服侍他,并要求曾子也这样做。曾子说:'不能这样做。在江汉之水中洗涤过,在炎炎烈日下暴晒过,孔子是洁白得这样无以复加、无可比拟。'现在许行这个叽里咕噜连人话都说不清楚的南方蛮子,却来指责我们的先王之道,你们却背叛了你们的老师去学习他,和曾子所做的正好截然相反啊。我听说过鸟儿从幽暗的山谷中飞出,迁到高大的乔木上的事情,却从来没有听说过从高大的树木上飞下来,迁到幽暗的山谷中的道理。《诗经·鲁颂》中说:'打击戎狄,惩罚荆舒。'周公尚且去攻击的国家,你却要向它学习,你真是不学好啊。"陈相说:"遵循许先生的学说,市场上的价格就不会不一致,国家之中就不会再有欺诈行为;即使是年幼无知的儿童到市场上,也没有人会欺骗他。布匹绸缎的长短一样,价格就差不多;麻缕丝絮的重量一样,价格就差不多;各种粮食的多少一样,价格就差不多;各式鞋子的大小一样,价格也差不多。"孟子说:"东西各有不同,这是它们的本性。因此价格或者相差三倍五倍,或者相差十倍百倍,或者相差千倍万倍。你让它们并列等同起来,这是扰乱天下啊。精致的鞋子和粗劣的鞋子一样的价格,那样谁还做精致的鞋子?遵循许先生的学说,是率领大家争相欺诈,怎么能治理好国家呢?"

墨者夷之①,因徐辟而求见孟子②。孟子曰:"吾固愿见,今吾尚病,病愈,我且往见。夷子不来。"他日又求见孟子。孟子曰:"吾今则可以见矣。不直则道不见③,我且直之。吾闻夷子墨者,墨之治丧也,以薄为其道也④。夷子思以易天下⑤,岂以为非是而不贵也?然而夷子葬其亲厚,则是以所贱事亲也。"徐子以告夷子。夷子曰:"儒者之道,古之人'若保赤子'⑥,此言何谓也?之则以为爱无差等⑦,施由亲始。"徐子以告孟子。孟子曰:"夫夷子信以为人之亲其兄之子为若亲其邻之赤子乎？彼有取尔也。赤子匍匐将入井⑧，非赤子之罪也。且天之生物也使之一本，而夷子二本故也。盖上世尝有不葬其亲者⑨，其亲死则举而委之于壑。他日过之，狐狸食之，蝇蚋姑嘬之⑩。其颡有泚⑪，睨而不视⑫。夫泚也，非为人泚，中心达于面目。盖归反虆梩而掩之⑬。掩之诚是也。则孝子仁人之掩其亲，亦必有道矣。"徐子以告夷子。夷子怃然为间曰⑭："命之矣⑮。"

【注释】

①墨者：信奉墨家学说的人。墨家是中国先秦时期最重要的学术派别之一，创始人为春秋与战国之交的墨子。墨子，名翟，鲁国人。夷之：墨家学者，事迹不可考。　②徐辟：孟子的弟子。　③见：同"现"。　④墨之治丧也，以薄为其道也：墨子明确反对儒家的厚葬思想，主张"节葬"。　⑤易天下：朱熹《集注》曰："易天下，谓移易天下之风俗也。"　⑥赤子：婴儿。　⑦之：赵岐注曰："之，夷子名也。"　⑧匍匐：爬行。　⑨上世：远古时代。　⑩蝇蚋姑嘬之：蚋，蚊类害虫，体形像苍蝇但比苍蝇小，吸人畜血液。一说蚋姑应连读，即蝼蛄。姑嘬，用嘴吸吮。姑，通"盬"。嘬(chuài)，咬，叮。　⑪颡(sǎng)：额头。泚(cǐ)：冒汗，汗出貌。　⑫睨而不视：睨，斜着眼看，斜视。视，正视，正眼看。　⑬虆梩(léilí)：虆，古代的一种盛土器。梩，锹锸一类的起土用具。　⑭怃然为间：朱熹《集注》曰："怃然，茫然自失之貌。为间者，有顷之间也。"　⑮命：教。

【译文】

　　墨家学派的信奉者夷之凭借着徐辟的关系要求拜访孟子。孟子说："我本来打算见他，现在我还在生病，等我病好了，我亲自去拜访他。夷之先生就不必过来了。"过了一段时间，夷之又要求见孟子。孟子说："我现在可以见他了。可是，如果不直率，就不能够把道理说清楚，我就直截了当说吧。我听说夷之先生是墨家的信徒，墨家办丧事的时候，以节俭作为原则。夷之先生想以这一原则来改善天下的风俗，也自然是认为不这样做是不值得推崇的。可是夷之先生安葬他自己的父母时，却是相当丰厚。这是以他所认为卑贱的方式对待他的父母啊。"徐辟把孟子所说的话转告夷之。夷之说："按照儒家的学说，古代的人像呵护婴儿一般地爱护百姓，这句话是什么意思呢？我认为这是说爱别人的时候没有亲疏远近的差别，实行起来却要从自己的父母开始。"徐辟又把夷之的话转告给孟子。孟子说："夷之先生难道真的认为一个人会爱自己哥哥家的孩子和爱邻居家的婴儿是一样的吗？他只是抓住了事情的一方面。一个婴儿爬行着将要掉到井里去了，这不是孩子的过错（因此谁看见都会去救，但这并不是因为爱无差等，是人恻隐的天性使然）。况且天生万物，都使其有一个根源（父母），可是夷之先生却以为有两个根源，所以他才认为爱无差等。远古的时候，有的人不安葬父母，父母死了之后就抬着扔到山谷之中。过了一段时间又经过的时候，看到狐狸等野兽正在吃他父母的肉，苍蝇蚊虫正在他父母身上吮吸。他的额头上当时大汗淋漓，斜着眼睛不敢正视。之所以大汗淋漓，并不是为了别人流的，而是内心强烈的感情表露于外了。于是他回到家里取来工具，取土把他的父母埋葬起来。埋葬起来是完全正确的。然而，孝子仁人掩埋其父母，也一定是要遵守一定的原则的。"徐辟将孟子的话转告了夷之。夷之怅然地停了一会说："我明白了。"

滕文公下

【题解】

《滕文公下》共十章，均为孟子与弟子们的对话。本篇中孟子多次谈到士人和君子的气节和行为标准问题，他所提出的"居天下之广居，立天下之正位，行天下之大道；得志，与民由之，不得志，独行其道；富贵不能淫，贫贱不能移，威武不能屈"的"大丈夫"人格，两千多年来在中国可谓家喻户晓，感召了一代代的仁人志士，成为中华民族精神中一个重要的组成部分。在他看来，按照礼制行事，从一定意义上说就是一个人气节和品格的反映。人固然不可太孤傲，但是相比之下，没有原则、只会察言观色的"胁肩谄笑"之徒更让人鄙视。同时，在小节上走极端，钻牛角尖，虽然貌似高尚，实际上也是不可取的。在回应别人对于他"好辩"的评价时，孟子表达了自己传承先王之道的坚定意志和努力推行仁义以造福天下百姓的责任感，并认为在"杨朱、墨翟之言盈天下"的情况下，作为"圣人之徒"，"好辩"并非出于本性，而是不得已而为之。

陈代曰①："不见诸侯，宜若小然②。今一见之③，大则以王，小则以霸。且《志》曰：'枉尺而直寻④。'宜若可为也。"孟子曰:"昔齐景公田⑤,招虞人以旌⑥,不至,将杀之。'志士不忘在沟壑,勇士不忘丧其元⑦。'孔子奚取焉⑧?取非其招不往也。如不待其招而往,何哉?且夫'枉尺而直寻'者,以利言也。如以利,则枉寻直尺而利,亦可为与?昔者赵简子使王良与嬖奚乘⑨,终日而不获一禽。嬖奚反命曰:'天下之贱工也。'或以告王良,良曰:'请复之。'强而后可,一朝而获十禽。嬖奚反命曰:'天下之良工也。'简子曰:'我使掌与女乘⑩。'谓王良。良不可,曰:'吾为之范我驰驱⑪,终日不获一;为之诡遇⑫,一朝而获十。《诗》云:"不失其驰,舍矢如破⑬。"我不贯与小人乘⑭,请辞。'御者且羞与射者比⑮。比而得禽兽,虽若丘陵,弗为也。如枉道而从彼,何也?且子过矣,枉己者,未有能直人者也。"

【注释】

①陈代:孟子的弟子。　②小:朱熹《集注》曰:"小,谓小节也。"意思是器量小。　③一:一旦,一经。　④枉:弯曲。寻:古代长度单位,一般为八尺。　⑤田:打猎。　⑥虞人:古代掌管山泽苑囿的管理。旌:古代用牦牛尾或兼五彩羽毛饰竿头的旗子。　⑦元:脑袋,头。　⑧取:这里是看重或表示肯定的意思。　⑨赵简子:即赵鞅,春秋末年晋国的正卿。他战胜了中行氏和范氏,扩大了赵国的封地,为以后赵国的建立奠定了基础。王良:先秦时期的善御者。嬖奚:赵简子的宠幸小臣。嬖,宠爱,得宠。奚,宠臣的名字。　⑩掌:

掌管,专门。　⑪范:纳入轨范,使依规矩行事,控制。驰驱:策马疾驰。　⑫诡遇:指违背礼法,驱车横射禽兽。　⑬不失其驰,舍矢如破:出自《诗经·小雅·车攻》。赵岐注曰:"言御者不失其驰驱之法,则射者必中之。顺毛而入,顺毛而出,一发贯臧,应矢而死者如破矣,此君子之射也。"舍,发,发射。如破,犹"而破"。　⑭贯:同"惯",习惯。　⑮比:同列,合作。

【译文】

陈代说:"不去与各国诸侯见面,似乎有些器量太小了吧。如今一旦与诸侯见面,大则可以帮他们用仁德一统天下,小则可以帮他们称霸诸侯。况且《志》中也说过:'弯曲时长一尺,拉直了就可长一寻。'似乎可以去做啊。"孟子说:"当初齐景公有一次出去打猎,用旌旗召唤管理山泽的虞人,虞人没有应召而来,齐景公要处死他。(孔子知道此事之后称赞他说:)'有志气的人不怕弃尸于沟谷,有勇气的人不怕丢掉脑袋。'孔子看重的是他哪一点呢?看重的就是不被按照礼制召唤他就不听从。如果不等到召唤就主动前往,那又算怎么回事呢?况且'弯曲时长一尺,拉直了就可长一寻'这句话,是从求利的角度来说的。如果从求利的角度说,即使弯曲时一寻拉直了一尺,如果能够得利,难道也可以这样做吗?当初赵简子派王良给他的宠臣奚驾车,一整天的时间也没有打到一只猎物。奚返回后向赵简子报告说:'王良真是天下最拙劣的驾车人。'有人把这件事告诉了王良,王良说:'让我再驾一次吧。'费了好大力气奚才同意,结果一早上的时间就打了十只飞禽。奚回来之后向赵简子报告说:'王良真是天下最优秀的驾车人。'赵简子说:'我让他专门给你驾车吧。'赵简子把这个打算告诉王良,王良不同意,说:'我替他按照规矩驾车行进,一天也没有打着一个猎物;我不按礼法替他驾车,结果一早上打了十只。《诗经》中说:"驾车飞驰按礼法,射出利箭中目标。"我不习惯给小人驾车,这事我不干。'一个驾车的尚且羞于与卑劣的射手为伍。即使二人为伍猎获的禽兽堆积得像丘陵一样,也不去做。假如我们歪曲了我们的观念而去屈从于他人,这又是为什么呢?况且你错了,让自己扭曲的人,从来没有能够使他人正直的。"

景春曰①:"公孙衍②、张仪岂不诚大丈夫哉③?一怒而诸侯惧,安居而天下熄④。"孟子曰:"是焉得为大丈夫乎?子未学礼乎?丈夫之冠也⑤,父命之;女子之嫁也,母命之,往送之门,戒之曰:'往之女家⑥,必敬必戒,无违夫子⑦。'以顺为正者,妾妇之道也⑧。居天下之广居,立天下之正位,行天下之大道;得志,与民由之⑨,不得志,独行其道;富贵不能淫⑩,贫贱不能移⑪,威武不能屈⑫,此之谓大丈夫。"

【注释】

①景春:赵岐注曰:"景春,孟子时人,为纵横之术者。" ②公孙衍:即战国时期著名说客犀首。《史记·张仪列传》中说:"犀首者,魏之阴晋人也,名衍,姓公孙氏。""张仪已卒之后,犀首入相秦。尝佩五国之相印,为约长。" ③张仪:战国时期著名的纵横家,魏国人,游说六国连横服从秦国。 ④熄:战火停止。 ⑤冠:即冠礼。古代男子二十岁举行的加冠之礼,表示其已经成人。细节可参考《仪礼·士冠礼》。 ⑥女家:即夫家。 ⑦夫子:即丈夫。 ⑧妾妇:泛指妇女。 ⑨由:行,奉行。 ⑩淫:惑乱,迷惑。 ⑪移:动摇,摇动。

⑫屈：屈服，妥协。

【译文】

景春说："公孙衍、张仪这样的人，难道不是真正的大丈夫吗？一旦发怒，就会使诸侯恐惧，安静下来，天下就太平无事。"孟子说："这样的人哪能称得上是大丈夫呢？你没有学习过礼吗？男子举行冠礼时，父亲要有所教导；女子出嫁之时，母亲要进行教导。母亲把她送出家门，教导她说：'到你丈夫家里，一定要恭敬谨慎，不要违背你丈夫的意志。'把顺从作为立身的基本规范，这是妇女的为人之道。置身于天下最宽广的住所，立足于天下最正确的位置，行走于天下最开阔的大道；得志的时候和天下的民众一起实现自己的主张，不得志的时候一个人坚持自己的信念；富贵不能够迷惑其心智，贫贱不能够动摇其追求，威武不能够压服其信念，这样的人才可以称其为大丈夫。"

周霄问曰①："古之君子仕乎？"孟子曰："仕。传曰：'孔子三月无君②，则皇皇如也③。出疆必载质④。'公明仪曰：'古之人三月无君则吊⑤。'""三月无君则吊，不以急乎？"曰："士之失位也，犹诸侯之失国家也。《礼》曰：'诸侯耕助，以供粢盛⑥。夫人蚕缫，以为衣服⑦。牺牲不成⑧，粢盛不洁，衣服不备，不敢以祭。惟士无田，则亦不祭。'牲杀器皿衣服不备⑨，不敢以祭，则不敢以宴，亦不足吊乎？""出疆必载质，何也？"曰："士之仕也，犹农夫之耕也。农夫岂为出疆舍其耒耜哉？"曰："晋国亦仕国也⑩，未尝闻仕如此其急。仕如此其急也，君子之难仕，何也？"曰："丈夫生而愿为之有室⑪，女子生而愿为之有家⑫。父母之心,人皆有之。不待父母之命、媒妁之言⑬,钻穴隙相窥⑭,逾墙相从,则父母、国人皆贱之。古之人未尝不欲仕也,又恶不由其道。不由其道而往者,与钻穴隙之类也。"

【注释】

①周霄:魏国人。　②无君:没有君主起用他。　③皇皇:惶恐、彷徨不安的样子。皇,通"惶"。如:形容词后缀,犹"然"。　④出疆:朱熹《集注》曰:"出疆,谓失位而去国也。"载:携带,带着。质:通"贽",古代相见时所送的礼物。　⑤吊:慰问。　⑥粢盛:古代盛在祭器内以供祭祀的谷物。粢,即谷物稷,也特指祭祀用的谷物。　⑦蚕缫:养蚕抽丝。缫,抽茧出丝。衣服:这里指祭祀时穿的服装。　⑧牺牲:供祭祀用的纯色全体的牲畜。成:丰盛。　⑨牲杀:即上文"牺牲",又作"牲杀"。器皿:这里指祭祀用的各种器具。　⑩晋国:即魏国。详见上文《梁惠王上》注。因周霄是魏人,所以这里以其父母之邦为例。仕国:即可以出仕之国。　⑪室:即妻子。　⑫家:这里指丈夫。　⑬媒妁:说合婚姻的人。媒,谓谋合二姓者。一说男方曰媒,女方曰妁。　⑭穴隙:孔穴,洞孔。

【译文】

周霄问孟子:"古代的君子也做官吗?"孟子说:"做。史传中记载:'孔子三个月没有君主起用他,就一副彷徨不安的样子。离开一个国家的时候,一定带着拜见国君的礼品。'公明仪说:'古代的人,如果三个月没有君主任用,就要去安慰他。'"周霄:"三个月没被君主任用就要安慰,这不是显得太急切了吗?"孟子说:"士失掉了官位,就像诸侯失去国家一样。《礼》中说:'诸侯亲自耕种,为了提供祭祀用的谷物。国君的夫人亲自养蚕缫丝,为了准备祭祀用的服装。作为祭品的牲畜不肥美,用于祭祀的谷物不洁净,祭祀穿的服装没有准备齐全,不敢用以进行祭祀。士没有作为祭田的土地,也不能进行祭祀。'祭品、祭具、祭服不齐备,不敢用以进行祭祀,那么也就不敢集会宴饮,难道还不应该安慰吗?"周霄问:"离开一个国家一定要带着礼品,为什么呢?"孟子说:"士人做官,就像农夫种地一样。农夫难道有为了离开国家而丢弃他的农具的吗?"周霄说:"魏国也是一个可以做官的国家,我没有听说过为了做官而显得如此急切的。做官的愿望如此迫切,而君子又不轻易真正做官,这是为什么呢?"孟子说:"男子一出生,亲人就期望他能找到妻子;女子一出生,亲人就期望她能找到丈夫。父母的这种心情,是每个人都有的。然而,如果等不到父母的安排,不经过媒人的介绍,就私自钻墙洞扒门缝相互偷看,爬过墙去相互约会,那么,父母和老百姓们都会认为这种行为下贱。古代的人没有不愿意做官的,又都讨厌做官不通过正当的途径。不经过正当的途径而去做官,这和钻墙洞扒门缝是一样的。"

彭更问曰①:"后车数十乘②,从者数百人,以传食于诸侯③,不以泰乎④?"孟子曰:"非其道,则一箪食不可受于人。如其道,则舜受尧之天下,不以为泰。子以为泰乎?"曰:"否。士无事而食,不可也。"曰:"子不通功易事⑤,以羡补不足⑥,则农有余粟,女有余布。子如通之,则梓匠轮舆皆得食于子⑦。于此有人焉,入则孝,出则悌⑧,守先王之道,以待后之学者⑨,而不得食于子。子何尊梓匠轮舆而轻为仁义者哉?"曰:"梓匠轮舆,其志将以求食也⑩。君子之为道也,其志亦将以求食与?"曰:"子何以其志为哉?其有功于子,可食而食之矣。且子食志乎? 食功乎?"曰:"食志。"曰:"有人于此,毁瓦画墁⑪,其志将以求食也,则子食之乎?"曰:"否。"曰:"然则子非食志也,食功也。"

【注释】

①彭更:孟子的弟子。　　②后车:指后面跟随的车辆。
③传食:即转食。辗转受人供养。　　④泰:太,过甚。
⑤通:流通,交换。功:原指一个劳力一日的工作,这里指劳动成果。易:交换。事:职业,这里指各职业的劳动产品。
⑥羡:有余,剩余。　　⑦梓匠轮舆:梓,梓人。古代木工的一种,专造乐器悬架、饮器和箭靶等。匠,匠人。古代专指木工,主要工作是木器制作和从事建筑。轮,轮人。古代指制作车轮的工匠或职掌制作车轮及有关部件的官员。舆,舆人,造车工人。食(sì):给人东西吃。　　⑧悌:敬爱兄长。　　⑨待:同"持",扶持。　　⑩志:动机。中国传统哲学中的重要概念,常与"功"(效果)相对。　　⑪墁:墙壁上的涂饰。

【译文】

彭更问:"后面跟随着几十辆车子,跟从的人员达数百人,就这样在各诸候国之间接受各国国君的食物供应,是不是有些太过分了呢?"孟子说:"不是通过正当的途径,那么一篮子饭也不能接受别人的;如果通过正当的途径,那么像舜从尧那里接受天下这样的馈赠,也不以为过分。你认为这样做过分吗?"彭更说:"不这样认为。一个士人不做任何事情,只是吃别人的东西,我认为是不可以的。"孟子说:"如果你不与各行各业的人交换产品,用有余弥补不足,那么农民手里就会有剩余的粮食,妇女手中就会有剩余的布匹。你如果能与别人交换,那么各种行业的工匠就都能从你那里得到吃的。假设这里有一个人,回家的时候孝敬父母,出外的时候尊重长者,遵循先代圣王的礼义规范,用来培养扶持后辈的年轻学者,而不能从你那里得到吃的东西。你为什么尊重从事手工业的各种工匠而轻视践行仁义的人呢?"彭更说:"从事各种手工业的工匠,他们的动机就是打算以他们的工作获取食物。有德行的君子践行仁义之道,动机也是打算以此获取食物吗?"孟子说:"你为什么要提到他们的动机呢?是因为他们的工作对你来说达到了某种效果,可以给他们吃的,你才给他们吃的。况且你是根据动机给他们吃的呢,还是根据效果给他们吃的呢?"彭更说:"根据动机给他们吃的。"孟子说:"如果这里有一个人,毁坏了你的房瓦,涂脏了你新刷的墙壁,他的动机是打算要以此从你那里得到吃的,你会给他吃的吗?"彭更说:"不会。"孟子说:"既然这样,你给他们吃的根据就不是动机,而是效果。"

万章问曰①:"宋,小国也,今将行王政,齐楚恶而伐之,则如之何?"孟子曰:"汤居亳②,与葛为邻。葛伯放而不祀③,汤使人问之曰:'何为不祀?'曰:'无以供牺牲也。'汤使遗之牛羊④,葛伯食之,又不以祀。汤又使人问之曰:'何为不祀?'曰:'无以供粢盛也。'汤使亳众往为之耕,老弱馈食⑤。葛伯率其民,要其有酒食黍稻者夺之,不授者杀之。有童子以黍肉饷⑥,杀而夺之。《书》曰:'葛伯仇饷⑦',此之谓也。为其杀是童子而征之,四海之内皆曰:'非富天下也,为匹夫匹妇复雠也⑧。'汤始征,自葛载⑨。十一征而无敌于天下。东面而征,西夷怨;南面而征,北狄怨,曰:'奚为后我?'民之望之若大旱之望雨也。归市者弗止,芸者不变。诛其君,吊其民,如时雨降,民大悦。《书》曰:'徯我后,后来其无罚。''有攸不惟臣⑩,东征,绥厥士女⑪。篚厥玄黄⑫,绍我周王见休⑬,惟臣附于大邑周⑭。'其君子实玄黄于篚以迎其君子,其小人箪食壶浆以迎其小人。救民于水火之中,取其残而已矣⑮。《太誓》曰⑯:'我武惟扬⑰,侵于之疆⑱。则取于残,杀伐用张,于汤有光。'不行王政云尔;苟行王政,四海之内皆举首而望之,欲以为君。齐楚虽大,何畏焉?"

【注释】

①万章:孟子的弟子。　②亳:古代都邑名,商汤的都城。具体在何处后人意见不一。一说在今河南商丘东南,传说汤曾居于此,又名南亳。一说在今河南商丘北,传说诸侯拥戴汤为盟主于此,又名北亳。一说在今河南偃师县西,传说汤攻克夏时曾居于此,又名西亳。因此自古就有"三亳"之说。　③放:放纵,放肆。祀:古代对神鬼、先祖所举行的祭礼。　④遗(wèi):给予,馈赠。　⑤馈食:这里指送饭。　⑥饷:馈食于人。下文"葛伯仇饷"之"饷"指馈食之人。　⑦葛伯仇饷:《尚书》佚文,后收入伪古文《尚书》的《仲虺之诰》中。⑧匹夫匹妇:指普通老百姓。复雠:即复仇,报仇。雠,仇恨,怨恨。　⑨载:开始。　⑩攸:一说"攸"为"所"的意思,"有攸"即"有所"。一说"攸"为古国名。今从后说。惟:与"为"

同。　⑪绥:安,安抚。士女:这里泛指人民、百姓。
⑫篚(fěi):盛物的竹器。这里做动词,意为用篚装。玄黄:指彩色的丝织物。　⑬绍:一说"绍"为介绍。一说为承继。一说"绍"为发语词,无义。今取前说。休:光荣,美好。　⑭大邑:即大邦,殷周时尊称上国之词。亦用以自称。杨伯峻《孟子译注》说:"甲文中有'大邑商''天邑周'之辞。金文中亦有'大邑周'之辞,不仅别人尊之如此称呼,自称亦如此('大邑'即'天邑')。"　⑮残:指暴虐无道的人。　⑯《太誓》:即《泰誓》,《尚书》篇名,已亡佚,我们今天所见到的《泰誓》三篇是后人的伪作。　⑰武:指周武王。一说意为威武,不取。
⑱侵于之疆:传统上都把此句中的"于"作为介词。杨伯峻《孟子译注》中认为"于"当为古国名。认为此句和下句中的"于"字,"这两个'于'字都是国名,陈梦家《尚书通论》云:'于即是邘。案《通鉴前编》,'纣十有八祀,西伯伐邘',《注》引徐广曰'大传作于'。'于'疑即卜辞之盂方伯'"。

【译文】

万章问:"宋国是一个小国,如今想实行王政,可是齐国和楚国两个大国却讨厌它这样做,想要讨伐它,应该怎么办呢?"孟子说:"商汤居住在亳时,与葛国为邻。葛国的国君非常放肆,不祭祀上天和鬼神,商汤派人问他:'你为什么不举行祭祀?'葛国的国君说:'我没有用做祭品的牛羊。'商汤派人给他送去牛羊,葛国的国君吃掉了它们,还是不用它们来祭祀。商汤又派人问他:'你为什么不举行祭祀?'葛国的国君说:'我没有用做祭品的五谷。'商汤派亳的百姓去替葛国耕种,年老体弱的人为耕种的人送饭。葛国的国君率领着他的百姓,在半路上拦截,抢夺他们所带的酒食饭菜,谁不给他就杀掉。有一个孩子带着蒸熟的饭和肉去送给耕种的人,葛国的国君半路上把他杀死,夺走了他的饭和肉。《尚书》中说'葛国的国君仇恨送饭人',说的就是这件事。商汤因为他杀死了这个孩子也去讨伐他,天下的人都说:'商汤不是为了具有天下的财富,是为了给平民百姓报仇啊。'商汤开始征伐,就是从葛国开始。商汤经过十一次征伐战争,天下就没有他的对手了。如果他到东边的国家去征讨,西边的国家就会感到不平;如果他到南边的国家去征讨,北边的国家就感到不平。他们说:'为什么把我们放在后面呢?'老百姓盼望他,就像久旱之时盼望能够下雨一样。到市场上做生意的人依然不断,到田地里干农活的人也照常下地。杀掉无道的国君,抚慰受难的人民,就好像上天降下及时雨一样,老百姓都感到非常高兴。《尚书》中说:'等待着我的君主来啊,君主来了我们就有救了。''有个攸国不归服周,周王到东方去征伐它,以安抚它的百姓。他们用竹筐盛着彩色的丝织品,期望能够把自己引荐给周王,能够使他高兴,期待能够归附于周这个大邦。'攸国的官吏用竹筐装满彩色的丝织品迎接周的官吏,攸国的老百姓用篮装着食物用壶盛着美酒迎接周的百姓。从水深火热中把老百姓解救出来,只是除掉那些残害人民的人。《泰誓》中说:'我们的武王威武奋扬,率领大军开进于国。除掉那些残暴的害民贼,把该杀的人都杀光,创立的功业比商汤还辉煌。'(宋国面临这种情况,)没有真正实行王政罢了。如果实行王政,天下的人民都抬着头企盼着他,想让他做自己的国君。齐国和楚国虽然强大,有什么可怕的呢?"

孟子谓戴不胜曰①:"子欲子之王之善与②?我明告子③:有楚大夫于此,欲其子之齐语也,则使齐人傅诸④?使楚人傅诸?"曰:"使齐人傅之。"曰:"一齐人傅之,众楚人咻之⑤,虽日挞而求其齐也,不可得矣。引而置之庄岳之间数年⑥,虽日挞而求其楚,亦不可得矣。子谓薛居州⑦,善士也,使之居于王所。在于王所者,长幼卑尊皆薛居州也,王谁与为不善?在王所者,长幼卑尊皆非薛居州也,王谁与为善?一薛居州,独如宋王何?"

【注释】

①戴不胜:宋国的臣僚。 ②之:往,至。 ③明告:明白告知。 ④傅:教导。 ⑤咻:喧嚷,扰乱。 ⑥庄岳:齐国街道的名称。 ⑦薛居州:宋人,不可考。

【译文】

孟子对戴不胜说:"你打算让你的国君学会为善吗?我明白地告诉你吧:假设这里有位楚国的大夫,想要他的儿子学习齐国话,那么他是应该让齐国人教他呢,还是应该让楚国人教他?"戴不胜说:"该让齐国人教他。"孟子说:"一个齐国人教他,所有的楚国人都扰乱他,即使每天通过鞭打的办法严格要求他说齐国话,也是做不到的。如果把他领到齐国放到都城繁华的街道上,几年之后,即使每天通过鞭打的方法要求他说楚国话,也是做不到的。你说薛居州是一个不错的贤士,让他住在宋王的王宫里。居住在王宫里的人,老老少少、上上下下都是薛居州这样的人,宋王还能和谁去干坏事呢?居住在王宫里的人,老老少少、上上下下都不是薛居州这样的人,宋王能够和谁一起做好事呢?单凭一个薛居州,能把宋王怎么样呢?"

公孙丑问曰:"不见诸侯,何义?"孟子曰:"古者不为臣不见。段干木逾垣而辟之①,泄柳闭门而不纳。是皆已甚;迫②,斯可以见矣。阳货欲见孔子,而恶无礼。大夫有赐于士,不得受于其家,则往拜其门。阳货瞰孔子之亡也③,而馈孔子蒸豚,孔子亦瞰其亡也而往拜之。当是时,阳货先,岂得不见?曾子曰:'胁肩谄笑④,病于夏畦⑤。'子路曰:'未同而言,观其色,赧赧然⑥,非由之所知也⑦。'由是观之,则君子之所养,可知已矣。"

【注释】

①段干木:魏文侯时的贤人。逾垣:跳墙,翻越墙头。垣,矮墙。辟(bì):退避;躲避。　②迫:逼迫,催促。　③瞰:窥视。亡:外出,出门。　④胁肩谄笑:耸起肩膀,装出笑脸,形容极端谄媚的样子。　⑤病:痛苦,难受。夏畦:指炎炎夏日里在田地里劳动的人。　⑥赧(nǎn)赧然:惭愧脸红貌。赧,因羞愧而脸红,惭愧。　⑦由:子路的名。

【译文】

公孙丑问道:"不与诸侯相见,是什么道理呢?"孟子说:"在古代,一个人不是作为君主的臣属,就不见他们。段干木越墙而走以躲避魏文侯,泄柳闭门不见鲁穆公。这些做得就都有些过分了。如果势不得已,也是可以相见的。阳货想要与孔子相见,可是又不想不遵守礼制。根据那时候的礼制,大夫对士有所赏赐,如果士没有在家亲自接受,就要到大夫家里去拜谢。阳货窥测到孔子外出的时候,给孔子送去一只蒸熟的小猪,孔子于是也窥测到阳货外出的时候,到他家里去拜谢。这个时候,如果阳货先去拜访孔子,孔子哪能不见他呢?曾子说:'耸起肩膀,装出笑脸,比炎炎夏日里在田地里劳动还难受。'子路说:'不是自己的同道,却要勉强交谈,看他的脸色,惭愧脸红的样子,我实在搞不懂为什么要这样做啊。'由此可见,君子对自己道德品质的培养,就可以知道了。"

戴盈之曰①:"什一,去关市之征,今兹未能②。请轻之,以待来年,然后已,何如?"孟子曰:"今有人日攘其邻之鸡者③,或告之曰:'是非君子之道。'曰:'请损之④,月攘一鸡;以待来年,然后已。'如知其非义,斯速已矣,何待来年?"

【注释】

①戴盈之:宋国大夫。　②兹:年。　③攘:盗窃,窃取。
④损:减少。

【译文】

戴盈之说:"收取十分之一的赋税,取消关卡的征税功能,今年还无法做到。我们希望能够减轻一些,等到明年的时候,再彻底执行,您认为怎么样呢?"孟子说:"假设这里有一个人每天偷邻居家一只鸡,有人告诉他说:'这不是正派的君子做的事情。'他说:'那就让我先少偷一些,每月偷一只,等到明年的时候,就彻底不偷了。'如果知道了这种事情不合乎正道,就应该马上停止,为什么要等到明年呢?"

公都子曰①:"外人皆称夫子好辩②,敢问何也?"孟子曰:"予岂好辩哉? 予不得已也。天下之生久矣③,一治一乱。当尧之时,水逆行④,泛滥于中国。蛇龙居之,民无所定。下者为巢,上者为营窟⑤。《书》曰:'洚水警余⑥。'洚水者,洪水也。使禹治之。禹掘地而注之海,驱蛇龙而放之菹⑦,水由地中行,江、淮、河、汉是也。险阻既远⑧,鸟兽之害人者消,然后人得平土而居之。尧舜既没,圣人之道衰。暴君代作⑨,坏宫室以为污池⑩,民无所安息;弃田以为园囿,使民不得衣食。邪说暴行又作。园囿、污池、沛泽多⑪,而禽兽至。及纣之身,天下又大乱。周公相武王,诛纣、伐奄⑫,三年讨其君;驱飞廉于海隅⑬而戮之;灭国者五十;驱虎豹犀象而远之。天下大悦。《书》曰:'丕显哉文王谟!丕承哉武王烈!佑启我后人,咸以正无缺⑭。'世衰道微,邪说暴行有作⑮。臣弑其君者有之,子弑其父者有之。孔子惧,作《春秋》⑯。《春秋》,天子之事也。是故孔子曰:'知我者,其惟《春秋》乎!罪我者,其惟《春秋》乎⑰!'圣王不作,诸侯放恣,处士横议⑱。杨朱⑲、墨翟之言盈天下⑳。天下之言,不归杨则归墨。杨氏为我,是无君也;墨氏兼爱,是无父也㉑。无父无君,是禽兽也。公明仪曰:'庖有肥肉,厩有肥马,民有饥色,野有饿莩,此率兽而食人也。'杨墨之道不息,孔子之道不著,是邪说诬民㉒、充塞仁义也㉓。仁义充塞,则率兽食人,人将相食。吾为此惧,闲先圣之道㉔,距杨墨㉕、放淫辞㉖,邪说者不得作。作于其心,害于其事;作于其事,害于其政。圣人复起,不易吾言矣。昔者禹抑洪水而天下平㉗,周公兼夷狄㉘、驱猛兽而百姓宁,孔子成《春秋》而乱臣贼子惧。《诗》云:'戎狄是膺,荆舒是惩;则莫我敢承㉙。'无父无君,是周公所膺也。我亦欲正人心、息邪说、距詖行㉚、放淫辞,以承三圣者。岂好辩哉?予不得已也。能言距杨墨者,圣人之徒也。"

【注释】

①公都子:孟子弟子。 ②外人:他人,别人。 ③生:即生民,人类诞生。 ④水逆行:朱熹《集注》曰:"水逆行,下流壅塞,故水倒流而旁溢也。" ⑤营窟:上古时掘地或垒土而成的住所。一说是相连的洞穴。 ⑥洚水警余:《尚书》佚文,伪古文《尚书》录入《大禹谟》。洚,大水泛滥。 ⑦菹(zū):水草丛生的沼泽地。 ⑧险阻:指艰难困苦。 ⑨代作:焦循《正义》曰:"《说文》:'代,更也。''代作'谓更代而作,非一君也。" ⑩污池:即水池。污,通"洿",停积不流的小水,小水坑。 ⑪沛泽:沼泽,水草茂密的低洼地。 ⑫奄:古国名。在今山东省曲阜。 ⑬飞廉:商纣的宠臣,又作"蜚廉"。一说飞廉为一种能致风的神禽名。一说为一种神兽的名字。海隅:古代泽薮名。一说海隅即海角、海边。 ⑭丕显哉文王谟!丕承哉武王烈!佑启我后人,咸以正无缺:《尚书》佚文,伪古文《尚书》录入《君牙》篇。丕,大。显,明、光明。谟,计谋、谋略。承,继承。烈,功业、业绩。佑,帮助。启,开。咸,都。缺,坏、错误、缺陷。 ⑮有:同"又"。 ⑯《春秋》:古代对编年史的通称。如周王室有周之《春秋》,燕国有燕之《春秋》等。后又专指相传孔子据鲁史修订而成的编年体史书。所记起于鲁隐公元年,止于鲁哀公十四年,凡二百四十二年。叙事极简,用字寓褒贬。后人为其传者,最著名的是《左氏》、《公羊》、《穀梁》三种。 ⑰知我者,其惟《春秋》乎!罪我者,其惟《春秋》乎:朱熹《集注》引胡氏曰:"仲尼作

《春秋》以寓王法。惇典、庸礼、命德、讨罪,其大要皆天子之事也。知孔子者,谓此书之作,遏人欲于横流,存天理于既灭,为后世虑,至深远也。罪孔子者,以谓无其位而托二百四十二年南面之权,使乱臣贼子禁其欲而不得肆,则戚矣。" ⑱处士:本指有才德而隐居不仕的人,后亦泛指未做过官的士人。横议:恣意议论。 ⑲杨朱:先秦时期思想家,提倡"为我",因无著作传世,今天我们所了解的杨朱的作品都或为他人转述,或为后人伪托。除《孟子》外,其人其事在《庄子》、《荀子》、《淮南子》等典籍中都有所提及。 ⑳墨翟:即墨家学派创始人墨子,名翟。墨子提倡"兼爱"、"非攻"、"尚贤"、"尚同"、"节葬"、"明鬼"等主张,其中"兼爱"是其思想的核心。 ㉑杨氏为我,是无君也;墨氏兼爱,是无父也:朱熹《集注》曰:"杨朱但知爱身,而不复知有致身之义,故无君;墨子爱无差等,而视其至亲无异众人,故无父。" ㉒诬:欺骗。 ㉓充塞:堵塞。 ㉔闲:原指用于遮拦阻隔的栅栏,引申为捍卫,保卫。 ㉕距:通"拒"。抵抗,抵御。 ㉖放:朱熹《集注》曰:"放,驱而远之也。" ㉗抑:治理,抑止。 ㉘兼:并吞,兼并。 ㉙承:通"乘",欺凌之意。 ㉚诐行:偏邪不正的行为。

【译文】

公都子问:"别人都说先生您喜欢辩论,冒昧地问一下,这是为什么呢?"孟子说:"我哪里是喜欢辩论呢?我是没有办法啊。人类出现在这个世界上已经很长时间了,总是安定一段时间,接着混乱一段时间。在尧治理天下的时候,大水横流,淹没了整个中国。龙蛇等危害人类的动物在水中大量生长繁殖,人类没有安定的居所。居住在地势低处的人只得在树上筑巢,居住在地势高处的人则开挖相互连在一起的洞穴以为居室。《尚书》中说:'洚水警戒我们。'所

滕文公下

谓的'洚水'，就是泛滥的洪水。尧派禹去治理洪水。禹把地挖开，让洪水排到海里去，把龙蛇等动物驱赶到沼泽里。这样，大水在挖开的土地之中流过，这就是长江、淮河、黄河和汉江。艰难困苦远离了人类，害人的鸟兽也从人们聚居的地方消失了，然后人们才可以在平地上安居下来。尧舜去世之后，他们所推行的圣人之道也就随之衰落了。残暴的国君一个接着一个，他们毁坏了人们的住房挖成水池，人们失去了安居休养的地方；破坏了人们的耕地作为园林，让老百姓失去了衣食的来源。荒诞的学说、残暴的行为又随之猖獗。由于园林、水池、沼泽太多，引来了各种禽兽。到了商纣王的时候，天下已经到了非常混乱的地步。周公辅佐武王，诛杀了商纣王，又讨伐奄国，经过了三年的时间消灭了奄国的国君；他把飞廉驱赶到海隅泽，在那里杀死了他；灭掉了五十个国家；把老虎、豹子、犀牛、大象等伤害人的动物都赶跑。天下的百姓都非常高兴。《尚书》中说：'文王的谋略，是多么光明啊！武王的功烈，是多么伟大啊！帮助、启发我们的后代，使大家都正确而不犯错误。'随着太平之世的衰落和正确的治国之道的消亡，荒诞的学说、残暴的行为又随之猖獗。出现了杀掉自己国君的大臣，也出现了杀死自己父亲的儿子。孔子对这种现象非常担心，编著了《春秋》这部史籍。编著《春秋》这样的史籍，本来是天子做的事情。所以孔子说：'理解我的，是因为《春秋》这部著作吧！谴责我的，也是因为《春秋》这部著作吧！'圣明的君主没有出现，诸侯肆无忌惮，民间的士人也肆意议论。杨朱和墨翟的思想充满天下。天下人的言论，不是属于杨朱一派，就是属于墨翟一派。杨朱宣扬'为我'思想，这是心目中没有国君的表现；墨翟宣扬'兼爱'思想，这是心目中没有父亲的表现。心目中没有父亲和国君，简直就是禽兽。公明仪说：'厨房中有肥美的肉，栏厩中有肥硕的马，而老百姓却面带着饥色，田野中有倒毙的饿殍，这无异于驱赶着野兽来吃人啊！'杨朱、墨翟的学说不消除，孔子的学说无法发扬，这是用荒诞的学说欺骗人们，阻塞人们实行仁义的道路啊。实行仁义的道路被堵塞，就会发生驱赶着野兽来吃人这样的事情，人与人之间也会互相争夺、残杀。我深为此感到担忧，便出来捍卫先代圣贤的学说，对抗杨朱、墨翟的言论，驳斥荒诞不经的言辞，使荒诞的学说不能够泛滥。荒诞的学说从人们的心中兴起，便会危害他们从事的工作；在人们从事的工作中泛滥，就会危害一个国家的政治。就算圣人再重新出现，也不会反对我这番话的。当初禹抑止了洪水而使天下得到安定，周公兼并了夷狄、赶走了猛兽让人们得以安宁，孔子著成了《春秋》而使乱臣贼子有所畏惧。《诗经》中说：'打击戎狄，惩罚荆舒；将无人敢来欺凌我。'心目中没有父亲和国君的行为，是周公所要打击的。我也想端正人们的思想、止息荒诞的学说、抵制偏邪的行为、排斥错误的言辞，以继承这三位圣人的事业。我哪里是喜欢辩论呢？我是没有办法啊。能够以言语来抵制杨朱、墨翟的学说，就是圣人的弟子啊。"

匡章曰[①]："陈仲子岂不诚廉士哉[②]？居於陵[③]，三日不食，耳无闻，目无见也。井上有李，螬食实者过半矣[④]，匍匐往将食之，三咽，然后耳有闻、目有见。"孟子曰："于齐国之士，吾必以仲子为巨擘焉[⑤]。虽然，仲子恶能廉？充仲子之操，则蚓而后可者也。夫蚓上食槁壤[⑥]，下饮黄泉[⑦]。仲子所居之室，伯夷之所筑与？抑亦盗跖之所筑与[⑧]？所食之粟，伯夷之所树与？抑亦盗跖之所树与？是未可知也。"曰："是何伤哉？彼身织屦、妻辟纑[⑨]，以易之也。"曰："仲子，齐之世家也[⑩]。兄戴，盖禄万钟[⑪]。以兄之禄为不义之禄而不食也,以兄之室为不义之室而不居也,辟兄⑫、离母,处于於陵。他日归,则有馈其兄生鹅者,已频顣曰⑬:'恶用是鶃鶃者为哉⑭?'他日其母杀是鹅也,与之食之。其兄自外至,曰:'是鶃鶃之肉也。'出而哇之⑮。以母则不食,以妻则食之;以兄之室则弗居,以於陵则居之。是尚为能充其类也乎?若仲子者,蚓而后充其操者也。"

【注释】

①匡章:齐国人。杨伯峻《孟子译注》说:"匡章——齐人,曾为齐威王将,率兵御秦,大败之。宣王时,又曾将五都之兵以取燕。其言行散见于《战国策》的《齐策》、《燕策》及《吕氏春秋》的《不屈》、《爱类》诸篇。其年岁大致和孟子相当,两人当是朋友,《吕氏春秋·不屈》篇高诱《注》云:'匡章,孟子弟子也。'恐不可信。" ②陈仲子:战国时齐国的隐逸之士。或说因隐居于於陵,因此又称"於陵子仲",或"於陵子终"。 ③於陵:齐地名。 ④螬食:被螬所食。螬,虫名,即蛴螬,金龟子的幼虫。白色,体形圆柱状,向腹面弯曲。吃农作物的根和茎。俗称地蚕、土蚕、核桃虫等。 ⑤巨擘:大拇指,比喻杰出的人物。 ⑥槁壤:干土。 ⑦黄泉:地下的泉水。 ⑧盗跖:即相传为春秋时民众起义领袖的跖,据说是贤人柳下惠的兄弟。"盗"是当时统治者对他的贬称,先秦时期常被认为邪恶、不守礼法之人的典型。 ⑨辟纑:绩麻和练麻,即治麻之事。 ⑩世家:世禄之家,后泛指世代贵显的家族或大家。 ⑪盖:地名,见上文《公孙丑下》注。盖为陈氏的采邑。

⑫辟:同"避"。　　⑬频顣:即皱眉,不高兴的样子。　　⑭鶂鶂(yì):鹅鸣声。　　⑮哇:呕吐,吐出。

【译文】

匡章说:"陈仲子难道不是一个真正的廉洁之士吗?他住在於陵这个地方,曾经三天没有东西吃,以至于饿得耳朵听不见声音,眼睛看不见东西。井边上落着一颗李子,已经被蛴螬吃掉了大半。陈仲子艰难地爬到井边,取来就吃。咽了三口之后,听觉和视觉才恢复。"孟子说:"在齐国的士人之中,我的确认为陈仲子是一个佼佼者。即使这样,他怎么能称得上廉洁呢?陈仲子的操守,充其量说,也仅可以排在蚯蚓之后。蚯蚓到上面吃些干土,到下面喝些泉水。(可算得上是真正的无求于他人的廉洁了。)陈仲子所居住的房屋,是伯夷那样的贤士建造的呢,还是像盗跖那样的坏人建造的呢?他所吃的粮食,是伯夷那样的贤士种植的呢,还是盗跖那样的坏人所种植的呢?这些都还不清楚啊。"匡章说:"这有什么妨碍呢?他亲自编织鞋子,他妻子纺麻织麻,他们是用自己的劳动换的房子和粮食。"孟子说:"陈仲子出自齐国的世禄之家。他的哥哥陈戴,在盖邑的俸禄收入就有万钟之多。他认为他哥哥的俸禄不是正道而来的收入,所以就不吃;认为他哥哥的房屋不是正道而来的居室,所以就不住。避开哥哥,远离母亲,到於陵去居住。有一天,陈仲子回家,遇上一个人来给他哥哥送活鹅,他皱着眉头说:'这种嘎嘎叫的东西能干什么用呢?'一段时间之后,他的母亲杀了这只鹅,送了些肉给他吃。他的哥哥从外面回来,说:'这就是那只嘎嘎叫的东西的肉。'他便跑出去把吃的肉又都吐了。他母亲给的饭他不吃,他妻子给的就吃;他哥哥的房屋他不住,於陵的房屋就居住。这样的行为,难道能够说是努力将廉洁之类的操守做到极致吗?像陈仲子这样的做法,只有做得像蚯蚓一样之后,才可以使其操守达到极致。"

离娄上

【题解】

《离娄上》共二十八章,均为孟子谈论治国、教化、修养、德行、品质等问题的语录。在治国问题上,孟子在本篇中提出了"徒善不足以为政,徒法不能以自行"、治理国家应当以尧舜等前代的圣王作为典范、"天下之本在国,国之本在家,家之本在身"、"不得罪于巨室"、"顺天者存,逆天者亡"等思想。在教化问题上,强调上行下效的作用,提出"一正君而国定"的观点;主张易子而教,"父子之间不责善"。在修养问题上,孟子提出了"行有不得者,皆反求诸己"、"人必自侮,然后人侮之;家必自毁,而后人毁之"、"恭者不侮人,俭者不夺人"等观点,并反对自暴自弃的行为。在德行、品质问题上,本篇中孟子突出强调了孝悌等德行,主张"人人亲其亲、长其长",指出"仁之实,事亲是也。义之实,从兄是也",强调"事孰为大?事亲为大",在赡养父母上区分了"养口体"和"养志",认为真正的"孝"应该具有发自内心的恭敬、尊重与体贴。值得一提的是,在这一篇中,孟子提出了道德行为中的权变思想,说:"男女授受不亲,礼也。嫂溺援之以手者,权也。"所谓"权",就是在具体的情境中经过分析具体情况和可能的后果,权衡利害轻重后做出具有变通性的恰当的道德选择。如果没有"权",对道德准则的遵守将会变成死守教条,这在孟子看来是不可取的。"舜不告而娶,为无后也,君子以为犹告也",也是体现了孟子在道德上的权变主张。

孟子曰:"离娄之明①,公输子之巧②,不以规矩③,不能成方员④。师旷之聪⑤,不以六律⑥,不能正五音⑦。尧舜之道,不以仁政,不能平治天下。今有仁心仁闻而民不被其泽⑧,不可法于后世者,不行先王之道也。故曰:徒善不足以为政⑨,徒法不能以自行⑩。《诗》云:'不愆不忘,率由旧章⑪。'遵先王之法而过者,未之有也。圣人既竭目力焉,继之以规矩准绳⑫,以为方员平直,不可胜用也。既竭耳力焉,继之以六律正五音,不可胜用也。既竭心思焉,继之以不忍人之政而仁覆天下矣。故曰:为高必因丘陵,为下必因川泽。为政不因先王之道,可谓智乎?是以惟仁者宜在高位。不仁而在高位,是播其恶于众也⑬。上无道揆也⑭,下无法守也⑮;朝不信道,工不信度⑯;君子犯义,小人犯刑,国之所存者幸也。故曰:城郭不完⑰,兵甲不多,非国之灾也。田野不辟,货财不聚,非国之害也。上无礼,下无学,贼民兴,丧无日矣。《诗》曰:'天之方蹶,无然泄泄⑱。'泄泄犹沓沓也⑲。事君无义,进退无礼,言则非先王之道者⑳,犹沓沓也。故曰:责难于君谓之恭㉑,陈善闭邪谓之敬㉒,吾君不能谓之贼。"

【注释】

①离娄:又称"离朱",相传为黄帝时视力极好的人。　　②公输子:姓公输,名般(一作"班"),春秋末期鲁国人,因此又称"鲁班",我国历史上著名的能工巧匠。被后世尊为木工的祖师。　　③规矩:校正圆形和方形的工具。规,即圆规,画圆形的工具。矩,即曲尺,画方形或直角的用具。　　④员:同"圆"。　　⑤师旷:春秋时著名的乐师,晋平公时为太师(乐官之长)。　　⑥六律:古代乐音标准。相传黄帝时人伶伦截竹为管,用管的长短分别声音的高低清浊,乐器的音调皆以此为准。乐律有十二,阴阳各六,阳为律,阴为吕。六律即黄钟、大蔟、姑洗、蕤宾、夷则、无射。　　⑦五音:我国古代五声音阶中的五个音级,即宫、商、角、徵、羽。相当于简谱中的1、2、3、5、6。　　⑧仁闻:赵岐注曰:"仁闻,仁声远闻也。"朱熹《集注》曰:"仁闻者,有爱人之声闻于人也。"闻(wén),声誉,声望。　　⑨徒善:朱熹《集注》曰:"有其心,无其政,是谓徒善。"　　⑩徒法:朱熹《集注》曰:"有其政,无其心,是为徒法。"　　⑪不愆不忘,率由旧章:出自《诗经·大雅·假乐》。朱熹《集注》曰:"愆,过也。率,循也。章,典法也。所行不过差不遗忘者,以其循用旧典故也。"　　⑫准绳:测定平直的器具。准,测定平面的水准器;绳,测量直线的墨线。　　⑬播:传布,传扬。　　⑭道揆:朱熹《集注》曰:"道揆,谓以义理度量事物而制其宜。"揆,度量,揣度。　　⑮法守:朱熹《集注》曰:"法守,谓以法度自守。"　　⑯度:计量长短的标准。　　⑰完:完备,完整。　　⑱天之方蹶,无然泄泄(yì):出自《诗经·大雅·板》。此处之"泄泄"应为多言多语貌。又作"呭呭"或"詍詍"。《说文·口部》说:"呭,多言也。从口世声。《诗》曰:'无然呭呭。'"《说文·言

部》则说:"詍,多言也。从言,世声。《诗》曰:'无然詍詍。'"段玉裁注曰:"《口部》偝《诗》作'呭呭',此作詍詍,盖四家之别也。"可见今本《诗经》中"无然泄泄"之"泄泄",本来在不同的版本中就作"呭呭"或"詍詍"。而"呭呭"或"詍詍"都是喋喋多言的意思。下文孟子以"沓沓"释"泄泄"也可为证。　⑲沓沓:语多貌。　⑳非:诋毁,反对。　㉑责难:勉励人做难为之事。　㉒闭邪:杜绝邪说。

【译文】

孟子说:"离娄那样的视力超众,鲁班那样的手艺高明,如果不使用圆规和曲尺,也不能准确地画出圆形和方形。师旷那样的听力敏锐,如果不使用六律,也不能校正好五音。尧舜那样的治国方法,如果不发自内心地推行仁政,也不能使天下安定。假设现在有一个君主,有仁爱之心和仁慈之名,但是老百姓却没有感受到他的恩泽,不能成为后世治理天下者的榜样,就是因为他没有推行前代圣王的治国之道。所以说,单凭善心,不足以处理政事;单凭法度,不能够自己运行。《诗经》中说:'不出错也不遗忘,一切遵循旧典章。'遵循前代圣王的法度而犯错误的,从古到今是没有过的事情。圣人已经竭尽全力地使用他的眼力,再利用圆规、曲尺、水准器、墨线这些工具,来制作各种方的、圆的、直的、平的器具,各种东西就用之不尽;已经竭尽全力地使用他的听力,再利用六律来调整五音,各种曲律就变化无穷;已经竭尽全力地使用他的智力,再推行同情人、理解人、关心人的政治,各种仁德的措施就普济天下。所以说,修筑高台必须要借助丘陵,开挖深池必须要借助河湖。处理政事不借助前代圣王的治国之道,难道可以称得上聪明吗?所以只有具有仁德的人才适合居于管理人民的高位,没有仁德而处于高位管理人民,这是在广大民众中散布他的恶行啊。在上位者没有道义做轨范,在下位者就没有法度可遵循;朝廷不相信道义,工匠不相信尺度;统治者违背道义,老百姓触犯刑律,这样国家还没有灭亡,真是一件幸运的事情。所以说,城池不完整,武器不充足,不是国家的灾难;田野没开辟,财物没征集,不是国家的祸患。居上位者不遵守礼法,居下位者不接受教育,悖乱残暴之民猖獗,离灭亡就不远了。《诗经》中说:'上天正要生变动,不要泄泄多言语。''泄泄',就是喋喋不休的意思。侍奉君主不遵守道义,出仕引退不遵循礼法,一开口说话就诋毁前代圣王治理国家之道,也是一副喋喋不休的样子。所以说,督责君主做难能之事称为'恭',向君主陈述为善之道并杜绝邪说称为'敬',妄言自己的君主不能为善则称为'贼'。"

孟子曰:"规矩,方员之至也①。圣人,人伦之至也。欲为君,尽君道;欲为臣,尽臣道。二者皆法尧舜而已矣。不以舜之所以事尧事君,不敬其君者也;不以尧之所以治民治民,贼其民者也。孔子曰:'道二,仁与不仁而已矣。'暴其民,甚,则身弑国亡;不甚,则身危国削,名之曰'幽'、'厉'②,虽孝子慈孙,百世不能改也。《诗》云:'殷鉴不远,在夏后之世③。'此之谓也。"

【注释】

①至:标准,极致。　②幽、厉:周有幽王、厉王。幽、厉都是谥号。　③殷鉴不远,在夏后之世:出自《诗经·大雅·荡》。鉴,原意为青铜制成刻有铭文的镜子,用以自戒。引申为借鉴。

【译文】

孟子说:"圆规和曲尺是方形和圆形的规范,圣人是处理人伦关系的楷模。想要做合格的国君,就要完全按照做国君的标准;想要做合格的大臣,就要严格遵守做大臣的标准。这两个方面的标准,都取法尧舜就可以了。不用舜侍奉尧的态度和方式侍奉自己的国君,就是不敬重他的国君;不用尧治理人民的态度和方式治理人民,就是残害他的人民。孔子说:'治国之道有两种,只有行仁政和不行仁政罢了。'残暴地对待人民,如果严重,就会使自己被杀、国家灭亡;即使不严重,也会使自己危险、国家削弱,死了之后被加以'幽'、'厉'等恶谥,即使他的后世子孙都孝顺仁慈,这个事实也是经历百年都更改不了的。《诗经》中说:'殷商戒鉴并不远,就在前朝夏桀时。'说的就是这个意思。"

孟子曰:"三代之得天下也以仁①,其失天下也以不仁。国之所以废兴存亡者亦然②。天子不仁,不保四海;诸侯不仁,不保社稷③;卿大夫不仁,不保宗庙④;士庶人不仁,不保四体。今恶死亡而乐不仁,是犹恶醉而强酒。"

【注释】

①三代:指夏、商、周。　②国:指诸侯的封地。　③社稷:古代帝王或诸侯所祭的土神和谷神,常代指国家。社,土神。稷,谷神。　④宗庙:古代帝王或诸侯祭祀祖宗的庙宇,常作为朝廷和国家政权的代称。这里指卿大夫的封地(采邑),因为当时规定卿大夫有封地才有宗庙。

【译文】

孟子说:"夏、商、周三代之所以能够获得天下,是因为他们最初实行了仁政;三个朝代最终失去天下,是因为他们最后都背离了仁政。

诸侯国的兴盛衰败、生死存亡也是同样的规律。天子如果不仁,就不能使天下稳定;诸侯如果不仁,就不能使社稷长久;卿大夫如果不仁,就不能使宗庙延续;士庶人如果不仁,就不能使身体平安。如果有人厌恶死亡却乐于不仁,就如同厌恶喝醉却非要喝酒一样。"

孟子曰:"爱人不亲,反其仁;治人不治,反其智;礼人不答,反其敬。行有不得者,皆反求诸己。其身正而天下归之。《诗》云:'永言配命,自求多福①。'"

【注释】

①永言配命,自求多福:出自《诗经·大雅·文王》。见上文《公孙丑上》注。

【译文】

孟子说:"亲爱别人而别人却不亲近自己,就要对自己的仁爱进行反思;治理人民却没有达到治理的效果,就要对自己的智识进行反思;礼待他人却没有得到对方的回应,就要对自己的恭敬进行反思。任何行动如果没有达到预期的效果,都要从自己本身进行反省。自己如果身心端正了,天下的人一定会归服。正如《诗经》中所说:'永远配合天命,自己寻求多福。'"

孟子曰:"人有恒言①,皆曰'天下国家',天下之本在国,国之本在家,家之本在身。"

【注释】

①恒言:常言,俗语。

【译文】

孟子说:"人们在俗语中都经常提到'天下国家'这四个字。天下的根本在于分封的各诸侯国,诸侯国的根本在于分封给卿大夫的各个采邑以及各个家庭,采邑和家庭的根本在于作为个体的每个人。"

孟子曰:"为政不难,不得罪于巨室①。巨室之所慕②,一国慕之;一国之所慕,天下慕之。故沛然德教③,溢乎四海④。"

【注释】

①得罪:朱熹《集注》曰:"得罪,谓身不正而取怨怒也。麦丘邑人祝齐桓公曰:'愿主君无得罪于群臣百姓。'意盖如此。"巨室:赵岐注曰:"巨室,大家也,谓贤卿大夫之家。" ②慕:思慕,向往,追求。 ③德教:即道德教化。 ④溢:满,充满,流布。

【译文】

孟子说:"进行政治管理并不困难,只要不使那些有才德、有影响的世家大族怨怒就可以了。世家大族所思慕追求的,就代表了一国的人所思慕追求的;一个国家的人所思慕追求的,就代表了天下人所思慕追求的。因此本着这个原则行政就可以使道德教化兴盛浩荡,流布于整个天下。"

孟子曰:"天下有道,小德役大德,小贤役大贤。天下无道,小役大,弱役强。斯二者,天也。顺天者存,逆天者亡。齐景公曰:'既不能令,又不受命①,是绝物也②。'涕出而女于吴③。今也小国师大国,而耻受命焉,是犹弟子而耻受命于先师也。如耻之,莫若师文王,师文王,大国五年,小国七年,必为政于天下矣。《诗》云:'商之孙子,其丽不亿。上帝既命,侯于周服。侯服于周,天命靡常。殷士肤敏,祼将于京④。'孔子曰:'仁不可为众也夫!国君好仁,天下无敌⑤。'今也欲无敌于天下,而不以仁,是犹执热而不以濯也。《诗》云:'谁能执热,逝不以濯⑥?'"

【注释】

①受命:听从别人的命令。　　②绝物:自绝于人。朱熹《集注》曰:"物,犹人也。"一说为自绝于事。赵岐注曰:"物,事也。大国不与之通朝聘之事也。"　　③女(nù):将女子嫁给人。④商之孙子,其丽不亿。上帝既命,侯于周服。侯服于周,天命靡常。殷士肤敏,祼(guàn)将于京:出自《诗经·大雅·文王》。丽,数,数目。亿,古代一般以十万为亿,也有像今天一样以万万为亿的。侯,语气词,用于语首或句中,相当于"维"、"惟"。靡常,无常,没有一定的规律。靡,无,没有。肤,美,大。祼,即"灌",灌礼,古代祭祀的一种仪式,斟酒浇地以求神降临。古人以天为阳,以地为阴,周代人先求于阴,因此在祭祀开始时先行灌礼。将,助。京,西周的都城镐京,故址在今陕西省西安市西南沣水东岸。周武王灭商之后,从酆迁都于此,谓之宗周,又称西都。　　⑤仁不可为众也夫!国君好仁,天下无敌:赵岐注曰:"行仁者,天下之众不能当也。诸侯有好仁者,天下无敢与之为敌。"朱熹《集注》曰:"言有仁者则虽有十万之众,不能当之。故国君好仁,则必无敌于天下也。不可为众,犹所谓

难为兄难为弟云尔。"杨伯峻则认为："此句只能以意会,不便于逐字译出。《诗·文王》《毛传》也说过:'盛德不可为众也。'郑玄笺则说:'言众之不如德也。'……赵岐和朱熹似俱未得其解。" ⑥谁能执热,逝不以濯:出自《诗经·大雅·桑柔》。赵岐注曰："谁能持热而不以水濯其手,喻其为国谁能违仁而无敌于天下也。"朱熹《集注》曰："言谁能执持热物,而不以水自濯其手乎?"清代段玉裁《经韵楼集·〈诗〉"执热"解》中则认为："寻诗意,'执热'犹'触热'、'苦热','濯'谓浴也。'濯'训'涤',沐以濯发,浴以濯身,洗以濯足,皆得云'濯'。此诗谓:'谁能苦热而不澡浴以洁其体,以求凉快者乎?'郑笺、《孟子》赵注与朱注、《左传》杜注皆云'濯其手',转使义晦,由泥于'执'字耳。"逝,发语词,无义。

【译文】

孟子说："天下政治清明的时候,德行低的人被德行高的人所役使,才德少的人被才德多的人所役使;天下政治不清明的时候,力量小的被力量大的所役使,实力弱的被实力强的所役使。这两种情况,都是由天道运行的规律所决定的。顺从天道规律的人生存,违背天道规律的人灭亡。齐景公说过:'既没有能力命令别人,又不愿意接受别人的命令,这是自绝于人啊。'他流着眼泪把女儿嫁到偏远而强大的吴国去了。如今弱小的国家向强大的国家学习施政方法,却又以接受强大国家的命令为耻辱,这就好比弟子把接受老师的命令作为耻辱一样。如果真的以此为耻辱,就以文王为师好了。以文王为师,强大的国家需要五年,弱小的国家需要七年,一定可以使自己统治天下。《诗经》中说:'商代后世子孙,数目何止十万。上帝授命于周,便要服从周命。殷人服从于周,可见天命无常。殷臣非常聪明,灌礼助祭周京。'孔子说过:'推行仁德所能获得的力量,是不能用人数多少来计算的。国君如果爱好仁政,天下就不会有对手。'现在想要天下没有对手,却又不愿意推行仁政,这就好比苦于酷热的人又不愿意洗澡冲凉一样。《诗经》中说:'谁能苦于炎热,却又不去冲凉?'"

孟子曰:"不仁者,可与言哉? 安其危而利其菑①,乐其所以亡者。不仁而可与言,则何亡国败家之有? 有孺子歌曰:'沧浪之水清兮②,可以濯我缨③;沧浪之水浊兮,可以濯我足。'孔子曰:'小子听之④! 清斯濯缨,浊斯濯足矣,自取之也。'夫人必自侮,然后人侮之;家必自毁,而后人毁之;国必自伐,而后人伐之。《太甲》曰:'天作孽,犹可违;自作孽,不可活。'此之谓也。"

【注释】

①菑:灾害;灾难。 ②沧浪:一说为水名,有汉水、汉水别流、汉水下流、夏水诸说。如《尚书·禹贡》中说:"嶓冢导漾,东流为汉。又东为沧浪之水。"孔传曰:"别流在荆州。"北魏郦道元《水经注·夏水》中说:"刘澄之著《永初山川记》云:'夏水,古文以为沧浪,渔父所歌也。'"朱熹《集注》曰:"沧浪,水名。"一说为青苍色或青苍色的水。如《文选·陆机〈塘上行〉》有:"发藻玉台下,垂影沧浪泉。"李善注曰:"《孟子》曰:'沧浪之水清。'沧浪,水色也。"卢文弨《钟山札记》云:"仓浪,青色;在竹曰苍筤,在水曰沧浪。"今取后说。 ③缨:系冠的带子。 ④小子:孔子对自己弟子的称呼。

【译文】

孟子说:"没有仁爱之心的人,难道可以对他提出什么建议吗?他们无视自己的危险而安然处之,无视将要到来的灾难而追逐利益,把那些可以导致灭亡的事情当做快乐来追求。没有仁爱之心的人如果还可以对他提供建议,那亡国败家的事情怎么会发生呢?曾经有个小孩唱道:'水流清清呀,可以洗我的冠带;水流混浊呀,可以洗我的双脚。'孔子听到后对自己的学生说:'你们听到了吧!水清就用来洗冠带,水浊就用来洗双脚,这不同的用途都是由水自己所决定的啊。'因此说,人必定先有招致侮辱的行为,然后别人才能侮辱他;家庭必定先有招致毁坏的因素,然后别人才能毁坏它;国家必定先有招致讨伐的原因,然后别国才能讨伐它。《尚书·太甲》中说:'上天降下灾祸,还有可能逃脱;自己造下罪孽,肯定不能活命。'说的就是这个意思。"

孟子曰:"桀纣之失天下也,失其民也。失其民者,失其心也。得天下有道:得其民斯得天下矣。得其民有道:得其心斯得民矣。得其心有道:所欲,与之聚之①;所恶,勿施尔也②。民之归仁也,犹水之就下,兽之走圹也③。故为渊驱鱼者,獭也④;为丛驱爵者⑤,鹯也⑥;为汤、武驱民者,桀与纣也。今天下之君有好仁者,则诸侯皆为之驱矣;虽欲无王,不可得已。今之欲王者,犹七年之病求三年之艾也⑦。苟为不畜,终身不得。苟不志于仁,终身忧辱,以陷于死亡。《诗》云:'其何能淑?载胥及溺⑧。'此之谓也。"

【注释】

①与之聚之:一说为"给予他们,为他们聚积"。如赵岐注曰:"聚其所欲而与之。"朱熹《集注》曰:"民之所欲,皆为致之,如聚敛然。"一说为"为他们集聚"。如王引之《经传释词》曰:"家大人曰:'与',犹'为'也,'为'字读去声,'所欲与之聚之',言所欲则为民聚之也。"杨伯峻亦赞同此说。今取后说。　②所恶,勿施尔也:对于此句,存在着几种不同的看法。赵岐注曰:"尔,近也。勿施行其所恶,使民近,则民心可得矣。"朱熹《集注》曰:"民之所恶,则勿施于民。"今从朱说。　③圹:原野,旷野。　④獭:动物名,哺乳动物,分水獭、旱獭、海獭三种。栖息水边,善游泳,主食鱼类。　⑤丛:丛林。爵:通"雀",鸟的一种。　⑥鹯(zhān):猛禽名,又名"晨风",似鹞,羽色青黄,以鸠、鸽、燕、雀等小鸟为食。　⑦三年之艾:赵岐注曰:"艾可以为灸人病,干久益善,故以为喻志仁者亦久行之。"　⑧其何能淑?载胥及溺:出自《诗经·大雅·桑柔》。淑,善,善良。载,助词,用在句首或句中,起加强语气的作用。胥,相互。及,与。

【译文】

孟子说:"夏桀和商纣失去天下,是因为失去了民众的支持;他们失去民众的支持,是因为失去了民心。获得天下有正确的途径:获得了民众的支持,就能够获得天下了;获得民众的支持有正确的途径:获得了民心,就能够获得民众的支持了;获得民心也有正确的途径:民众所希望得到的,替他们加以聚积;民众所厌恶得到的,不要强加在他们头上。民众归附于仁德之人,就好像水向下流、野兽在旷野奔跑一样。所以,替深池赶来鱼群的,是水獭;替丛林赶来鸟雀的,是鹯鹰;替商汤、周武赶来民众的,是夏桀、商纣。现在的国君,如果有爱好仁德的,其他诸侯都会替他把民众赶过来。即使不想用仁德统一天下,也是不可能的。如今这些希望用仁德统一天下的人,好比患了七年的病,要用三年的陈艾来进行医治,如果平常不收集艾草,那么一辈子也都得不到。如果不是一心实行仁政,终身都将忧愁受辱,以至于因此灭亡。《诗经》中说:'他们如何能良善?一起沉溺至于死。'说的就是这个意思。"

孟子曰:"自暴者①,不可与有言也;自弃者,不可与有为也。言非礼义,谓之自暴也;吾身不能居仁由义,谓之自弃也。仁,人之安宅也②;义,人之正路也。旷安宅而弗居③,舍正路而不由,哀哉!"

【注释】
①暴:损害,糟蹋。　②安宅:安适的住所。　③旷:荒废。

【译文】
孟子说:"自己损害自己的人,没有什么可以和他谈的;自己抛弃自己的人,没有什么可以与他一起干的。出言就诋毁礼义的行为,叫做自己残害自己;认为自己不能安于仁道行于正义,叫做自己抛弃自己。仁,是人最安适的住宅;义,人最正确的道路。荒废了最安适的住宅而不去住,抛弃了最正确的道路而不去走,真是可悲呀!"

孟子曰:"道在迩①,而求诸远;事在易,而求诸难。人人亲其亲、长其长,而天下平。"

【注释】

①迩:近。朱熹《集注》本作"尔",并说:"尔、迩,古字通用。"

【译文】

孟子说:"大道本来在近处,有人却要从远处求取;事情本来很容易,有人却要用困难的方法做。只要人人亲爱自己的父母,尊敬自己的长辈,天下就可以太平了。"

孟子曰:"居下位而不获于上①,民不可得而治也。获于上有道,不信于友,弗获于上矣。信于友有道,事亲弗悦,弗信于友矣。悦亲有道,反身不诚,不悦于亲矣。诚身有道,不明乎善,不诚其身矣。是故诚者,天之道也。思诚者,人之道也。至诚而不动者,未之有也。不诚,未有能动者也。"

【注释】

①获于上:朱熹《集注》曰:"获于上,得其上之信任也。"

【译文】

孟子说:"居于卑下的职位而得不到上级的信任,就不能够治理好百姓。得到上级的信任有道可循,得不到朋友的信任,就得不到上级的信任。得到朋友的信任有道可循,侍奉父母而不能够让父母高兴,就得不到朋友的信任。让父母高兴有道可循,内心反省而心意不诚,就不能使父母高兴。使自己心诚有道可循,不明白什么是善,就不能使自己心诚。因此说,诚,是天道运行的规律;追求诚,是做人的基本准则。做到至诚而不感动别人,是从未有过的事情;没有诚意,也从来没有能感动别人的。"

孟子曰:"伯夷辟纣,居北海之滨①,闻文王作兴,曰:'盍归乎来②!吾闻西伯善养老者③。'太公辟纣,居东海之滨,闻文王作兴,曰:'盍归乎来!吾闻西伯善养老者。'二老者,天下之大老也④,而归之,是天下之父归之也。天下之父归之,其子焉往?诸侯有行文王之政者,七年之内,必为政于天下矣。"

【注释】

①居北海之滨:清代阎若璩《四书释地续·北海东海》中说:"伯夷,孤竹国之世子也。前汉辽西郡令支县有孤竹城。《括地志》:孤竹古城在卢龙县南十二里。余谓今永平府治,河入海从右碣石,正古之北海,在今昌黎县西北,亦是当日避纣处,去其国都不远。《通志》以居北海为潍县者,误。"　②来:语助词,用在句中或句末,表示祈使语气。　③西伯:指周文王。　④大老:朱熹《集注》曰:"大老,言非常人之老者。"

【译文】

孟子说:"伯夷躲避纣王,居住在北海之滨,听说周文王兴起,说:'何不到他那里去呢!我听说周文王是善于供养老人的人。'姜太公躲避纣王,居住在东海之滨,听说周文王兴起,说:'何不到他那里去呢!我听说周文王是善于供养老人的人。'伯夷和姜太公两位老人,都是非同寻常的老人,他们归附周文王,这相当于天下的父亲归附了周文王。天下的父亲都归附了,他们的儿子还能到哪里去呢?如今的诸侯如果有能够推行周文王的施政方法的,七年之内,就一定能使他的政令通行于天下了。"

孟子曰:"求也①,为季氏宰,无能改于其德,而赋粟倍他日。孔子曰:'求非我徒也,小子鸣鼓而攻之,可也。'由此观之,君不行仁政而富之,皆弃于孔子者也,况于为之强战?争地以战,杀人盈野;争城以战,杀人盈城,此所谓率土地而食人肉,罪不容于死。故善战者服上刑②,连诸侯者次之③,辟草莱、任土地者次之④。"

【注释】

①求:即孔子弟子冉求。　　②服上刑:应受重刑处罚。
③连诸侯者:朱熹《集注》曰:"连结诸侯,如苏秦、张仪之类。"
④辟草莱、任土地者:朱熹《集注》曰:"辟,开垦也。任土地,谓分土授民,使任耕稼之责,如李悝尽地方,商鞅开阡陌之类也。"草莱,草莽,杂生的草,代指荒芜之地。

【译文】

孟子说:"孔子的弟子冉求做鲁国大臣季氏的总管,没有能够改变季氏的德行,而田赋却比从前增加了一倍。孔子说:'冉求不是我的弟子,你们擂着鼓去攻击他,也是可以的。'因此可见,没有使国君推行仁政而帮助他聚敛财富的人,都是孔子所鄙弃的,何况那些帮着不行仁政的君主努力作战的人呢?为了争夺土地而发动战争,杀死的人遍布田野;为了争夺城池而发动战争,杀死的人布满城市,这就是放纵土地扩张的欲望来吃人肉啊,他们的罪行处死都难以抵消。所以,善于作战的人应该受到最重的刑罚,联结诸侯的人应该受到稍轻一些的刑罚,为君主开垦草莽督责耕种的人应该受再轻一些的刑罚。"

孟子曰:"存乎人者①,莫良于眸子②。眸子不能掩其恶。胸中正,则眸子瞭焉③;胸中不正,则眸子眊焉④。听其言也,观其眸子,人焉廋哉⑤?"

【注释】
①存:鉴察,省察。 ②眸子:瞳仁,亦泛指眼睛。 ③瞭:眼珠明亮。 ④眊(mào):眼睛失神,视物不清。 ⑤廋(sōu):藏匿,隐藏。

【译文】
孟子说:"观察一个人,没有比观察眼睛更好的了。眼睛不能掩盖一个人的丑恶。内心如果正直,那么眼睛就明亮;内心如果不端正,那么眼睛就昏蒙。听一个人说话,同时观察他的眼睛,他的真实内心又能怎样隐藏呢?"

孟子曰:"恭者不侮人,俭者不夺人。侮夺人之君,惟恐不顺焉①,恶得为恭俭? 恭俭,岂可以声音笑貌为哉?"

【注释】
①惟恐不顺:朱熹《集注》曰:"惟恐不顺,言恐人之不顺己。"

【译文】
孟子说:"对人恭敬的人不会侮辱别人,用度节俭的人不会掠夺别人。喜欢侮辱别人、掠夺别人的国君,惟恐别人不顺从自己,又怎么能做到对人恭敬和用度节俭? 对人恭敬和用度节俭,难道可以仅仅凭借声音和笑脸做得出来吗?"

离娄上

淳于髡曰①:"男女授受不亲②,礼与?"孟子曰:"礼也。"曰:"嫂溺则援之以手乎③?"曰:"嫂溺不援,是豺狼也。男女授受不亲,礼也。嫂溺援之以手者,权也④。"曰:"今天下溺矣,夫子之不援,何也?"曰:"天下溺,援之以道;嫂溺,援之以手。子欲手援天下乎?"

【注释】

①淳于髡:战国时齐人,姓淳于,名髡,擅长讽谏。　②授受不亲:朱熹《集注》曰:"授,与也。受,取也。古礼,男女不亲授受,以远别也。"授受,给予和接受。　③援:牵拉,牵引。
④权:权宜,变通,古代常与"经"相对言。

【译文】

淳于髡问:"男女之间不能亲手给予和接受东西,这是礼制所规定的吗?"孟子说:"是礼制的要求。"淳于髡说:"如果嫂子溺水,那么能够伸手去拉她吗?"孟子说:"嫂子溺水不去拉她,这是豺狼的行径。男女之间不能亲手给予和接受东西,这是礼制所规定的;嫂子溺水伸手去拉她,这是特殊情况下的变通办法。"淳于髡说:"现在天下百姓都溺水了,您不去伸手救援,又是为什么呢?"孟子说:"天下百姓都溺水了,要用仁义之道去救援;嫂子溺水,才伸手去援助。难道你要凭借双手去救援天下百姓吗?"

公孙丑曰:"君子之不教子①,何也?"孟子曰:"势不行也。教者必以正;以正不行,继之以怒;继之以怒,则反夷矣②。'夫子教我以正;夫子未出于正也。'则是父子相夷也。父子相夷则恶矣。古者易子而教之,父子之间不责善③,责善则离,离则不祥莫大焉④。"

【注释】

①不教:指不亲教。　　②夷:伤,伤害。　　③责善:劝勉从善。　　④不祥:即不善。

【译文】

公孙丑问:"君子不亲自教育自己的儿子,这是为什么呢?"孟子回答说:"这是由于现实的情势不许可啊。进行教育一定要用正确的道理和方法,用正确的道理和方法如果达不到效果,接着就是用愤怒责罚的方法。如果使用了愤怒责罚的方法,那就反而会产生伤害了。儿子会想:'父亲用正确的道理和方法来教导我,父亲自己的做法却不合乎正确的道理和方法啊。'这样就是父子间互相伤害了。父子之间互相伤害,就很不好了。古时候人们互相交换孩子来教育,父子之间不相互劝勉从善。父子间劝勉从善就难免产生隔阂,一旦产生隔阂,那就是最为不好的事情。"

孟子曰:"事孰为大? 事亲为大。守孰为大? 守身为大①。不失其身而能事其亲者,吾闻之矣;失其身而能事其亲者,吾未之闻也。孰不为事? 事亲,事之本也。孰不为守? 守身,守之本也。曾子养曾晳②,必有酒肉;将彻③,必请所与;问有余,必曰'有'。曾晳死,曾元养曾子④,必有酒肉;将彻,不请所与;问有余,曰'亡矣',将以复进也,此所谓养口体者也。若曾子,则可谓养志也。事亲若曾子者,可也。"

【注释】

①守身:保持品德和节操。 ②曾晳:即曾点,曾参(曾子)的父亲,与曾参都是孔子的弟子。 ③彻:撤除,撤去。 ④曾元:曾参的儿子。

【译文】

孟子说:"什么事情最重要? 侍奉父母最重要。守护什么最重要? 守护德操最重要。自身的品德和节操没有丧失而能侍奉父母的,我曾经听说过;自身的品德和节操已经丧失却能侍奉父母的,我从来没听说。谁能够不做事情呢? 侍奉父母,是所有事情的根本。谁能够不有所守护呢? 守护自己的品德和节操,是一切守护的根本。曾子奉养他的父亲曾晳,每顿饭一定有酒和肉;将要撤除的时候,一定要问剩下的饭菜给谁吃;曾晳如果问是否还有剩余,曾子一定回答'有'。曾晳死后,曾子的儿子曾元奉养曾子,每顿饭也一定有酒和肉;将要撤除的时候,从来不问剩下的饭菜给谁吃;曾子如果问是否还有剩余,曾元便说'没有了',打算留下来下次给曾子进用,这就是所谓的只满足身体上的需要。至于曾子奉养父亲的方式,则可以称做顺从父亲的意志之养。侍奉父母如果能够做到曾子那样,就可以了。"

孟子曰:"人不足与适也①,政不足与间也②,惟大人为能格君心之非③。君仁莫不仁,君义莫不义,君正莫不正,一正君而国定矣。"

【注释】

①适(zhé):同"谪",谴责,指责。 ②间:非难,毁谤。 ③格:纠正,匡正。

【译文】

孟子说:"他人不值得去谴责,政治不值得去毁谤,只有人格高尚的人才能够使君主不正确的思想得到纠正。君主仁爱,天下没有人不仁爱;君主信义,天下没有人不信义;君主正直,天下没有人不正直。君主一个人的思想首先被端正了,国家也就随之安定了。"

孟子曰:"有不虞之誉①,有求全之毁。"

【注释】

①不虞:意料不到。

【译文】

孟子说:"有没有意料到的赞誉,也有过于苛求而产生的毁谤。"

孟子曰:"人之易其言也,无责耳矣。"

【译文】

孟子说:"一个人什么话都可以轻易说出口,是因为没有受到失言之责。"

孟子曰:"人之患,在好为人师。"

【译文】

孟子说:"人们共有的一个缺点,就是都只喜欢做别人的老师。"

乐正子从于子敖之齐①。乐正子见孟子,孟子曰:"子亦来见我乎?"曰:"先生何为出此言也?"曰:"子来几日矣?"曰:"昔者②。"曰:"昔者,则我出此言也,不亦宜乎?"曰:"舍馆未定③。"曰:"子闻之也'舍馆定,然后求见长者'乎?"曰:"克有罪。"

【注释】

①子敖:朱熹《集注》曰:"子敖,王驩字。"　②昔者:昨天。
③舍馆:即客舍,馆舍,住所。

【译文】

乐正子跟随着子敖来到齐国。乐正子去拜见孟子,孟子问他:"你也是来看我的吗?"乐正子说:"先生您为什么说这样的话呢?"孟子问他:"你已经来了几天了?"乐正子答道:"昨天来的。"孟子说:"昨天来的,那么我说这样的话,不也是应该的吗?"乐正子说:"因为我的住所一直没有找好才没来拜见您。"孟子说:"你听说过'住所安定了,然后才去要求拜见长辈'的道理吗?"乐正子说:"我知道是我错了。"

孟子谓乐正子曰:"子之从于子敖来,徒铺啜也①。我不意子学古之道而以铺啜也。"

【注释】

①铺啜:饮食,吃喝。

【译文】

孟子对乐正子说:"你跟随着子敖而来,只是为了吃喝吗?我不想让你学习古人的道理而用来换取吃喝。"

孟子曰:"不孝有三^①,无后为大。舜不告而娶,为无后也,君子以为犹告也。"

【注释】

①不孝有三:赵岐注曰:"于礼有不孝者三者,谓阿意曲从,陷亲不义,一不孝也;家贫亲老,不为禄仕,二不孝也;不娶无子,绝先祖祀,三不孝也。"

【译文】

孟子说:"不孝的表现主要有三种,其中没有后代是最大的一种。舜没有事先禀告父母就娶妻,是因为怕没有后代,因此君子认为他虽然没有禀告父母,实际上同已经禀告了一样都是正确的做法。"

孟子曰:"仁之实^①,事亲是也。义之实,从兄是也。智之实,知斯二者弗去是也。礼之实,节文斯二者是也^②。乐之实,乐斯二者,乐则生矣。生则恶可已也^③?恶可已,则不知足之蹈之、手之舞之。"

【注释】

①实:实质,实质内容。 ②节文:调节修饰。 ③已:停止。

【译文】

孟子说:"仁的实质内容,是侍奉父母;义的实质内容,是顺从兄长;智的实质内容,是知道仁义二者须臾不可背离;礼的实质内容,是对仁义二者加以调节修饰;乐的实质内容,是从仁义二者中得到快乐,知道仁义对人的快乐之所在,快乐就会发生了。快乐一旦发生就不会停止,无法停止就会不知不觉地为之手舞足蹈。"

孟子曰:"天下大悦而将归己,视天下悦而归己,犹草芥也,惟舜为然。不得乎亲,不可以为人;不顺乎亲,不可以为子。舜尽事亲之道,而瞽瞍厎豫①。瞽瞍厎豫而天下化;瞽瞍厎豫而天下之为父子者定。此之谓大孝。"

【注释】

①瞽瞍(gǔsǒu):舜的父亲,传说非常顽固,曾经数次想要杀掉舜。厎豫:得以欢乐。

【译文】

孟子说:"天下百姓都悦服并且将归附自己,自己却把天下百姓都悦服并且将归附自己看成草芥一样轻微,只有舜是这样的。不能赢得父母之心,不可以作为一个合格的人;不能顺从父母之意,不可以作为一个合格的儿子。舜竭尽全力来侍奉父母,最终使他的父亲瞽瞍变得高兴。瞽瞍变得高兴,天下的民心因此得到感化;瞽瞍变得高兴,天下的父子伦常关系因此得到确定,这才可以称做是大孝。"

离娄下

【题解】

《离娄下》共三十三章,论及的问题较多,其中主要的思想观点有:在君臣之间的关系上,孟子提出:"君之视臣如手足,则臣视君如腹心;君之视臣如犬马,则臣视君如国人;君之视臣如土芥,则臣视君如寇雠。"这同封建社会晚期所强调的下对上绝对服从的道德要求是不同的,后世的许多进步思想家,都从他的这种思想中吸取过平等主义的营养。也正是基于这种认识,孟子要求统治者必须率先垂范,以身作则,积极推行德治,不要滥用刑罚。在个体的道德行为上,孟子强调仁义,重视孝道和礼制,认为"言不必信,行不必果,惟义所在",主张"不为""而后可以有为",不做过分的事情,不"言人之不善",认为人的道德行为是"由仁义行,非行仁义"。在学习和修养问题上,主张"不失其赤子之心",要求君子应自觉追求以有所得,认为对学问广博地学习,详细地解说,就是为了回到言简意赅的状态,提出"声闻过情,君子耻之"、"君子以仁存心,以礼存心"。在这一篇中,孟子还表达了立志学习孔子、追随孔子的思想的态度,并说:"予未得为孔子徒也,予私淑诸人也。"

孟子曰:"舜生于诸冯①,迁于负夏,卒于鸣条,东夷之人也。文王生于岐周②,卒于毕郢,西夷之人也。地之相去也,千有余里;世之相后也,千有余岁。得志行乎中国,若合符节③。先圣后圣,其揆一也④。"

【注释】

①诸冯:与下文负夏、鸣条均为地名。　②岐周:与下文毕郢均为地名。赵岐注曰:"岐周、毕郢,地名也。岐山下周之旧邑,近畎夷。畎夷在西,故曰西夷之人也。《书》曰:'太子发上祭于毕,下至于盟津。'毕,文王墓,近于酆、镐之地。"　③符节:古代符信的一种,以金、玉、竹、木等制成,上面刻有文字,分为两半,使用时以两半相合为验。　④揆:道理,准则。

【译文】

孟子说:"舜出生在诸冯,迁居到负夏,逝世在鸣条,是一个东方人。周文王出生在岐周,逝世在毕郢,是一个西方人。舜所生活的东方和文王所生活的西方,两地距离一千多里;舜所生活的时代和文王所生活的时代,两者相距一千多年。他们二人意志得以实行时在中国的所作所为,就像符节相合般的一致。前世的圣人和后代的圣人,他们所奉行的准则是一样的。"

子产听郑国之政①,以其乘舆济人于溱、洧②。孟子曰:"惠而不知为政③,岁十一月徒杠成④,十二月舆梁成⑤,民未病涉也。君子平其政,行辟人可也⑥,焉得人人而济之?故为政者,每人而悦之,日亦不足矣⑦。"

【注释】

①子产:即公孙侨,春秋时郑国的贤相。听:审察,断决,治理。 ②乘舆:这里指所乘之车。济:渡河。溱、洧:均为水名。溱(zhēn),源头在今河南省密县东北的圣水峪,东南流汇洧水,为双泊河,东流入贾鲁河。洧(wěi),源头在今河南省登封市阳城山,自长葛市以下,故道原经鄢陵、扶沟两县南,至西华县西汇入颖水。北宋时为丰富蔡河水量以供漕运,从长葛市东南引洧水经鄢陵、扶沟两县北,东汇入蔡河。元代时因蔡河为黄河所夺而改入贾鲁河,明代后又名双泊河。 ③惠:施以恩惠。"惠"是孔子对子产的评价。如《论语·公冶长》有:"子谓子产……其养民也惠。""或问子产。子曰:'惠人也。'"可见这里孟子并不是完全赞同孔子的看法。 ④岁十一月:周历的十一月即为夏历的九月,十二月为夏历的十月。徒杠:可供徒步行走的小桥。徒,步行。杠,独木桥。 ⑤舆梁:可通行车辆的桥梁。 ⑥辟人:驱除行人使避开。 ⑦日:光阴,时间。

【译文】

子产在郑国当政的时候,用他自己所乘的车辆帮助人们渡过溱水和洧水。孟子说:"子产有惠民之心,但却不知道如何主持政事。如果在一年的十一月份修成可供人徒步行走的小桥,十二月份修成可供车辆通行的大桥,百姓就不会再有渡河之难了。君子只要管理好政事,即使出外时将行人驱避开都可以,哪里能够帮助人们一个个地渡河呢?如果管理政事的人,去讨取一个人一个人的欢心,时间就太不够用了。"

孟子告齐宣王曰:"君之视臣如手足,则臣视君如腹心;君之视臣如犬马,则臣视君如国人;君之视臣如土芥,

离娄下

则臣视君如寇雠①。"王曰:"礼,为旧君有服②。何如斯可为服矣?"曰:"谏行言听,膏泽下于民③;有故而去,则君使人导之出疆,又先于其所往;去三年不反,然后收其田里④。此之谓三有礼焉。如此则为之服矣。今也为臣,谏则不行,言则不听,膏泽不下于民;有故而去,则君搏执之⑤,又极之于其所往⑥;去之日,遂收其田里。此之谓寇雠。寇雠何服之有?"

【注释】

①寇雠:仇敌、仇人。　②服:丧服,亦谓服丧服。　③膏泽:滋润作物的雨水,比喻恩惠。　④田里:田地和庐舍。　⑤搏执:拘捕。　⑥极:疲困,使之困窘。

【译文】

孟子对齐宣王说:"国君把臣下像自己的手脚一样看待,那么臣下就会把国君像自己的腹心一样看待;国君把臣下像狗马一样看待,那么臣下就会把国君像路人一样看待;国君把臣下像泥土草芥一样看待,那么臣下就会把国君像仇敌一样看待。"齐宣王说:"礼制规定,臣下要对以前曾经侍奉过的君主服丧服。怎样做才能够让臣下为自己服丧服呢?"孟子说:"臣子的劝谏能够被接受,建议能够被听从,恩泽能够惠及老百姓;有什么原因要离开国君,那么国君一定派人引导他离开国境,并且还会派人到他要去的地方先为他安排好;离开三年还没有回来,才收回他的田地和房屋。这就叫做'三有礼'。国君这样做,臣下就会为他服丧服。如今的臣下,劝谏不被接受,建议不被听从,恩泽不能惠及老百姓;有什么原因要离开国君,那么国君就会把他拘捕起来,并且他到了要去的地方,国君还想方设法使他陷入困境;离开那一天,就收回他的田地和房屋。这样的国君就叫做仇敌。对于仇敌,臣下还服什么丧服呢?"

孟子曰:"无罪而杀士,则大夫可以去;无罪而戮民,则士可以徙。"

【译文】

孟子说:"士人没有罪过就被杀掉,那么大夫便可以离开;百姓没有罪过就被杀戮,那么士人便可以迁走。"

孟子曰:"君仁莫不仁,君义莫不义。"

【译文】

孟子说:"君主仁爱,天下没有人不仁爱;君主信义,天下没有人不信义。"

孟子曰:"非礼之礼,非义之义,大人弗为。"

【译文】

孟子说:"似是而非的礼仪,似是而非的道义,是有德行的人不去做的。"

孟子曰:"中也养不中,才也养不才①,故人乐有贤父兄也。如中也弃不中,才也弃不才,则贤不肖之相去,其间不能以寸。"

【注释】

①中也养不中,才也养不才:赵岐注曰:"中者,履中和之气所生,谓之贤。才者,是谓人之有俊才者。有此贤者,当以养育教诲不能,进之以善。"

【译文】

孟子说:"品德好的人,教育熏陶品德不好的人;有才能的人,教育熏陶没有才能的人。所以每个人都喜欢有个有才有德的父亲或兄长。如果品德好的人置品德不好的人不顾,有才能的人置没有才能的人不顾,那么,所谓好与不好之间的距离,也近得无法用寸来计量了。"

孟子曰:"人有不为也,而后可以有为。"

【译文】

孟子说:"人要有不能够去做的事情,然后才能有所作为。"

孟子曰:"言人之不善,当如后患何?"

【译文】

孟子说:"热衷于宣扬别人的坏处,如果自己以后遇到忧患时,该怎么办呢?"

孟子曰:"仲尼不为已甚者。"

【译文】

孟子说:"孔子不做太过火的事情。"

孟子曰:"大人者,言不必信,行不必果,惟义所在。"

【译文】

孟子说:"有德行的人,说的话不一定句句守信,做的事不一定件件完成,只是依照义的指引来行动。"

孟子曰:"大人者,不失其赤子之心者也①。"

【注释】

①大人者,不失其赤子之心者也:赵岐注曰:"大人谓君。国君视民,当如赤子,不失其民心之谓也。一说曰:赤子,婴儿也,少小之心,专一未变化,人能不失其赤子时心,则为贞正大人也。"朱熹《集注》曰:"大人之心,通达万变;赤子之心,则纯一无伪而已。然大人之所以为大人,正以其不为物诱,而有以全其纯一无伪之本然。是以扩而充之,则无所不知,无所不能,而极其大也。"今从朱说。

【译文】

孟子说:"有德行的人,就是没有丧失婴儿般纯朴的赤子之心的人。"

孟子曰:"养生者,不足以当大事,惟送死可以当大事。"

【译文】

孟子说:"奉养活着的父母,不能称为是大事,只有按照礼制给去世的父母送终,才可以称为大事。"

孟子曰:"君子深造之以道①,欲其自得之也。自得之则居之安,居之安则资之深②,资之深则取之左右逢其原③。故君子欲其自得之也。"

【注释】

①深造:指不断前进,以达到精深的境地。　②资:积聚。
③原:"源"的古字,水源。

【译文】

孟子说:"君子按照正确的方法来达到高深的造诣,就是要求他自觉地追求以有所得。自觉地追求而有所得就能够牢牢地掌握它,牢牢掌握了就能积蓄得很深,积蓄得很深就能左右逢源,取之不尽。所以说,君子要自觉地追求以有所得。"

孟子曰:"博学而详说之,将以反说约也①。"

【注释】

①约:简要,简单。

【译文】

孟子说:"对学问广博地学习,详细地解说,就是为了回到言简意赅的表述状态。"

孟子曰:"以善服人者,未有能服人者也。以善养人,然后能服天下。天下不心服而王者,未之有也。"

【译文】

孟子说:"用善来使别人认输,没有能够使人真正服输的。用善来熏陶教养别人,这样才能使天下人归服。天下的人不发自内心地顺服却能统一天下的,是从来没有过的事。"

孟子曰:"言无实,不祥。不祥之实,蔽贤者当之。"

【译文】

孟子说:"说的话没有实际内容,是不好的。这种不好的内容,将由妨碍贤者进用的人来承担。"

徐子曰①:"仲尼亟称于水曰②:'水哉!水哉!'何取于水也③?"孟子曰:"原泉混混④,不舍昼夜,盈科而后进⑤,放乎四海⑥;有本者如是,是之取尔。苟为无本,七八月之间雨集,沟浍皆盈⑦;其涸也,可立而待也。故声闻过情⑧,君子耻之。"

【注释】

①徐子:赵岐注曰:"徐子,徐辟也。" ②亟(qì):屡次,数次,一再。 ③取:选择。 ④混混:同"滚滚",水奔流不绝貌。 ⑤科:坎,坑。 ⑥放:到,至。 ⑦浍(kuài):田

间排水道。也泛指小水沟。　⑧声闻过情:名声超过实情。声闻,名誉。

【译文】

徐子说:"孔子数次对水进行称道,说:'水啊,水啊!'他选择水进行称道的原因是什么呢?"孟子说:"发于本源的泉水滚滚奔流,昼夜不停,把沟沟坎坎之处注满之后,又继续前进,直到流入大海。事物有本源者都像这样,这就是孔子选取它进行称道的原因之所在。如果没有本源,七八月间的时候雨水众多,大小沟渠都被注满。但是等不了多久,也就都干涸了。所以声誉超过了实情,君子把它当做耻辱。"

孟子曰:"人之所以异于禽兽者几希①,庶民去之,君子存之。舜明于庶物②,察于人伦③;由仁义行,非行仁义也。"

【注释】

①几希:相差甚微,极少。　②庶物:众物,万物。　③察:体察,了解。

【译文】

孟子说:"人不同于禽兽的地方相差极少,普通老百姓丢弃它,君子保存它。舜明识事物的道理,体察人类的伦常,于是依据内心的仁义来行事,不是把仁义作为外在的规范来遵循。"

孟子曰:"禹恶旨酒而好善言①。汤执中②,立贤无方③。文王视民如伤,望道而未之见④。武王不泄迩,不忘远⑤。周公思兼三王,以施四事。其有不合者,仰而思之,夜以继日;幸而得之,坐以待旦⑥。"

【注释】

①旨酒:美酒。旨,味美,美味。　②执中:坚守中道。
③无方:不循常法,以"常"释"方",如焦循《正义》曰:"惟贤则立,而无常法,乃申上'执中'之有权。"　④而:朱熹《集注》曰:"而,读为如,古字通用。"　⑤不泄迩,不忘远:赵岐注曰:"泄,狎。迩,近也。不泄狎近贤,不遗忘远善。近,谓朝臣。远,谓诸侯也。"　⑥旦:天亮。

【译文】

孟子说:"大禹不喜欢美酒,却喜欢有益的言论。商汤坚守中道,举用贤人不拘一格。文王看待百姓就像看望伤者一样,追求正道就像未曾看到一样。武王不侮慢朝中的近臣,不遗忘四方的诸侯。周公想要兼有夏、商、周三代君王的德行,来将大禹、商汤、文王、武王所行的勋业发扬光大。如果有当时的情形与先王的正道不相符合的情况,就抬着头专注地进行思考,白天没有考虑出来,晚上还要接着思考;如果有幸想明白了,便坐着等待天亮以便马上实施。"

孟子曰:"王者之迹熄而《诗》亡①,《诗》亡然后《春秋》作。晋之《乘》、楚之《梼杌》、鲁之《春秋》②,一也。其事则齐桓、晋文,其文则史。孔子曰:'其义则丘窃取之矣③。'"

【注释】

①迹：朱熹《集注》曰："王者之迹熄，谓平王东迁，而政教号令不及于天下也。"朱骏声《说文通训定声》则说："《孟子》'王者之迹熄而《诗》亡'，'迹'即'辻'之误。"程树德赞同此说，在《说文稽古篇》中，他说："此论甚确。考《左传》引夏书曰：'辻人以木铎徇于路。'杜注：'辻人，行人之官也。木铎，木舌金铃。徇于路，求歌谣之言。'伪《胤征》本此。《王制》：'命太师陈诗以观民风。'《公羊》何注：'五谷毕入，民皆居宅，从十月尽正月止，男女相从而歌，饥者歌其食，劳者歌其事。男年六十女年五十无子者，官衣食之，使之民间求诗，乡移于邑，邑移于国，国以闻于天子，故王者不出户牖，尽知天下。'"辻，许慎《说文解字·辶部》曰："辻，古之道人，以木铎记诗言。"杨伯峻《孟子译注》中亦赞同此说。　　②晋之《乘》、楚之《梼杌》、鲁之《春秋》：《乘》、《梼杌》、《春秋》为不同诸侯国的史书，又可通称为《春秋》。赵岐注曰："此三大国史记之异名。'乘'者，兴于田赋乘马之事，因以为名；'梼杌'者，嚚凶之类，兴于记恶之戒，因以为名；'春秋'，以二始举四时，记万事之名。"　　③窃取：朱熹《集注》曰："窃取者，谦辞也。《公羊传》作'其辞则丘有罪焉尔'，意亦如此。盖言断之在己，所谓'笔则笔、削则削，游夏不能赞一辞'者也。"

【译文】

孟子说："前代圣王采诗的事情停止了，《诗经》也就消亡了；《诗经》消亡了之后，《春秋》便被创作出来了。晋国的史书叫做《乘》，楚国的史书叫做《梼杌》，鲁国的史书叫做《春秋》，三者都是一样的。这些史书原本所记载的事情就是齐桓公、晋文公之类诸侯的一些活动，所使用的笔法只是一般史官的笔法。对《春秋》进行了删削整理的孔子说：'《诗经》中所寓于的褒贬大义，我在《春秋》中都私自借用了。'"

孟子曰："君子之泽^①，五世而斩^②；小人之泽，五世而斩。予未得为孔子徒也，予私淑诸人也^③。"

【注释】
①泽：朱熹《集注》曰："犹言流风余韵也。"　②斩：断绝。
③淑：通"叔"，拾取，获益，引申为学习。

【译文】
孟子说："君子的流风余韵，五代以后就断绝；小人的流风余韵，五代以后也断绝。我没有能够成为孔子的门徒，我是私下向人学习孔子的学问。"

孟子曰："可以取，可以无取，取伤廉。可以与，可以无与，与伤惠。可以死，可以无死，死伤勇^①。"

【注释】
①可以与，可以无与，与伤惠。可以死，可以无死，死伤勇：杨伯峻《孟子译注》认为："伤惠，伤勇——一般人以为可以与，可以无与，则宜与；可以死，可以无死，则宜死。孟子却不然，认为与则伤惠，死则伤勇。毛奇龄《圣门释非录》引元儒金履祥之言曰：'此必战国之民，豪侠之习胜，多轻施结客，若四豪之类；刺客轻生，若荆聂之类，故孟子为当时戒耳。'"

【译文】
孟子说："在可以拿、可以不拿的情况下，拿了就对廉洁有损害；

离娄下

在可以给、可以不给的情况下,给了就对恩惠有损害;在可以死、可以不死的情况下,死了就对勇敢有损害。"

逢蒙学射于羿①,尽羿之道,思天下惟羿为愈己,于是杀羿。孟子曰:"是亦羿有罪焉。"公明仪曰:"宜若无罪焉?"曰:"薄乎云尔,恶得无罪?郑人使子濯孺子侵卫,卫使庾公之斯追之。子濯孺子曰:'今日我疾作,不可以执弓,吾死矣夫!'问其仆曰:'追我者谁也?'其仆曰:'庾公之斯也。'曰:'吾生矣。'其仆曰:'庾公之斯,卫之善射者也,夫子曰"吾生",何谓也?'曰:'庾公之斯学射于尹公之他,尹公之他学射于我。夫尹公之他,端人也②,其取友必端矣。'庾公之斯至,曰:'夫子何为不执弓?'曰:'今日我疾作,不可以执弓。'曰:'小人学射于尹公之他,尹公之他学射于夫子。我不忍以夫子之道,反害夫子。虽然,今日之事,君事也,我不敢废。'抽矢叩轮,去其金③,发乘矢而后反④。"

【注释】

①逢(páng)蒙:羿的家臣,曾学射于羿。后来背叛了羿,帮助寒浞杀了羿。羿:传说中夏代有穷氏的国君,因夏民以代夏政,善射,不修民事,后被家臣寒浞等所杀。　②端人:正直的人。　③金:箭头。　④乘:数词,古时计物以四为乘。

【译文】

逢蒙曾经跟随羿学射箭,完全学会了羿的技艺,他想到天下如今只有羿比自己的本领高强，于是便杀死了羿。孟子说："这件事里羿也有罪过啊。"公明仪说："羿好像没有过错吧。"孟子说："过错不大罢了，怎么能说没有罪过呢？郑国曾经派子濯孺子侵犯卫国，卫国派庾公之斯追击他。子濯孺子说：'今天我生病，不能够拿弓，我要死在这里了。'他问驾车的人：'追我的人是谁呀？'驾车的人答道：'是庾公之斯。'子濯孺子说：'我死不了啦。'驾车的人说：'庾公之斯是卫国最擅长射箭的人，您反而说死不了啦，为什么这样说呢？'子濯孺子答道：'庾公之斯是向尹公之他学习射箭，尹公之他是跟我学习射箭。尹公之他是个正直的人，他所交往的人也一定是正派的。'庾公之斯追了上来，问子濯孺子：'您为什么不拿弓？'子濯孺子说：'今天我生病了，不能够拿弓。'庾公之斯说：'我是跟尹公之他学的射箭，尹公之他又是跟您学的射箭。我不忍心用您传授的技艺反过头来伤害您。虽然这样，今天的事情是奉国君之命的公事，我还是不敢废弃。'于是他抽出箭，在车轮上敲了几下，把箭头去掉，射了四箭之后回去了。"

孟子曰："西子蒙不洁①，则人皆掩鼻而过之。虽有恶人②，斋戒沐浴③，则可以祀上帝④。"

【注释】

①西子：即古代的美女西施。春秋时越国的美女，又称先施，别名夷光，春秋末年越国苎萝（今浙江诸暨南）人。《吴越春秋·勾践阴谋外传》记载，越王勾践被吴王夫差败于会稽，范蠡取西施献于夫差，使其迷惑忘政，使越国最终反过来消灭了吴国。后来西施归范蠡，二人离开越王，同泛五湖。一说，吴国灭亡后，越国人沉西施于江。蒙不洁：赵岐注曰："蒙不洁，以不洁

汗巾帽而蒙其头面。"朱熹《集注》曰："蒙,犹冒也。不洁,污秽之物也。"相比之下,朱说应该更确切一些。蒙不洁,即沾染了肮脏的东西。　　②恶人:面貌丑陋之人。恶,丑陋。③斋戒沐浴:指古人在祭祀或举行其他典礼前清心寡欲,沐浴更衣,净身洁食,整洁身心,以示虔诚。　　④祀:古代对神鬼或先祖举行的祭礼。上帝:中国古代指天地,相对于地上的帝王,即"下帝"而言。古人认为,下帝是奉上帝之命来管理、护佑天下百姓的。因此祭祀上帝一直是历代统治者一项重要的活动。

【译文】

孟子说:"如果美女西施身上沾染了肮脏的东西,别人也都会捂着鼻子从她身边经过;即使一个面貌丑陋的人,虔诚地斋戒沐浴之后,也可以参加祭祀上帝的神圣活动。"

　　孟子曰:"天下之言性也①,则故而已矣②。故者,以利为本③。所恶于智者,为其凿也④。如智者,若禹之行水也⑤,则无恶于智矣。禹之行水也,行其所无事也⑥。如智者亦行其所无事,则智亦大矣。天之高也,星辰之远也,苟求其故,千岁之日至⑦,可坐而致也。"

【注释】

①性:本性、天性。　　②故:指事物产生和发展的原因和规律。　　③利:朱熹《集注》曰:"利,犹顺也,语其自然之势也。"　　④凿:穿凿附会。　　⑤行水:使水流通,即治水。
⑥行其所无事:朱熹《集注》曰:"禹之行水,则因其自然之势而

导之,未尝以私智穿凿而有所事,是以水得其润下之性而不为害也。" ⑦日至:指节气中的夏至或冬至。古人认为,太阳在赤道南北运行,夏至日时运行到极北之处,冬至日时运行到极南之处,故称两个节气为"日至"。夏至日照时间最长,又称长至;冬至日照时间最短,又称短至。

【译文】

孟子说:"天下人所讨论的本性,其实就是能够把握事物产生和发展的原因和规律。把握事物产生和发展的原因和规律,最根本的就是要顺应它们。人们之所以厌恶所谓的聪明人,就是因为他们经常穿凿附会。如果聪明人都能像大禹治水一样,人们就不会对聪明的人厌恶。大禹治水,因势利导而不对水流加以过多的改变。假设聪明人都能够因势利导而不对事物强加改变,那样聪明就是很伟大的事情了。天空极高,星辰极远,只要能把握住其运行的原因和规律,即使一千年之后的夏至和冬至等节气,都可以轻松地推算出来。"

公行子有子之丧①,右师往吊②。入门,有进而与右师言者,有就右师之位而与右师言者。孟子不与右师言,右师不悦曰:"诸君子皆与驩言,孟子独不与驩言,是简驩也③。"孟子闻之,曰:"礼:朝廷不历位而相与言④,不逾阶而相揖也。我欲行礼,子敖以我为简,不亦异乎?"

【注释】

①公行子:人名,齐国大夫。 ②右师:官名。这里即前文提到的"盖大夫王驩",字子敖。 ③简:怠慢,简慢,轻贱。 ④历:越过。

【译文】

公行子的儿子死了,右师王驩前去吊唁。他进门之后,有人走上前同他说话,有人走近他的座位同他说话。孟子没有同右师说话,右师不高兴,说:"大家都同我说话,只有孟子不和我说话,这是轻慢我啊。"孟子听到了,说:"根据礼制:在朝廷中,不越过座位来相互交谈,不越过台阶来相互施礼。我想遵行礼制,子敖却认为我轻慢了他,不是很奇怪吗?"

孟子曰:"君子所以异于人者,以其存心也①。君子以仁存心,以礼存心。仁者爱人,有礼者敬人。爱人者,人恒爱之;敬人者,人恒敬之。有人于此,其待我以横逆②,则君子必自反也:'我必不仁也,必无礼也,此物奚宜至哉③?'其自反而仁矣,自反而有礼矣。其横逆由是也,君子必自反也:'我必不忠。'自反而忠矣。其横逆由是也,君子曰:'此亦妄人也已矣④。如此则与禽兽奚择哉⑤?于禽兽又何难焉⑥!'是故君子有终身之忧,无一朝之患也。乃若所忧则有之。舜人也,我亦人也;舜为法于天下,可传于后世,我由未免为乡人也⑦,是则可忧也。忧之如何?如舜而已矣。若夫君子所患则亡矣。非仁无为也,非礼无行也。如有一朝之患,则君子不患矣。"

【注释】

①存心:指心里怀有的意念。　②横逆:横暴无理的行为。
③物:事。　④妄人:无知妄为的人。　⑤择:区别。

⑥难:责,责难,诘问。　　⑦乡人:乡里之常人。

【译文】

孟子说:"有德行的君子同一般人不同的地方,就在于心中怀有的意念不同。有德行的君子心中怀有仁爱,心中怀有礼节。心中存有仁的人能够关爱别人,心中存有礼的人能够恭敬别人。关爱别人的人,别人总是关爱他;恭敬别人的人,别人总是恭敬他。假设这里有个人,以蛮横无理的方式对待自己,那么君子遇到这种情况就一定反躬自问:'我一定没有做到仁,一定没有做到礼,不然怎么会发生这种事情呢?'他反躬自问以后,就更加虔诚地遵循仁,更加虔诚地恪守礼。对方的蛮横无理的态度仍然不改,他一定接着反躬自问:'我一定是没有做到尽心竭力吧。'反躬自问以后,做到了尽心竭力。对方的蛮横无理仍然如故,君子就会说:'这个人不过是个无知狂妄之人罢了,既然这样,那同禽兽有什么区别呢?对于禽兽一般的人,我又责备他什么呢?'所以说,君子有出于长远的忧虑,却没有只顾近期的痛苦。这样的长远忧虑是有的。舜是人,我也是人。舜成为天下人的典范,名声能够流传后世,我却仍然仅仅是一个普通人,这是一件值得忧愁的事啊。有了忧虑该怎样办呢?像舜那样做罢了。至于近期的痛苦,君子就没有了。不是出于仁爱的事情不去做,不是合于礼节的事不实行。即使有眼前的祸患,那么君子也不以之为痛苦。"

禹、稷当平世①,三过其门而不入,孔子贤之。颜子当乱世,居于陋巷②,一箪食,一瓢饮,人不堪其忧,颜子不改其乐,孔子贤之。孟子曰:"禹、稷、颜回同道。禹思天下有溺者,由己溺之也;稷思天下有饥者,由己饥之也。是以如是其急也。禹、稷、颜子易地则皆然。今有同室之人斗者,救之,虽被发缨冠而救之③,可也。乡邻有斗者,被发缨冠而往救之,则惑也,虽闭户可也。"

【注释】

①平世:太平之世。　②颜子当乱世,居于陋巷:颜子,即颜回。关于孔子称赞颜子一事,见《论语·雍也》中的记载:"子曰:'贤哉,回也!一箪食,一瓢饮,在陋巷,人不堪其忧,回也不改其乐,贤哉,回也!'"　③被发缨冠:朱熹《集注》曰:"不暇束发,而结缨往救,言急也,以喻禹、稷。"被,同"披"。

【译文】

禹、稷处于太平之世,三次路过自己的家门都没有进去,孔子认为他们贤德。颜回处于混乱之世,居住在破烂的巷子里,一筐饭,一瓢水,别人受不了那种清苦的生活,颜回却不改变他的快乐,孔子也认为他贤德。孟子说:"禹、稷和颜回所奉行的做人的道理是一样的。禹考虑到天下有被水淹没的人,如同因为自己的责任使他们被淹没了;稷考虑到天下有挨饿的人,如同因为自己的责任使他们挨饿,所以他们才那样急迫地去为老百姓造福。禹、稷和颜回如果互相交换了位置,都一样能够做到对方曾经做过的事情。假设现在有同屋的人斗殴,为了制止事情的恶化,即使披着头发顶着帽子去制止都可以。如果乡邻之间有人在斗殴,也披着头发顶着帽子去制止,那就是太糊涂了,这样的情况下即使把门关着也是可以的。"

公都子曰:"匡章,通国皆称不孝焉①。夫子与之游②,又从而礼貌之③,敢问何也?"孟子曰:"世俗所谓不孝者五:惰其四支④,不顾父母之养,一不孝也;博弈⑤、好饮酒,不顾父母之养,二不孝也;好货财、私妻子⑥,不顾父母之养,三不孝也;从耳目之欲⑦,以为父母戮⑧,四不孝也;好勇斗很⑨,以危父母,五不孝也。章子有一于是乎?夫章子,子父责善而不相遇也⑩。责善,朋友之道也。父子责善,贼恩之大者。夫章子岂不欲有夫妻子母之属哉?为得罪于父,不得近;出妻屏子⑪,终身不养焉。其设心以为不若是,是则罪之大者。是则章子已矣。"

【注释】

①通国:全国。　②游:交往,结交。　③礼貌:以和悦、尊敬的态度表示尊敬。　④四支:即四肢。　⑤博弈:下棋之类的游戏。博,博戏,又叫局戏,我国古代的一种赌输赢、角胜负的游戏,用具为六箸十二棋。弈,即围棋。　⑥私:偏爱,宠爱。　⑦从:同"纵"。放纵。　⑧戮:羞辱。　⑨很:狠毒,残忍。后多作"狠"。　⑩相遇:相合,相投。　⑪屏(bǐng):使退避。

【译文】

公都子说:"匡章这个人,全国人都说他不孝,先生您却与他来往,并且还对他相当尊重,请问这是为什么呢?"孟子说:"人们一般认为所谓不孝的行为有五种:四肢懒惰,不顾父母的生活,这是一不孝;喜欢下棋,爱好喝酒,不顾父母的生活,这是二不孝;贪爱钱财,偏爱妻子儿女,不顾父母的生活,这是三不孝;放纵感官的欲望,使父母因此蒙受耻辱,这是四不孝;好勇斗狠,危及父母,这是五不孝。章子在这五种行为之中有一种吗?章子不过是父子之间相互以善相责而导致不投机罢了。相互以善相责,本来是朋友相处之道;而父子之间以善相责,是最伤害感情的事。章子难道不想有夫妻母子的亲情吗?可是因为得罪了父亲,不能到他近前侍奉,因此把自己的妻子儿女也赶出去,终身不要他们的侍奉。他考虑到如果不这样,那么罪过就更大了,这才是真正的章子啊。"

曾子居武城①,有越寇②。或曰:"寇至,盍去诸?"曰:"无寓人于我室③,毁伤其薪木。"寇退,则曰:"修我墙屋,我将反。"寇退,曾子反。左右曰:"待先生如此其忠且敬也,寇至则先去以为民望④,寇退则反,殆于不可。"沈犹行曰⑤:"是非汝所知也。昔沈犹有负刍之祸⑥,从先生者七十人,未有与焉。"子思居于卫,有齐寇。或曰:"寇至,盍去诸?"子思曰:"如伋去,君谁与守?"孟子曰:"曾子、子思同道。曾子,师也,父兄也;子思,臣也,微也。曾子、子思易地则皆然。"

【注释】

①武城:地名,即南武城,在今山东费县境内。 ②越寇:越国的敌寇。春秋末期鲁国曾与吴越为邻,因此容易遭到他们的骚扰。 ③寓:寄居。 ④望:指榜样。 ⑤沈犹行:孟子弟子。姓沈犹,名行。 ⑥负刍之祸:赵岐注曰:"时有作乱者曰负刍,来攻沈犹氏。"以"负刍"为人名。

【译文】

曾子居住在武城,越国的军队来侵犯。有人说:"敌人要来了,为什么不躲避一下呢?"曾子说:"不要让别人借住在我的房子里,以免破坏了那些树木。"敌人退了,曾子说:"把我的房子修理修理吧,我要回来了。"敌人退了,曾子又回来了。他旁边的人说:"武城人对待先生您是这样的忠诚和恭敬,敌人来了,您便先离开给百姓做了个坏榜样;敌人退了,您马上就回来了,这样做恐怕不合适吧。"沈犹行说:"这其中的缘故不是你们所了解的。从前有个名叫负刍的作乱来攻击沈犹氏,跟随先生来的七十个人也都早早躲开了。"子思居住在卫国,齐国的军队来侵犯。有人说:"敌人来了,为什么不躲避一下呢?"子思说:"如果我走开了,国君和谁一起守城呢?"孟子说:"曾子、子思两人所奉行的做人的道理是一样的。曾子当时是老师,是父兄辈;子思当时是臣子,是地位比较低微的。曾子、子思如果互相对换了位置,都一样能够做到对方曾经做过的事情。"

储子曰①:"王使人瞯夫子②,果有以异于人乎?"孟子曰:"何以异于人哉?尧舜与人同耳。"

【注释】
①储子:赵岐注曰:"齐人也。"　②瞯(jiàn):窥视,侦伺。

【译文】
储子说:"大王派人来窥探先生您,您真有和别人不同的地方吗?"孟子说:"我能有什么和别人不同呢?尧舜也和一般人一样啊。"

齐人有一妻一妾而处室者,其良人出①,则必餍酒肉而后反②。其妻问其所与饮食者,则尽富贵也。其妻告其妾曰:"良人出,则必餍酒肉而后反;问其与饮食者,尽富贵也,而未尝有显者来。吾将𰯌良人之所之也。"蚤起,施从良人之所之遍③,国中无与立谈者。卒之东郭墦间④,之祭者,乞其余;不足,又顾而之他——此其为餍足之道也。其妻归,告其妾曰:"良人者,所仰望而终身也。今若此!"与其妾讪其良人而相泣于中庭⑤。而良人未之知也,施施从外来⑥,骄其妻妾。由君子观之,则人之所以求富贵利达者,其妻妾不羞也而不相泣者,几希矣。

【注释】

①良人:古时女子对丈夫的称呼。　②餍:吃饱。　③蚤:同"早"。施(yí):逶迤斜行。　④东郭:即东郊。郭,外城,古代在城的外围加筑的一道城墙。墦(fán):坟墓。　⑤讪:毁谤,讥讽,咒骂。中庭:庭院之中。　⑥施施:喜悦自得的样子。

【译文】

齐国有一个家里有一妻一妾的人,这个做丈夫的每次外出,一定吃得酒足饭饱才回家。他的妻子问他一道与他吃喝的都是什么人,他说全都是一些有钱有势的富贵人物。他的妻子告诉他的妾说:"丈夫每次外出,总是酒足饭饱才回来。问他同什么人一起吃喝,他说全都是一些有钱有势的富贵人物,但是我从来没见过有显贵人物到我们家来。我打算窥探一下,看看他究竟到了什么地方。"第二天清早起来,她便偷偷地尾随在丈夫后面,走遍都城,没有一个人站住同她丈夫说话。最后,一直走到了东郊外的墓地,只见她的丈夫走近在坟前祭祀的人,讨要人家剩下的酒肉等祭品;一处没有吃饱,又左右看了看跑到另一处去乞讨。这就是他酒足饭饱的办法。他的妻子回到家里,把看到的情况告诉了他的妾,说:"丈夫,是我们仰望并倚靠终身的人,现在竟然是这样。"于是妻妾二人咒骂着她们的丈夫,一起在庭院之中哭泣。而丈夫还不知道发生的这些事情,高高兴兴地从外面回来,对他的妻妾装出很威风的样子。在明智的君子看来,有的人所采用的乞求升官发财的方法,能不让他们的妻妾引为羞耻,并一起为此而哭泣的,真是太少了!

万 章 上

【题解】

《万章上》共九章,全部为孟子与弟子万章和咸丘蒙的对话,讨论的都是尧、舜、禹、汤等历代圣王和伊尹、孔子、百里奚等圣贤的事迹和德行。孟子赞美了舜对父母的孝顺、对兄弟的友爱,以及宽厚、仁慈等品德;提出了"大孝终身慕父母",对儒家关于"孝"的思想从人的感情的角度进行了丰富和发展;认为"君子可欺以其方,难罔以非其道",一个有德行的人所相信和遵守的,只有合乎道义的东西;通过舜对待尧和瞽瞍的态度和做法,阐述了处理君臣、父子关系的一些准则,强调指出绝没有以君为臣、以父为臣之理;通过尧、舜、禹等上古圣王禅让的故事,阐述了天意与民心相通的天道观,认为决定政权转移的所谓"天意"其实就是"民心"的反映。此外,孟子还赞扬了伊尹经世济民的责任感和正人先正己的品德,孔子洁身自好的节操,以及百里奚保持自己的人格操守的同时明察时势并最终干出了一番大业绩的处世方法。孟子对这些圣贤的评论并不是像魏晋清流一样对历史人物的简单品评,而是希望以他们为楷模,树立以天下为己任的高远理想和抱负,以及为人处世的基本原则、态度和方法。

万章问曰:"舜往于田,号泣于旻天①。何为其号泣也?"孟子曰:"怨慕也②。"万章曰:"父母爱之,喜而不忘③;父母恶之,劳而不怨④。然则舜怨乎?"曰:"长息问于公明高曰⑤:'舜往于田,则吾既得闻命矣;号泣于旻天、于父母,则吾不知也。'公明高曰:'是非尔所知也。'夫公明高以孝子之心为不若是恝⑥:'我竭力耕田,共为子职而已矣⑦;父母之不我爱,于我何哉⑧?'帝使其子九男二女⑨,百官牛羊仓廪备,以事舜于畎亩之中。天下之士多就之者,帝将胥天下而迁之焉⑩。为不顺于父母,如穷人无所归。天下之士悦之,人之所欲也,而不足以解忧。好色,人之所欲;妻帝之二女,而不足以解忧。富,人之所欲;富有天下,而不足以解忧。贵,人之所欲;贵为天子,而不足以解忧。人悦之、好色、富贵无足以解忧者,惟顺于父母,可以解忧。人少则慕父母,知好色则慕少艾⑪,有妻子则慕妻子,仕则慕君,不得于君则热中⑫。大孝终身慕父母,五十而慕者⑬,予于大舜见之矣。"

【注释】

①舜往于田,号泣于旻天:《尚书·大禹谟》中说:"帝初于历山,往于田,日号泣于旻天,于父母。"与此处所说类似。相传舜曾经躬耕于历山。往于田,即到田地里耕作。号泣,号啕大哭。焦循《正义》曰:"《颜氏家训·风操篇》云:'礼以哭,有言者为号。'此云号泣,则是且言且泣。"旻(mín):旻天,原指秋天。《尔雅·释天》中说:"秋为旻天。"郭璞注曰:"旻,犹愍也,愍万

物雕落。"引申为"仁闵覆下"之意。《说文·日部》说:"旻,秋天也。《虞书》说,仁闵覆下则称旻天。"朱熹《集注》曰:"仁覆闵下,谓之旻天。号泣于旻天,呼天而泣也。" ②怨慕:因不得相见而思慕。赵岐注曰:"言舜自怨遭父母见恶之厄而思慕也。"朱熹《集注》曰:"怨慕,怨己之不得其亲而思慕也。"慕,原指小儿思念父母的啼哭声。如《礼记·檀弓上》中有:"其往也如慕,其反也如疑。"郑玄注曰:"慕,谓小儿随父母啼呼。"孔颖达疏曰:"谓父母在前,婴儿在后,恐不及之,故在后啼呼而随之。"引申为对父母的依恋、向往。即下文"人少则慕父母"之"慕"。 ③忘:玩忽,怠忽。 ④劳:忧愁,愁苦。 ⑤长息:赵岐注曰:"长息,公明高弟子。公明高,曾子弟子。" ⑥恝(jiá):忽略,淡然。 ⑦共:同"恭"。 ⑧于我何哉:赵岐注曰:"于我之身独有何罪哉,自求责于己而悲感焉。"朱熹《集注》中也说:"于我何哉,自责不知己有何罪耳,非怨父母也。"杨伯峻《孟子译注》中认为:此说"实误。若如此说,'为若是恝'便无着落了。焦循《正义》云:'一说此申言上"恝"字,若恝然无愁,则以我既竭力耕田共子职矣,尚有何罪而父母不我爱哉?孝子必不若是也。'此说近之。但以'尚有何罪'释'何哉'仍嫌未得,'于我何哉'者,意谓对我有什么关系呢。此古人常语,与《论语》之'于我何有哉'意相近"。 ⑨帝使其子九男二女:《史记·五帝本纪》中记载:"舜年二十以孝闻。三十而帝尧问可用者,四岳咸荐虞舜,曰可。于是尧乃以二女妻舜以观其内,使九男与处以观其外。舜居妫汭,内行弥谨。尧二女不敢以贵骄事舜亲戚,甚有妇道。尧九男皆益笃。"尧使其二女妻舜以试之之事亦见于《尚书》。《尚书·尧典》中说:"帝曰:'我其试哉。'女于时,观厥刑于二女。厘降二女于妫汭,嫔于虞。帝曰：'钦哉！'"《史记·五帝本纪》有类似记载。然而，《尚书》中没有提到尧以九男事舜之事。赵岐认为，此事或许存在，当在《尚书》的佚篇中，"《尧典》曰：'厘降二女'，不见九男。孟子时，《尚书》凡百二十篇，逸书有《舜典》之《叙》，亡失其文。孟子诸所言舜事，皆《舜典》逸书所载。独丹朱以胤嗣之子，臣下以距尧求禅，其余八庶无事，故不见于《尧典》。犹晋献公之子九人，五人以事见于《春秋》，其余四子亦不复见于经。"　　⑩胥：皆，都。迁：变更，变化。这里指禅让帝位。　　⑪少艾：指年轻美丽的女子。　　⑫热中：内心躁急。　　⑬五十而慕者：朱熹《集注》曰："言五十者，舜摄政时年五十也。五十而慕，则其终身慕可知矣。"

【译文】

万章问："舜到田地里去劳作，对着苍天号啕大哭，他为什么要号啕大哭呢？"孟子回答道："自怨自己被父母嫌弃而思恋父母的缘故。"万章说："父母如果喜爱他，虽然高兴却不能懈怠；父母如果厌恶他，虽然忧愁却不能怨恨。那么，舜怨恨他的父母了吗？"孟子说："长息曾经问公明高说：'舜到田地里去劳作，我已经听到过您给我的讲解了；他对着苍天号啕大哭，喊着他的父母，我不知道那是为什么。'公明高说：'这不是你所能知道的。'公明高认为，孝子的心里不能像这样毫不在乎：'我尽力耕田，尽力地尽我做儿子的职责就可以了；父母不喜爱我，让我有什么办法呢？'帝尧派了他的九个儿子和两个女儿，带齐了百官、牛羊和粮食，到田野中去侍奉舜。天下的士人也有很多投奔舜的，尧把整个天下都禅让给了舜。舜却因为没有赢得父母的欢心，便好像穷困之人找不到依靠一样。天下士人的喜爱，是人人都希望得到的，却不能够消除舜的忧愁。美貌的女子，是人人都希望得到的；娶了帝尧的两个女儿，却不能够消除舜的忧愁。

富有,是人人都希望获得的;富有到拥有了整个天下,却不能够消除舜的忧愁。尊贵,是人人都希望得到的,尊贵到做了天下的君主,却不能够消除舜的忧愁。人人都喜爱他、美貌的女子、富有和尊贵都不能够消除舜的忧愁,只有得到父母的欢心,才可以消除他的忧愁。一个人幼年的时候就依恋父母,知道了什么是美貌之后就思慕年轻美丽的女子,有了妻子儿女之后就依恋妻子儿女,等到做了官就向往得到君主的赏识,得不到君主的赏识就内心焦躁。只有最孝顺的人才终身依恋自己的父母,五十岁时还依恋父母的人,我于伟大的舜这里看到了。"

万章问曰:"《诗》云:'娶妻如之何?必告父母①。'信斯言也②,宜莫如舜。舜之不告而娶,何也?"孟子曰:"告则不得娶。男女居室③,人之大伦也。如告则废人之大伦以怼父母④,是以不告也。"万章曰:"舜之不告而娶,则吾既得闻命矣。帝之妻舜而不告,何也?"曰:"帝亦知告焉则不得妻也。"万章曰:"父母使舜完廪⑤,捐阶⑥,瞽瞍焚廪;使浚井⑦,出,从而掩之⑧。象曰⑨:'谟盖都君咸我绩⑩。牛羊父母,仓廪父母,干戈朕⑪,琴朕⑫,弤朕⑬,二嫂使治朕栖⑭。'象往入舜宫,舜在床琴。象曰:'郁陶思君尔⑮。'忸怩⑯。舜曰:'惟兹臣庶⑰,汝其于予治⑱。'不识舜不知象之将杀己与?"曰:"奚而不知也⑲?象忧亦忧,象喜亦喜。"曰:"然则舜伪喜者与?"曰:"否。昔者有馈生鱼于郑子产⑳,子产使校人畜之池㉑。校人烹之,反命曰:'始舍之圉圉焉㉒,少则洋洋焉㉓,攸然而逝㉔。'子产曰:'得其所哉！得其所哉！'校人出，曰：'孰谓子产智？予既烹而食之，曰：得其所哉！得其所哉！'故君子可欺以其方㉕，难罔以非其道㉖。彼以爱兄之道来，故诚信而喜之。奚伪焉？"

【注释】

①娶妻如之何？必告父母：出自《诗经·齐风·南山》。
②信：果真，确实。　③居室：指夫妇同居。　④怼(duì)：怨恨。　⑤完：修缮。　⑥捐：除去。阶：梯子。
⑦浚：疏浚，深挖。　⑧掩：盖。　⑨象：舜的异母弟弟。
⑩盖：同"害"，危害。都君：指舜。《史记·五帝本纪》记载："舜耕历山，历山之人皆让畔；渔雷泽，雷泽上人皆让居；陶河滨，河滨器皆不苦窳。一年而所居成聚，二年成邑，三年成都。"所以称舜为"都君"。　⑪朕：自称，我。东汉蔡邕《独断》卷上说："朕，我也。古代尊卑共之，贵贱不嫌，则可同号之义也。"秦始皇二十六年起被定为帝王自称之词，一直沿用至中国封建社会结束。　⑫琴：赵岐注曰："琴，舜所弹五弦琴也。"
⑬弤(dǐ)：舜所使用的弓之名。　⑭二嫂：即尧之二女。治朕栖：赵岐注曰："栖，床也。……使治床，欲以为妻也。"
⑮郁陶：忧思积聚貌。　⑯忸怩：羞惭的样子。　⑰惟：思。　⑱于：为。　⑲奚而：疑问词，为何、如何。
⑳馈：原指进食于人。　㉑校人：管理池沼的小吏。
㉒圉圉：朱熹《集注》曰："圉圉，困而未纾之貌。"　㉓洋洋：赵岐注曰："洋洋，舒缓摇尾之貌。"　㉔攸然：赵岐注曰："攸然，迅走水趋深处也。"　㉕欺以其方：朱熹《集注》曰："欺以

其方,谓诳之以理之所有。" ㉖罔以非其道:朱熹《集注》曰:"罔以非其道,谓昧之以理之所无。"

【译文】

万章问:"《诗经》里说:'娶妻应如何?要告知父母。'这句话说得很正确啊,应该没有人比舜更明白这个道理。舜却没有事先告知父母而娶了妻子,这是为什么呢?"孟子回答说:"告知父母便娶不成了。男女之间的婚姻,是人与人之间最重要的关系之一。如果事先告知了的话,就会使这一人与人之间最重要的关系被废弃,从而使父母受到怨恨,所以舜没有告知父母。"万章说:"舜没有告知父母而娶妻的道理,我已经从您给我的讲解中明白了。帝尧把女儿嫁给舜也没有告知舜的父母,又是为什么呢?"孟子说:"帝尧也知道如果事先告知便会嫁不成了。"万章问:"舜的父母让舜去修缮粮仓,抽去了借以上下的梯子,他的父亲瞽瞍接着放火烧粮仓;又派舜去淘井,舜出来了,(他们还不知道,)便堵死了井口。舜的弟弟象说:'谋害舜都是我的功劳,牛羊给父母,仓库给父母,盾戟归我,琴归我,弤弓归我,两位嫂嫂要为我收拾床铺。'象便去了舜的住处,舜正坐在床上弹琴,象说:'我想您想得难受啊!'说话间却表现出羞惭之态。舜说:'我正考虑这些臣下和百姓的事情,你帮我管理他们吧!'不知道这是不是因为舜不知道象要杀他?"孟子回答说:"怎么会不知道呢?象忧愁,舜也忧愁;象高兴,舜也高兴。"万章说:"可是舜的高兴是假装的吗?"孟子说:"不是。从前有人送了一条活鱼给郑国的子产,子产让主管池塘的人放养在池子里。主管池塘的人却把鱼煮着吃了,回来报告说:'刚放进池塘的时候,它还没有缓过来;一会儿之后,就摇摆着尾巴自由地游动起来了;突然间潜到水里不知游到哪里去了。'子产说:'终于到了该去的地方了!终于到了该去的地方了!'管池塘的人出来,说:'谁说子产聪明呢?我已经把那条鱼煮着吃了,他还说:终于到了该去的地方了!终于到了该去的地方了!'所以君子可以用合乎道理的方法来欺骗,不能用违反道理的方法欺骗。象好像敬爱兄长的样子前来,所以舜确实是真相信而高兴,为什么是假装的呢?"

万章问曰:"象日以杀舜为事,立为天子,则放之,何也?"孟子曰:"封之也。或曰放焉。"万章曰:"舜流共工于幽州,放驩兜于崇山,杀三苗于三危,殛鲧于羽山,四罪而天下咸服①。诛不仁也。象至不仁,封之有庳②。有庳之人奚罪焉?仁人固如是乎?在他人则诛之,在弟则封之。"曰:"仁人之于弟也,不藏怒焉,不宿怨焉,亲爱之而已矣。亲之,欲其贵也;爱之,欲其富也。封之有庳,富贵之也。身为天子,弟为匹夫,可谓亲爱之乎?""敢问'或曰放'者何谓也?"曰:"象不得有为于其国,天子使吏治其国,而纳其贡税焉,故谓之'放'。岂得暴彼民哉?虽然,欲'常常而见之,故源源而来,不及贡,以政接于有庳③',此之谓也。"

【注释】

①舜流共工于幽州,放驩兜于崇山,杀三苗于三危,殛鲧于羽山,四罪而天下咸服:这段论述出自《尚书·舜典》。孙奭疏引孔安国和《史记》说:"孔安国注《尚书》云:'共工象恭滔天,足以惑世,故流放之。幽州北裔。水中可居者曰洲。驩兜党于共工,罪恶同。崇山,南裔也。三苗,国名,缙云氏之后,为诸侯,

号饕餮。三危,西裔。鲧方命圮族,绩用不成。羽山,东裔,在海中。'按《史记》云:'共工,少皞氏不才子,天下谓之穷奇者也。驩兜,帝鸿氏不才子,天下谓之混沌者也。鲧,颛顼氏不才子,天下谓之饕餮者也。'"罪,惩罚,治罪。 ②有庳:古国名。 ③常常而见之,故源源而来,不及贡,以政接于有庳:赵岐注曰:"'常常'以下,皆《尚书》逸篇之辞。"

【译文】

万章问:"象每天以谋杀舜作为自己要做的事情,舜做了天子之后,却只是流放了他,这是为什么呢?"孟子答道:"其实是封他做了诸侯。有人说是流放罢了。"万章说:"舜把共工流放到幽州,把驩兜发配到崇山,把三苗驱逐到三危,把鲧处死在羽山,他们四个被惩治之后天下就都归服了。这是因为惩治了不仁的人。象可以说是最不仁的人,却把有庳分封给他。有庳的人民又犯了什么罪呢?难道说仁人都是这样的吗?对别人就加以惩治,对弟弟就封为诸侯。"孟子说:"仁人对于弟弟,不会将愤怒藏在心中,不会将怨恨留在胸内,只是亲爱他罢了。亲他,就想让他尊贵;爱他,就想让他富有。把他封在有庳,就是要他富有尊贵。自己身为天子,弟弟却是普通百姓,可以说是亲爱他吗?"万章说:"请问有人说'流放'是为什么呢?"孟子说:"象不能在他的封地上有所作为,天子派了官吏来治理他的国家,收缴土地上的贡税,所以有人说是'流放'。这样象难道还能够暴虐地对待他的百姓吗?即使如此,舜还是想能够'常常看到象,因此象也不断来和舜相见,不必等到规定的贡期,平常也以政务为借口迎接他到有庳'。说的就是这个意思。"

咸丘蒙问曰①:"语云②:'盛德之士,君不得而臣,父不得而子。'舜南面而立,尧帅诸侯北面而朝之,瞽瞍亦北面而朝之。舜见瞽瞍,其容有蹙③。孔子曰:'于斯时也,天下殆哉,岌岌乎④!'不识此语,诚然乎哉?"孟子曰:"否,此非君子之言,齐东野人之语也⑤。尧老而舜摄也⑥,《尧典》曰:'二十有八载,放勋乃徂落,百姓如丧考妣。三年,四海遏密八音⑦。'孔子曰:'天无二日,民无二王⑧。'舜既为天子矣,又帅天下诸侯以为尧三年丧,是二天子矣。"咸丘蒙曰:"舜之不臣尧,则吾既得闻命矣。《诗》云:'普天之下,莫非王土;率土之滨,莫非王臣⑨。'而舜既为天子矣,敢问瞽瞍之非臣如何?"曰:"是诗也,非是之谓也,劳于王事而不得养父母也。曰:'此莫非王事,我独贤劳也⑩。'故说诗者,不以文害辞⑪,不以辞害志⑫;以意逆志⑬,是为得之。如以辞而已矣,《云汉》之诗曰:'周余黎民,靡有孑遗⑭。'信斯言也,是周无遗民也。孝子之至,莫大乎尊亲;尊亲之至,莫大乎以天下养。为天子父,尊之至也;以天下养,养之至也。《诗》曰:'永言孝思,孝思惟则⑮',此之谓也。《书》曰:'祇载见瞽瞍,夔夔斋栗,瞽瞍亦允若⑯',是为父不得而子也。"

【注释】

①咸丘蒙:孟子弟子。姓咸丘,名蒙。 ②语:古语,谚语。
③有:助词,无义,可作名词、动词、形容词词头。蹙:不安貌。
④天下殆哉,岌岌乎:孔子此句不见于《论语》。《韩非子·忠孝》中有:"舜见瞽瞍,其容造焉。孔子曰,当是时也,危哉天下岌岌!有道者,父固不得而子,君固不得而臣也。"可与此处相

参证。"天下殆哉,岌岌乎"为"天下岌岌乎殆哉"的倒装,这是古代常用的一种句式。殆,危险。岌岌,原意为高耸之貌。引申为危急貌。　　⑤齐东野人之语:赵岐注曰:"东野,东作田野之人所言耳。咸丘蒙,齐人也,故闻齐野人之言。"朱熹《集注》曰:"齐东,齐国之东鄙也。"后以"齐东野语"代指道听途说、不足为凭之言。　　⑥摄:假代,代理。特指代理国君处理政事。　　⑦二十有八载,放勋乃徂落,百姓如丧考妣。三年,四海遏密八音:今此句见于《尚书·舜典》。《尧典》《舜典》原为一篇,后分为两篇。二十八载指从舜代尧处理政事至尧去世为二十八年,即下章所谓"舜相尧,二十有八载"。有,通"又",常在数词中用于整数与零数之间。放勋,帝尧的名。徂落,死亡。百姓,这里指百官。考妣,父母的别称。《礼记·曲礼下》中说:"生曰父曰母曰妻;死曰考曰妣曰嫔。"遏密,专指帝王等死后停止举乐。遏,止。密,静。八音,我国古代对乐器的统称,通常指金、石、丝、竹、匏、土、革、木八种质材所制的乐器。⑧天无二日,民无二王:此句亦不见于《论语》,但《礼记·曾子问》和《坊记》中也都引有此句。　　⑨普天之下,莫非王土;率土之滨,莫非王臣:出自《诗经·小雅·北山》。普,遍。率,循。⑩贤劳:赵岐注和朱熹《集注》都解为"以贤才而劳苦"。此说欠妥。"贤劳"应为辛劳、劳苦之意。　　⑪文:赵岐注曰:"文,诗之文章所引以兴事也。"辞:赵岐注曰:"辞,诗人所歌咏之辞。"　　⑫志:赵岐注曰:"志,诗人志所欲之事。"　　⑬意:赵岐注曰:"意,学者之心意也。"逆:预测,揣度,考察。　　⑭周余黎民,靡有孑遗:出自《诗经·大雅·云汉》。孑遗,遗留,残存。　　⑮永言孝思,孝思惟则:出自《诗经·大雅·下武》。朱熹《集注》曰:"言人能长言孝思而不忘,则可以为天下法则也。"　⑯祗载见瞽瞍，夔夔斋栗，瞽瞍亦允若：朱熹《集注》曰："《书·大禹谟篇》也。祗，敬也。载，事也。夔夔齐栗，敬谨恐惧之貌。允，信也。若，顺也。言舜敬事瞽瞍，往而见之，敬谨如此，瞽瞍亦信而顺之也。"

【译文】

咸丘蒙问："古话说：'道德高尚之人，君不以他为臣，父不以他为子。'舜高高在上做了天子，尧就带领诸侯立在下位朝拜他，他的父亲瞽瞍也立在下位朝拜他。舜看见了立在下位的父亲，显得局促不安。孔子说：'在这个时候，天下已经岌岌可危了！'不知道这句话说得正确吗？"孟子回答道："不是这样，这不是君子所说的话，而是齐国东鄙见识粗浅之人的话。尧老年的时候，舜代尧处理天下的政事。《尧典》上说：'过了二十八年，尧去世了，所有大臣好像死了父母一样哀恸。服丧的三年之内老百姓停止一切音乐。'孔子又说：'天上没有两个太阳，百姓没有两个帝王。'如果舜真在尧死以前就已经做了天子，同时又带领着天下的诸侯为尧服丧三年，这就是同时有了两个天子。"咸丘蒙说："舜没有以尧为臣，我已经从您给我的讲解中明白了。《诗经》中说：'普天之下，莫非王土；率土之滨，莫非王臣。'如果舜做了天子之后，瞽瞍却不是他的臣民，请问又是为什么呢？"孟子说："这首诗说的不是这个意思，而是说作者为国事而辛劳以致不能奉养父母。他又说：'我所做的都是天子之事，为何天下只我一人劳苦？'所以对诗进行解说的人，不要脱离下文而误解作者所说的事实，不要拘于字面的意义而误解作者要抒发的意志。用自己的体会去推测作者的意志，这才真正能够理解诗句。如果仅仅停留在诗句所描述的字面意义上，那么对于《云汉》诗中所说的'周朝剩余百姓，没有一个存留'应如何解释呢？若相信这句话的字面意义，就成了周朝没有一个人存留了。一个做孝子的能达到的极点，没有能超出尊敬父母的；尊敬父母能达到的极点，没有超过用整个天下来奉养父母的。瞽瞍成了天子的父亲，尊贵到了极点；舜用整个天下来奉养他，奉养到了极点。《诗经》中说：'孝道永存于心，可为天下法则。'说的就是这个意思。《尚书》中说：'舜恭敬地看望瞽瞍，态度谨慎而恐惧，瞽瞍也相信并顺从了他。'这难道是父母不能够以他为儿子吗？"

万章曰："尧以天下与舜①，有诸？"孟子曰："否，天子不能以天下与人。""然则舜有天下也，孰与之？"曰："天与之。""天与之者，谆谆然命之乎②？"曰："否，天不言，以行与事示之而已矣。"曰："以行与事示之者，如之何？"曰："天子能荐人于天，不能使天与之天下；诸侯能荐人于天子，不能使天子与之诸侯；大夫能荐人于诸侯，不能使诸侯与之大夫。昔者尧荐舜于天，而天受之；暴之于民③，而民受之。故曰，天不言，以行与事示之而已矣。"曰："敢问荐之于天而天受之，暴之于民而民受之，如何？"曰："使之主祭而百神享之，是天受之。使之主事而事治，百姓安之，是民受之也。天与之，人与之，故曰，天子不能以天下与人。舜相尧，二十有八载，非人之所能为也，天也。尧崩，三年之丧毕，舜避尧之子于南河之南④。天下诸侯朝觐者⑤，不之尧之子而之舜；讼狱者⑥，不之尧之子而之舜；讴歌者⑦，不讴歌尧之子而讴歌舜，故曰'天'也。夫然后之中国，践天子位焉⑧。而居尧之宫，逼尧之子，是'篡'也，非'天与'也。《泰誓》曰⑨：'天视自我民视，天听自我民听',此之谓也。"

【注释】

①与:送,给予。 ②谆谆然:反复告诫、再三叮咛的样子。 ③暴(pù):朱熹《集注》曰:"暴,显也。" ④南河:《史记正义》引《括地志》曰:"故尧城在濮州鄄城县东北十五里,又有偃朱故城,在县西北十五里。濮州北临漯大川也,河在尧都之南,故曰南河,《禹贡》'至于南河'是也。其偃朱城所居,即舜让避丹朱于南河之南处也。" ⑤朝觐:指臣子朝见君主。 ⑥讼狱:"讼"、"狱"二字为同意复合词,即诉讼之意。 ⑦讴歌:歌颂。 ⑧践:这里指登基,继承帝位。 ⑨《泰誓》:《尚书》佚篇名。

【译文】

万章问:"尧把天下送给舜,有这回事吗?"孟子回答道:"没有。天子不能够把天下送给他人。"万章又问:"可是,舜得到了天下,是谁给他的呢?"孟子答道:"天给他的。"万章又问:"天给他的,难道天曾经反复叮咛告诫他的吗?"孟子答道:"没有。天不说话,用行动和事情来表示告诫罢了。"万章问道:"拿行动和事情来表示告诫,这怎样做到呢?"孟子答道:"天子能够向天推荐一个人,却不能命令天把天下给他;诸侯能够向天子推荐一个人,却不能命令天子把诸侯的职位给他;大夫能够向诸侯推荐一个人,却不能命令诸侯把大夫的职位给他。当初,尧把舜推荐给天,天接受了他;介绍给百姓,百姓也接受了他。所以说,天不说话,用行动和事情来表示告诫罢了。"万章问道:"请问,推荐给天,天接受了他;介绍给百姓,百姓也接受了他,这是怎么回事呢?"孟子答道:"尧让他主持祭祀,所有神灵都来享用,这说明天接受了他;让他主持事务,事务处理得很好,百姓都依顺他,这说明百姓接受了他。天送给他,百姓送给他,所以说,天子不能够把天下送给他人。舜辅佐尧二十八年,这不是哪个人的意志能做到的,是天意啊。尧去世了,三年的丧期结束之后,舜为了避免干扰尧的儿子(继承天下),自己到南河的南边躲避起来。来朝见天子的天下诸侯,不到尧的儿子那里去,却到舜那里去;想要解决纠纷的人,不到尧的儿子那里去,却到舜那里去;歌颂治理天下者的功德的人,不歌颂尧的儿子,却歌颂舜;所以说,这是天意啊。在这种情况下,舜回到统治的中心,登上了天子的大位。如果舜当初就居住在尧的宫室里,逼迫尧的儿子把天下让给自己,这就是'篡位',而不是'天命所授'了。《泰誓》中说:'天如果能看,就通过老百姓的眼睛来看;天如果能听,就通过老百姓的耳朵来听。'说的就是这个意思。"

万章问曰:"人有言'至于禹而德衰,不传于贤而传于子①',有诸?"孟子曰:"否,不然也。天与贤则与贤,天与子则与子。昔者舜荐禹于天,十有七年,舜崩②。三年之丧毕,禹避舜之子于阳城③;天下之民从之,若尧崩之后不从尧之子而从舜也。禹荐益于天,七年,禹崩。三年之丧毕,益避禹之子于箕山之阴④;朝觐讼狱者,不之益而之启,曰:'吾君之子也。'讴歌者不讴歌益而讴歌启,曰:'吾君之子也。'丹朱之不肖⑤,舜之子亦不肖;舜之相尧、禹之相舜也,历年多,施泽于民久。启贤⑥,能敬承继禹之道;益之相禹也,历年少,施泽于民未久。舜、禹、益相去久远⑦,其子之贤不肖皆天也,非人之所能为也。莫之为而为者,天也;莫之致而至者,命也。匹夫而有天下者,德必若舜禹,而又有天子荐之者,故仲尼不有天下。继世以有天下,天之所废,必若桀纣者也,故益、伊尹、周公不有天下。伊尹相汤以王于天下,汤崩,太丁未立,外丙二年,仲壬四年⑧。太甲颠覆汤之典刑⑨,伊尹放之于桐三年⑩;太甲悔过,自怨自艾⑪,于桐处仁迁义,三年以听伊尹之训己也,复归于亳⑫。周公之不有天下,犹益之于夏、伊尹之于殷也。孔子曰:'唐虞禅,夏后、殷、周继,其义一也。'"

【注释】

①至于禹而德衰,不传于贤而传于子:关于禹的儿子启如何继承君位建立夏朝,历来有不同的说法。《史记·夏本纪》中记载:"十年,帝禹东巡狩,至于会稽而崩。以天下授益。三年之丧毕,益让帝禹之子启,而辟居箕山之阳。禹子启贤,天下属意焉。及禹崩,虽授益,益之佐禹日浅,天下未洽。故诸侯皆去益而朝启,曰:'吾君帝禹之子也。'于是启遂即天子之位,是为夏后帝启。"司马迁的观点与孟子相同。但历史上也有许多人持万章所听到的言论,即禹之后禅让制被废止,天子之位不是传贤,而变成了传子。如《韩非子·外储说右下》中说:"燕王欲传国于子之也,问之潘寿,对曰:'禹爱益而任天下于益,已而以启人为吏。及老,而以启为不足任天下,故传天下于益,而势重尽在启也。已而启与友党攻益而夺之天下,是禹名传天下于益,而实令启自取之也。此禹之不及尧、舜明矣。'"汉刘向《新序·节士》中说:"尧治天下,伯成子高立为诸侯焉。尧授舜,舜授禹,伯成子高辞为诸侯而耕,禹往见之,则耕在野,禹趋就下位

而问焉,曰:'昔者尧治天下,吾子立为诸侯焉,尧授舜,吾子犹存焉。及吾在位,子辞诸侯而耕,何故?'伯成子高曰:'昔尧之治天下,举天下而传之他人,至无欲也,择贤而与之其位,至公也。以至无欲至公之行示天下,故不赏而民劝,不罚而民畏,舜亦犹然。今君赏罚而民欲且多私,是君之所怀者私也,百姓知之,贪争之端,自此始矣。德自此衰,刑自此繁矣,吾不忍见,以是野处也。今君又何求而见我?君行矣,无留吾事。'耕而不顾。" ②昔者舜荐禹于天,十有七年,舜崩:《史记·五帝本纪》记载:"舜子商均亦不肖,舜乃豫荐禹于天。十七年而崩。" ③阳城:赵岐注曰:"阳城,箕山之阴,皆嵩山下深谷之中以藏处也。"朱熹《集注》亦沿此说。阎若璩《四书释地》以为此说有误,阳城应在河南登封北三十八里。"阳城,山名。汉颍川有阳城县,以山得名。洧水所出。唐武后改曰'告成'。后又曰'阳邑'。五代周省入登封。故此山在今登封北三十八里。去嵩山几隔三十里,安得即云'嵩山下之深谷'与?" ④箕山之阴:《史记·夏本纪》作"箕山之阳"。山的北面称"阴",南面称"阳"。阎若璩《四书释地》说:"箕山为嵩高之北,而张守节云'箕山'一名'许由山',在洛州阳城县南十三里。《括地志》遂云阳城县在箕山北十三里。" ⑤丹朱:尧的儿子。阎若璩《四书释地》说:"丹朱,《集注》止云尧之子,未详。汉《律历志》引《帝系》曰:'陶唐氏让天下于虞,使子朱处于丹渊为诸侯。'丹渊,虽有范汪《荆州记》、魏王泰《括地志》各言所在,恐未足据信,盖世远也。因思尧在位七十载,……止曰'朱',未有国也。及后三载,荐舜于天,朱始出封丹,故有'丹朱'之号。"
⑥启贤:杨伯峻《孟子译注》中说:"启之为人,孟子以为贤,但考之《楚辞》、《墨子》、《竹书纪年》、《山海经》诸书,未必为贤主。

《楚辞·离骚》云:'启九辩与九歌兮,夏康娱('康娱'二字连读,此二字连文,《楚辞》屡见,以'夏康'连文者误)以自纵。不顾难以图后兮,五子用失乎家巷。'《天问》云:'启代益作后,卒然离蠥,何启惟忧?而能拘是达?'又云:'启棘宾商,九辩九歌,何勤子屠母,而死分竟地?'《墨子·非乐篇》引《武观》云:'启乃淫溢康乐,野于饮食,将将铭苋磬以力(此句有脱误),湛浊于酒,渝食于野,万无翼翼,章闻于大,天用弗式。'《山海经·大荒西经》云:'有人珥两青蛇,乘两龙,名曰夏后开。开上三嫔于天,得九辩与九歌以下,此大穆之野高二千仞,开焉得始歌《九招》?'与儒家所传者不同。皮锡瑞云:'孟子以为贤者,为世立教耳。'(王先谦《尚书孔传参正》卷七)"启即禹的儿子,又名开。　　⑦舜、禹、益相去久远:意思是舜、禹、益三人相距的年代差距很大。"久"为形容词,指时间的长短;"远"为副词,表示差距较大。舜相尧二十八年,禹相舜十七年,益相禹七年,可见时间差距较大。　　⑧汤崩,太丁未立,外丙二年,仲壬四年:《史记·殷本纪》记载:"汤崩,太子太丁未立而卒,于是乃立太丁之弟外丙,是为帝外丙。帝外丙即位三年,崩,立外丙之弟中壬,是为帝中壬。帝中壬即位四年,崩,伊尹乃立太丁之子太甲。"外丙,卜辞作"卜丙"。仲壬,即"中壬",卜辞亦作"中壬"。⑨太甲:《史记·殷本纪》记载:"太甲,成汤适长孙也。""帝太甲既立三年,不明,暴虐,不遵汤法,乱德,于是伊尹放之于桐宫。三年,伊尹摄行政当国,以朝诸侯。帝太甲居桐宫三年,悔过自责,反善,于是伊尹乃迎帝太甲而授之政。帝太甲修德,诸侯咸归殷,百姓以宁。伊尹嘉之,乃作太甲训三篇,褒帝太甲,称太宗。"颠覆:这里指推翻、摧毁。典刑:即常刑,基本的法度。　　⑩桐:古地名,一说在河南偃师县西南,一说在山西荣河,一说在河北临漳。未详孰是。　⑪自怨自艾：指悔恨自己的过错并希望改正。艾，朱熹《集注》曰："艾，治也；说文云'芟草也'；盖斩绝自新之意。"　⑫亳：商的都城。

【译文】

万章问："有人说：'到禹的时候，道德就衰败了，不再把天下传给贤明的人，而是传给自己的儿子。'这话有根据吗？"孟子回答："不是这样的。天要把天下授给贤明的人就授给贤明的人，天要把天下授给君主的儿子就授给君主的儿子。当初，舜把禹推荐给天，过了十七年，舜去世了。三年的丧期结束之后，禹为了避免干扰舜的儿子（继承天下），自己到阳城躲避起来。天下的老百姓跟随着禹，就好像尧去世以后他们不跟随尧的儿子而跟随着舜一样。禹把益推荐给天，过了七年，禹去世了。三年的丧期结束之后，益为了避免干扰禹的儿子（继承天下），自己到箕山的北面躲避起来。朝见天子的人、解决纠纷的人都不到益那里去，而是到启那里去，他们说：'这是我们君主的儿子啊。'歌颂治理天下者的功德的人，不歌颂益而歌颂启，他们说：'这是我们君主的儿子呀。'尧的儿子丹朱品行不好，舜的儿子商均品行也不好；舜辅佐尧、禹辅佐舜，经过的年岁比较多，对百姓施以恩泽的时间也长。启品行较好，能够恭敬地遵循禹的治国之道；益辅佐禹，经过的年岁比较少，对百姓施以恩泽的时间也短。舜、禹、益之间相距的时间有长有短，他们的儿子也有好有坏，这都是天意，不是人力所能做到的。没有人这样做而达到了这样的结果，是天意啊；没有人叫他们来而都来了，是命运啊。以一个平民百姓的身份能够拥有天下的，德行必然要像舜和禹一样，而且还要有天子向天推荐他，所以孔子便没有能够拥有天下。世代相传拥有天下，被天所废止的，一定是像夏桀和商纣那样的，所以益、伊尹、周公便没有能够拥有天下。伊尹辅佐商汤统一天下，汤去世之后，太丁未及被立为天子就死了，外丙在位二年，仲壬在位四年。随后即位的太甲破坏了商汤的常法，伊尹把他流放到桐三年；太甲对他过去的过错醒悟了，悔恨自己的过错并希望改正，在桐处处以仁要求自己，努力使自己走到合乎义的道路上来，三年之后完全听从了伊尹对自己的训导，又回到都城亳。周公没有拥有天下，正好像益在夏朝、伊尹在商朝一样。孔子说过：'唐尧、虞舜用禅让的方式传承帝位，夏、商、周三代以世袭的方式传承帝位，它们的道理都是一致的。'"

万章问曰："人有言'伊尹以割烹要汤①'，有诸？"孟子曰："否，不然。伊尹耕于有莘之野②，而乐尧舜之道焉。非其义也，非其道也，禄之以天下弗顾也，系马千驷弗视也。非其义也，非其道也，一介不以与人③，一介不以取诸人。汤使人以币聘之④，嚣嚣然曰⑤：'我何以汤之聘币为哉？我岂若处畎亩之中⑥，由是以乐尧舜之道哉？'汤三使往聘之。既而幡然改曰⑦：'与我处畎亩之中，由是以乐尧舜之道，吾岂若使是君为尧舜之君哉？吾岂若使是民为尧舜之民哉？吾岂若于吾身亲见之哉？天之生此民也，使先知觉后知，使先觉觉后觉也。予，天民之先觉者也。予将以斯道觉斯民也，非予觉之而谁也？'思天下之民匹夫匹妇有不被尧舜之泽者，若己推而内之沟中⑧。其自任以天下之重如此，故就汤而说之以伐夏救民。吾未闻枉己而正人者也，况辱己以正天下者乎？圣人之行不同也，或远或近，或去或不去，归洁其身而已矣。吾闻其以尧舜之道要汤,未闻以割烹也。《伊训》曰⑨:'天诛造攻自牧宫,朕载自亳⑩。'"

【注释】

①伊尹以割烹要汤:《史记·殷本纪》记载:"伊尹名阿衡。阿衡欲奸汤而无由,乃为有莘氏媵臣,负鼎俎,以滋味说汤,致于王道。或曰,伊尹处士,汤使人聘迎之,五反然后肯往从汤,言素王及九主之事。汤举任以国政。"　②有莘:古国名。一说在今陕西省合阳县东南。一说在今河南陈留县东北。　③一介:指微小的事物。　④币:缯帛。古代常用做祭祀或馈赠的礼品。　⑤嚣嚣:傲慢、无欲自得之貌。　⑥畎亩:田地,田野。如韦昭注《国语·周语下》"天所崇之子孙,或在畎亩,由欲乱民也"说:"下曰畎,高曰亩。亩,垄也。"　⑦幡然:同"翻然"。朱熹《集注》曰:"幡然,变动之貌。"　⑧内:同"纳"。　⑨《伊训》:赵岐注曰:"《伊训》,《尚书》逸篇名。"　⑩天诛造攻自牧宫,朕载自亳:赵岐注曰:"牧宫,桀宫。朕,我也,谓汤也。载,始也。亳,殷都也。言意欲诛伐桀造作可攻讨之罪者,从牧宫桀起自取之也。汤曰我始与伊尹谋之于亳,遂顺天而诛之也。"

【译文】

万章问:"有人说:'伊尹通过切肉做菜以求得到汤的赏识',有这回事吗?"孟子回答:"不是这样。伊尹在莘国的乡间做农夫,并且喜欢的是尧舜之道。如果不合乎尧舜所提倡的义,不合乎尧舜所遵循的道,即使以整个天下作为俸禄他都不会回头看一下,即使有几千匹马拴在旁边他都不会去正视。如果不合乎尧舜所提倡的义,不合乎尧舜所遵循的道,一点东西不会送给别人,一点东西也不会取于别人。汤派人带着礼物去迎请他,他却傲慢地说:'我为什么要接受汤的聘礼呢?我哪里有什么比得上作为一个农夫,并由此以遵循尧舜之道为乐呢?'汤几次派人去聘请他。不久他便彻底改变了自己的态度,说:'我与其作为一个农夫,并由此以遵循尧舜之道为乐,又哪里比得上使现在这个君主做尧舜一样的君主呢?又哪里比得上使现在这些老百姓做尧舜治理下的老百姓呢?又哪里比得上使尧舜之道让我亲自看到呢?上天生育了这些老百姓,就是要让先明白道理的人使后明白道理的人觉悟,让先领悟道理的人使后领悟道理的人觉悟。我,就是上天的老百姓中最先领悟道理的人。我就要用这个道理使现在这些老百姓觉悟,不是由我来使他们觉悟,还能有谁来完成这个任务呢?'伊尹想,在天下的老百姓中,如果有一个普通的男子或一个普通的妇女没有感受到尧舜之道的恩泽,便好像是自己把他(她)推进山沟里去一样。他就是这样把天下的重担挑在自己肩上,所以到了汤那里,劝说他去讨伐夏桀、拯救天下的百姓。我没有听说过先使自己邪曲却能够使别人得到匡正的,更何况先使自己遭受屈辱却能够使天下得到匡正呢?圣人的行为往往各有不同,有的疏远君主,有的接近君主,有的离开君主,有的不离开君主,总之都是以不使自己受到玷污为原则。我听说伊尹用尧舜之道以求得到商汤的赏识,没有听说过他切肉做菜的事。《伊训》中说:'上天讨伐夏桀的起因源自于他自己的宫室,而我不过是从殷都亳邑开始筹划。'"

万章问曰:"或谓'孔子于卫主痈疽①,于齐主侍人瘠环②',有诸乎?"孟子曰:"否,不然也,好事者为之也。于卫,主颜雠由③。弥子之妻与子路之妻④,兄弟也⑤。弥子谓子路曰:'孔子主我,卫卿可得也。'子路以告,孔子曰:'有命。'孔子进以礼,退以义,得之不得曰:'有命。'而主痈疽与侍人瘠环,是无义无命也。孔子不悦于鲁、卫⑥,遭宋桓司马,将要而杀之⑦,微服而过宋⑧。是时孔子当厄⑨,主司城贞子⑩,为陈侯周臣⑪。吾闻观近臣⑫,以其所主;观远臣⑬,以其所主。若孔子主痈疽与侍人瘠环,何以为孔子?"

【注释】

①主痈疽:以痈疽为主人,即住在痈疽家中。痈疽,《史记·孔子世家》作"雍渠",《韩非子》作"雍鉏",《说苑·至公篇》作"雍睢"。卫灵公的宠信宦官。　②侍人瘠环:齐国的宦官。朱熹《集注》曰:"侍人,奄人也。瘠,姓。环,名。"奄人即宦官。③颜雠由:《史记·孔子世家》作"颜浊邹",说:"孔子遂适卫,主于子路妻兄颜浊邹家。"　④弥子:即卫灵公的宠臣弥子瑕。　⑤兄弟:这里指姐妹。古代姐妹也可称兄弟。⑥孔子不悦于鲁、卫:《史记·孔子世家》记载:"定公十四年,孔子年五十六,由大司寇行摄相事。……与闻国政三月,粥羔豚者弗饰贾;男女行者别于涂;涂不拾遗;四方之客至乎邑者不求有司,皆予之以归。齐人闻而惧,曰:'孔子为政必霸,霸则吾地近焉,我之为先并矣。盍致地焉?'黎鉏曰:'请先尝沮之;沮之而不可则致地,庸迟乎!'于是选齐国中女子好者八十人,皆衣文衣而舞康乐,文马三十驷,遗鲁君。陈女乐文马于鲁城南高门外,季桓子微服往观再三,将受,乃语鲁君为周道游,往观终日,怠于政事。子路曰:'夫子可以行矣。'孔子曰:'鲁今且郊,

如致膰乎大夫,则吾犹可以止。'桓子卒受齐女乐,三日不听政;郊,又不致膰俎于大夫。孔子遂行。"就是这里所说的"不悦于鲁"。又记载:孔子"居卫月余,灵公与夫人同车,宦者雍渠参乘,出,使孔子为次乘,招摇市过之。孔子曰:'吾未见好德如好色者也。'于是丑之,去卫。"即是这里所说的"不悦于卫"。　⑦遭宋桓司马,将要而杀之:宋桓司马,指宋国司马桓魋。《史记·孔子世家》记载:"孔子去曹适宋,与弟子习礼大树下。宋司马桓魋欲杀孔子,拔其树。孔子去。弟子曰:'可以速矣。'孔子曰:'天生德于予,桓魋其如予何!'"　⑧微服:指为了隐藏身份、避人耳目而改换常服。　⑨厄:困苦,受苦。　⑩主司城贞子:《史记·孔子世家》记载:"孔子遂至陈,主于司城贞子家。"司城贞子当为陈人。赵岐注曰:"司城贞子,宋卿也,虽非大贤,亦无谄恶之罪,故谥为贞子。"以司城贞子为宋人,恐有误。　⑪陈侯周:赵岐注曰:"陈侯周,陈怀公子也,为楚所灭,故无谥,但曰陈侯周。"　⑫近臣:朱熹《集注》曰:"近臣,在朝之臣。"　⑬远臣:朱熹《集注》曰:"远臣,远方来仕者。"

【译文】

万章问:"有人说:'孔子在卫国时,住在宦官痈疽家里;在齐国时,住在宦官瘠环家里。'有这回事吗?"孟子说:"不是这样的。这是好事之徒编造的。在卫国的时候,孔子住在颜雠由家里。弥子瑕的妻子和子路的妻子是姐妹。弥子瑕曾经对子路说:'孔子如果住在我家里,在卫国可以得到卿的位置。'子路把这番话告诉了孔子。孔子说:'自有命运安排。'孔子按照礼制而进,按照道义而退,所以得着还是得不着合适的地位'自有命运安排'。如果他住在痈疽和宦官瘠环家里,这是无视道义和命运的行为。孔子在鲁国和卫国不得志,遇到宋国的司马桓魋打算在路上拦截着杀死他,只好换掉平常的衣服悄悄地通过宋国。这时候孔子正处在穷困的境地,住在司城贞子家里,做了陈侯周的臣子。我听说,观察在朝的臣子,看他招待的什么客人;观察外来求仕的臣子,看他住在什么人家里。如果孔子真的住在痈疽和宦官瘠环家里,还能算什么'孔子'呢?"

万章问曰:"或曰:'百里奚自鬻于秦养牲者,五羊之皮,食牛,以要秦缪公①。'信乎?"孟子曰:"否,不然,好事者为之也。百里奚,虞人也②。晋人以垂棘之璧与屈产之乘,假道于虞以伐虢③。宫之奇谏④,百里奚不谏,知虞公之不可谏而去。之秦,年已七十矣,曾不知以食牛干秦缪公之为污也⑤,可谓智乎?不可谏而不谏,可谓不智乎?知虞公之将亡而先去之,不可谓不智也。时举于秦,知缪公之可与有行也而相之⑥,可谓不智乎?相秦而显其君于天下,可传于后世,不贤而能之乎?自鬻以成其君,乡党自好者不为,而谓贤者为之乎?"

【注释】

①百里奚自鬻于秦养牲者,五羊之皮,食牛,以要秦缪公:《史记·秦本纪》记载:"晋献公灭虞、虢,虏虞君与其大夫百里傒,以璧马赂于虞故也。既虏百里傒,以为秦缪公夫人媵于秦。百里傒亡秦走宛,楚鄙人执之。缪公闻百里傒贤,欲重赎之,恐楚人不与,乃使人谓楚曰:'吾媵臣百里傒在焉,请以五羖羊皮赎之。'楚人遂许与之。当是时,百里傒年已七十余。缪公释其囚,与语国事。谢曰:'臣亡国之臣,何足问!'缪公曰:'虞君不用子,故亡,非子罪也。'固问,语三日,缪公大说,授之国政,号

曰五羖大夫。"百里奚,又名百里傒,原为虞国大夫,后为秦国大夫,与蹇叔等人辅佐秦穆公成就霸业。鬻,卖。秦缪公,即秦穆公。 ②虞:古国名。舜的先祖曾封于虞,故城在今山西省平陆县东北。西周建立之后,封古公亶父的儿子虞仲的后人在此,为虞国。后被晋国所灭。 ③晋人以垂棘之璧与屈产之乘,假道于虞以伐虢:《左传·僖公二年》记载:"晋荀息请以屈产之乘与垂棘之璧假道于虞以伐虢。公曰:'是吾宝也。'对曰:'若得道于虞,犹外府也。'公曰:'宫之奇存焉。'对曰:'宫之奇之为人也,懦而不能强谏。且少长于君,君昵之;虽谏,将不听。'乃使荀息假道于虞,曰:'冀为不道,入自颠軨,伐鄍三门。冀之既病,则亦唯君故。今虢为不道,保于逆旅,以侵敝邑之南鄙。敢请假道,以请罪于虢。'虞公许之,且请先伐虢。宫之奇谏,不听,遂起师。夏,晋里克、荀息帅师会虞师,伐虢,灭下阳。"《僖公五年》又记载:"晋侯复假道于虞以伐虢。宫之奇谏曰:'虢,虞之表也;虢亡,虞必从之。晋不可启,寇不可玩。一之谓甚,其可再乎?谚所谓辅车相依,唇亡齿寒者,其虞、虢之谓也。'公曰:'晋,吾宗也,岂害我哉?'……弗听,许晋使。宫之奇以其族行,曰:'虞不腊矣。在此行也,晋不更举矣。'……冬,十二月丙子,朔,晋灭虢。虢公丑奔京师。师还,馆于虞,遂袭虞,灭之。"垂棘,地名,相传以出产美玉著称。屈产,即屈地所产。屈,古地名,在今山西乡宁北,盛产良马。假道,即借道。虢,古国名,在今山西省平陆县大阳之南、滨河之北。 ④宫之奇:虞国的大臣。 ⑤干:求取。 ⑥有行:有所作为。

【译文】

万章问:"有人说:'百里奚把自己卖给秦国养牲口的人,价钱为五张羊皮,替人喂牛,以此来求取秦穆公的赏识。'这种说法可信吗?"

孟子回答："不是这样的,这是好事之徒编造的。百里奚是虞国人。晋人以垂棘出产的美玉和屈地出产的良马为条件,向虞国借路以攻打虢国。虞国的大臣宫之奇谏阻虞公,百里奚却不去谏阻。他知道虞公不能够通过劝谏而阻止,因此离开了虞国。他到秦国的时候,年纪已经七十岁了,他竟然不知道通过喂牛的途径来求得秦穆公的赏识是一种丑恶的行为,可以称得上聪明吗?他知道虞公不能够通过劝谏被阻止就不去劝谏,可以说是不聪明吗?他知道虞公必将灭亡因此先行离开,不能说不聪明啊。当他在秦国被举用的时候,他知道秦穆公是可以一起有作为的国君因此就辅佐他,可以说是不聪明吗?他辅佐秦国的国君,使国君扬名于天下,并且业绩可以流传后世,如果不是贤明的人能够做到这些吗?卖掉自己以成就君主,即使乡村中一个洁身自爱的人都不会去干,难道可以说贤明的人会去干吗?"

万章下

【题解】

《万章下》共九章,除前两章之外,都是阐述朋友、君臣等相互交往的一些规则和要求。在第一章中,孟子赞扬了伯夷、伊尹、柳下惠和孔子四位可以成为圣人的人,认为伯夷清高、伊尹负责、柳下惠随和,三个人的品德都是很高尚的。但是,只有孔子集合了所有的优点,称得上是圣人中的"至圣"。关于交朋友的原则,孟子提出"不挟长,不挟贵,不挟兄弟而友。友也者,友其德也,不可以有挟也"的观点,认为交朋友最应看重的是对方的品德;与人交往时,对于对方的馈赠,无论是礼物还是官职,要不要接受的标准,就是看是否符合礼义规范的要求;朋友之间要相互学习,如果觉得现实中的朋友还不够,就要追寻古人,与古人结交成朋友,吟诵他们的诗歌,阅读他们的著作,研究他们所处的时代。对于国君来说,是不是尊重贤才,不是看他给贤士什么样的物质待遇,而是看他能不能为贤士创造发挥才能的机会和条件,使其施展自己的抱负,实现人生的价值。在回答齐宣王关于"卿"的问题时,孟子对"贵戚之卿"和"异姓之卿"进行了区分,认为国君如果有错不改危及社稷安危时,"贵戚之卿"就可以把他废掉另立他人;而对于"异姓之卿"来说,国君不能听从自己的意见就该辞职离开。这同专为封建专制主义服务的"愚忠"思想是根本不同的。

孟子曰:"伯夷目不视恶色,耳不听恶声。非其君不事,非其民不使。治则进,乱则退。横政之所出①,横民之所止,不忍居也。思与乡人处,如以朝衣朝冠坐于涂炭也。当纣之时,居北海之滨,以待天下之清也。故闻伯夷之风者,顽夫廉②,懦夫有立志③。伊尹曰:'何事非君?何使非民?'治亦进,乱亦进。曰:'天之生斯民也,使先知觉后知,使先觉觉后觉。予,天民之先觉者也;予将以此道觉此民也。'思天下之民匹夫匹妇有不与被尧舜之泽者,如己推而内之沟中。其自任以天下之重也。柳下惠不羞污君,不辞小官。进不隐贤,必以其道。遗佚而不怨,厄穷而不悯。与乡人处,由由然不忍去也。'尔为尔,我为我,虽袒裼裸裎于我侧,尔焉能浼我哉?'故闻柳下惠之风者,鄙夫宽④,薄夫敦⑤。孔子之去齐,接淅而行⑥。去鲁,曰:'迟迟吾行也。'去父母国之道也。可以速而速,可以久而久,可以处而处,可以仕而仕,孔子也。"孟子曰:"伯夷,圣之清者也;伊尹,圣之任者也;柳下惠,圣之和者也;孔子,圣之时者也。孔子之谓集大成⑦。集大成也者,金声而玉振之也⑧。金声也者,始条理也;玉振之也者,终条理也。始条理者,智之事也;终条理者,圣之事也。智,譬则巧也;圣,譬则力也。由射于百步之外也;其至,尔力也;其中,非尔力也。"

【注释】

①横:横暴,放纵。 ②顽:愚妄,愚顽。 ③懦夫:软弱无能的人。 ④鄙夫:庸俗浅陋的人。 ⑤薄夫:刻薄的人。敦:敦厚笃实。 ⑥接淅:捧着已经淘湿的米。 ⑦集大成:指融会各家思想、学说、风格、技巧等而自成体系或自成一格。 ⑧金声而玉振之:朱熹《集注》曰:"金,钟属。声,宣也,如声罪致讨之声。玉,磬也。振,收也,如振河海而不泄之振。""金始震而玉终诎然也,故并奏八音,则于其未作,而先击镈钟以宣其声;俟其既阕,而后击特磬以收其韵。宣以始之,收以终之。二者之间,脉络通贯,无所不备,则合众小成而为一大成,犹孔子之知无不尽而德无不全也。金声玉振,始终条理,疑古乐经之言。"

【译文】

孟子说:"伯夷这个人,眼睛不看丑恶的东西,耳朵不听丑恶的声音。不是理想的君主不辅佐,不是理想的百姓不驱使,天下安定就出来做官,天下混乱就退居泉林。施行暴政的国家,居住暴民的地方,都不愿居住。在他看来,和粗鄙的人说话,就像穿戴着整齐的衣服帽子坐在污泥灰尘中一般。在商纣王在位的时候,他隐居在北海之滨,等待天下清平。所以听到伯夷的风操的人,愚顽的人变得具有了分辨力,懦弱的人能够树立起自己的独立意志。伊尹说:'什么样的君主不能侍奉呢?什么样的人民不能驱使呢?'天下安定出来做官,天下混乱也出来做官。他说:'上天生育了这些老百姓,就是要让先明白道理的人使后明白道理的人觉悟,让先领悟道理的人使后领悟道理的人觉悟。我,就是上天的老百姓中最先领悟道理的。我就要用这个道理使现在这些老百姓觉悟。'在伊尹看来,天下的老百姓中,如果有一个普通的男子或一个普通的妇女没有感受到尧舜之道的恩泽,便好像是自己把他(她)推进山沟里去一样。他就是这样把天下的重担挑在自己的肩上。柳下惠这个人,即使辅佐名声很坏的国君,他也不以为羞耻;即使做非常低微的官职,他也不以为卑微。得到任用的时候就毫不保留自己的才能,始终会按照自己的原则行事。被遗弃不用的时候不会心怀不满,处境艰难时也不会忧愁。所以他会非常愉快地与别人相处而不会自己主动离开。他说:'你是你,我是我。即使你在我身边赤身裸体,你又怎么能够玷污我呢?'所以听到了柳下惠的风操的人,浅陋的人变得心胸开阔,刻薄的人变得忠厚笃实。孔子离开齐国的时候,米淘好了捧在手里就匆匆离开。离开鲁国的时候,却说:'我们慢慢地走吧。'这是离开自己祖国的态度。应该马上退就马上退,能够长久干就长久干,应该耐心等待的时候就等待,可以出来做官的时候就做官,这就是孔子。"孟子又说:"伯夷是圣人之中的清高者,伊尹是圣人之中的负责者,柳下惠是圣人之中的随和者,孔子是圣人之中的识时务者。孔子,可以说是圣人中的集大成者。所谓'集大成',就如同在演奏音乐的时候先敲镈钟引领众音,后击特磬结束演奏。先敲镈钟引领众音,是脉络秩序的开始;后击特磬结束演奏,是脉络秩序的终结。开始脉络秩序需要靠智来达到,结束脉络秩序需要靠圣来完成。智就好比是技巧,圣就好比是气力。这就如同在百步开外射箭,射得到,靠的是你的力量;射得中,靠的就不是你的力量了。"

北宫锜问曰[①]:"周室班爵禄也[②],如之何?"孟子曰:"其详不可得闻也。诸侯恶其害己也,而皆去其籍。然而轲也尝闻其略也。天子一位,公一位,侯一位,伯一位,子、男同一位③,凡五等也。君一位,卿一位,大夫一位,上士一位,中士一位,下士一位④,凡六等。天子之制,地方千里,公侯皆方百里,伯七十里,子、男五十里,凡四等。不能五十里,不达于天子,附于诸侯,曰附庸⑤。天子之卿受地视侯⑥,大夫受地视伯,元士受地视子、男。大国地方百里,君十卿禄,卿禄四大夫,大夫倍上士,上士倍中士,中士倍下士,下士与庶人在官者同禄,禄足以代其耕也。次国地方七十里,君十卿禄,卿禄三大夫,大夫倍上士,上士倍中士,中士倍下士,下士与庶人在官者同禄,禄足以代其耕也。小国地方五十里,君十卿禄,卿禄二大夫,大夫倍上士,上士倍中士,中士倍下士,下士与庶人在官者同禄,禄足以代其耕也。耕者之所获,一夫百亩,百亩之粪⑦,上农夫食九人,上次食八人,中食七人,中次食六人,下食五人。庶人在官者,其禄以是为差。"

【注释】

①北宫锜:赵岐注曰:"北宫锜,卫人。"姓北宫,名锜。

②班:分等列序,排列。　③公一位,侯一位,伯一位,子、男同一位:公、侯、伯、子、男是古代的爵位名。《礼记·王制》中说:"王者之制禄爵,公、侯、伯、子、男,凡五等。"《公羊传·隐公五年》中有:"天子三公称公,王者之后称公,其余大国称侯,小国称伯、子、男。"徐彦疏曰:"公地方五百里,侯四百里,伯三百里,子二百里,男一百里。"　④上士一位,中士一位,下士一

位:上士、中士、下士都是古代官阶名。《周礼·天官·序官》中说:"宰夫下大夫四人,上士八人,中士十有六人,旅下士三十有二人。"孙诒让《正义》曰:"凡诸官上士,《王制》谓之元士,又谓之适士,中、下士又谓之官师。"《礼记·王制》中说:"王者之制禄爵,公、侯、伯、子、男,凡五等,诸侯之上大夫卿、下大夫、上士、中士、下士,凡五等。" ⑤附庸:附属于大诸侯国的小诸侯国。 ⑥视:参照,比照。 ⑦粪:指施肥耕种。

【译文】

北宫锜问:"周朝制定爵位和俸禄的等级,具体是怎样的呢?"孟子回答:"详细情况现在已经不能知道了。诸侯厌恶那些制度妨碍自己,都把记载它们的文献毁掉了。然而,我也曾经听到些大致的情况。天子是一级,公是一级,侯是一级,伯是一级,子和男是同一级,一共五级。君是一级,卿是一级,大夫是一级,上士是一级,中士是一级,下士是一级,一共六级。天子直接管理的土地面积,纵横一千里,公和侯的面积都是一百里,伯的是七十里,子和男的都是五十里,一共四个等级。土地得不到五十里的国家,不能直接与天子进行联系,必须附属于大的诸侯,叫做附庸。天子的卿所受的封地大小参照侯的标准,大夫所受的封地大小参照伯的标准,元士所受的封地大小参照子和男的标准。大诸侯国土地面积纵横各一百里,君主的俸禄是卿的十倍,卿的俸禄是大夫的四倍,大夫是上士的一倍,上士是中士的一倍,中士是下士的一倍,下士的俸禄和没有爵位而在官府当差的平民相同,所得到的俸禄足以代替他们从事耕种的收入。中等国家土地为方七十里,君主的俸禄是卿的十倍,卿的俸禄是大夫的三倍,大夫是上士的一倍,上士是中士的一倍,中士是下士的一倍,下士的俸禄和没有爵位而在官府当差的平民相同,所得到的俸禄足以代替他们从事耕种的收入。小国的土地为方五十里,君主的俸禄是卿的十倍,卿的俸禄是大夫的二倍,大夫是上士的一倍,上士是中士的一倍,中士是下士的一倍,下士的俸禄和没有爵位而在官府当差的平民相同,所得到的俸禄足以代替他们从事耕种的收入。从事耕种所取得的收入,一名成年男子分得一百亩田,一百亩田地施肥耕种,上等的农夫可以养活九个人,稍差些的养活八个人,中等的养活七个人,再差些的养活六个人,下等的养活五个人。老百姓没有爵位而在公家当差的,他们的俸禄标准也参照这个差别分出等级。"

万章问曰:"敢问友。"孟子曰:"不挟长①,不挟贵,不挟兄弟而友②。友也者,友其德也,不可以有挟也。孟献子③,百乘之家也,有友五人焉:乐正裘、牧仲,其三人则予忘之矣。献子之与此五人者友也,无献子之家者也④。此五人者亦有献子之家,则不与之友矣。非惟百乘之家为然也,虽小国之君亦有之。费惠公曰⑤:'吾于子思则师之矣,吾于颜般则友之矣,王顺、长息,则事我者也。'非惟小国之君为然也,虽大国之君亦有之。晋平公之于亥唐也⑥,入云则入⑦,坐云则坐,食云则食。虽蔬食菜羹⑧,未尝不饱,盖不敢不饱也。然终于此而已矣,弗与共天位也,弗与治天职也,弗与食天禄也。士之尊贤者也,非王公之尊贤也。舜尚见帝⑨,帝馆甥于贰室⑩,亦飨舜⑪,迭为宾主⑫,是天子而友匹夫也。用下敬上,谓之贵贵;用上敬下,谓之尊贤。贵贵、尊贤,其义一也。"

【注释】

①挟:依恃,倚仗。朱熹《集注》曰:"挟者,兼有而恃之之称。"
②兄弟:赵岐注曰:"兄弟,兄弟有富贵者。"然而,对于此处孟子所谓"兄弟"之本意,历代也存有一些歧见。如清代赵佑《四书温故录》中说:"兄弟,等夷之称。必其人之与己等夷而后友之,则不肯与胜己处,不能不耻下问矣。兄弟有富贵者,则仍挟贵意耳。"清代江永《群经补义》则认为:"古人以婚姻为兄弟,如张子之于二程,程允夫之于朱子,皆有中表之亲,既为友则有师道,不可谓我与彼为姻亲,有疑不肯下问也。'挟兄弟而问'与'挟故而问'相似。俗解谓不挟兄弟多人而友。兄弟多人,有何可挟乎?须辨别之。"因赵注并无明显不妥之处,仍之。
③孟献子:即鲁国大夫仲孙蔑。　④家:卿大夫的采地食邑。这里指卿大夫的身份地位。　⑤费:春秋时的小诸侯国,故址在今山东省鱼台县西南费亭。清代高士奇《春秋地名考略》中说:"鲁大夫费庈父之食邑,读如字,与季氏'费'邑读曰'秘'者有别。"　⑥晋平公:晋国国君,晋悼公的儿子,在位二十六年而卒。亥唐:《太平御览》引皇甫谧《高士传》曰:"亥唐者,晋人也。晋平公时,朝多贤臣,祁奚、赵武、师旷、叔向皆为卿大夫,名显诸侯。唐独不官,隐于穷巷。平公闻其贤,致礼与相见而请事焉。平公待于门,唐曰入,公乃入;唐曰坐,公乃坐;唐曰食,公乃食。唐之食公也,虽蔬食菜羹,公不敢不饱。"　⑦入云:即"云入"。下文"坐云"、"食云"同。　⑧蔬食:朱熹《集注》作"疏食"。赵岐注曰:"蔬食,粝食也。""蔬"亦同"疏"。　⑨尚:同"上"。　⑩馆:指使居住;安置。甥:赵岐注曰:"礼谓妻父曰外舅,谓我舅者吾谓之甥。尧以女妻舜,故谓舜甥。"贰室:朱熹《集注》曰:"贰室,副宫也。"　⑪飨:以隆重的礼

仪宴请宾客,也泛指宴请,用酒食犒劳、招待。　⑫迭:更迭,轮流。

【译文】

万章问:"请问交朋友应遵循的原则。"孟子回答:"不倚仗年纪大,不倚仗地位高,不倚仗兄弟富贵。交朋友,是因为朋友的品德而结交,所以不能觉得有所倚仗。孟献子是拥有百辆兵车的大夫,他有五位朋友:乐正裘,牧仲,还有三位我记不起名字了。献子同这五个人结为朋友,自己并不觉得自己是有地位、有身份的大夫。这五个人如果觉得献子是位有地位、有身份的大夫,也就不会同他成为朋友。不仅拥有百辆兵车的大夫是这样,即使小诸侯国的国君也有朋友。费惠公说:'对于子思,我把他作为老师;对于颜般,我把他作为朋友;至于王顺和长息,不过把他们作为侍奉我的人罢了。'不仅小诸侯国的国君是这样,即使大诸侯国的国君也有朋友。晋平公对于亥唐,亥唐说让他进去,他便进去;让他坐,他便坐;让他吃饭,他便吃饭。即使粗茶淡饭,也没有不吃饱的时候,因为他不敢不吃饱。但是晋平公只是做到这种程度罢了,他不同亥唐一起共有官位,不同他一起处理政事,不同他一起享受俸禄。这是一般的士人尊敬贤者的态度,不是诸侯国君尊敬贤者的态度。舜拜见尧,尧让他的女婿住在别宫,也用酒饭招待他,他们还常常互为招待对方,这是贵为天子者和一般百姓交朋友啊。以卑下的地位尊敬高贵的人,称做尊重贵人;以高贵的身份尊敬卑下的人,称为尊敬贤者。尊重贵人和尊敬贤者,它们的道理都是一样的。"

万章曰:"敢问交际何心也①?"孟子曰:"恭也。"曰:"却之却之为不恭②,何哉?"曰:"尊者赐之,曰:'其所取之者,义乎不义乎?'而后受之,以是为不恭,故弗却也。"曰:"请无以辞却之,以心却之,曰:'其取诸民之不义也。'而以他辞无受,不可乎?"曰:"其交也以道,其接也以礼,斯孔子受之矣。"万章曰:"今有御人于国门之外者③,其交也以道,其馈也以礼,斯可受御与?"曰:"不可。《康诰》曰④:'杀越人于货,闵不畏死,凡民罔不譈⑤。'是不待教而诛者也。殷受夏,周受殷,所不辞也,于今为烈⑥,如之何其受之?"曰:"今之诸侯取之于民也,犹御也。'苟善其礼际矣,斯君子受之',敢问何说也?"曰:"子以为有王者作,将比今之诸侯而诛之乎⑦?其教之不改而后诛之乎?夫谓非其有而取之者盗也,充类至义之尽也⑧。孔子之仕于鲁也,鲁人猎较⑨,孔子亦猎较。猎较犹可,而况受其赐乎?"曰:"然则孔子之仕也,非事道与⑩?"曰:"事道也。""事道奚猎较也?"曰:"孔子先簿正祭器⑪,不以四方之食供簿正。"曰:"奚不去也?"曰:"为之兆也⑫,兆足以行矣,而不行,而后去;是以未尝有所终三年淹也⑬。孔子有见行可之仕,有际可之仕,有公养之仕⑭。于季桓子,见行可之仕也;于卫灵公,际可之仕也;于卫孝公,公养之仕也。"

【注释】

①交际:往来应酬。　②却之却之:朱熹《集注》曰:"却,不受而还之也。再言之,未详。"　③御人:以武力拦截别人而夺其财货。　④《康诰》:《尚书》篇名。为周公训示康叔之辞。　⑤杀越人于货,闵不畏死,凡民罔不譈:今本《尚书·康诰》作:

"杀越人于货,暋不畏死,罔弗憝。"赵岐注曰:"越,于,皆于也。杀于人,取于货,闵然不知畏死者,憝,杀也,凡民无不得杀之者也。"以"于"释"越",以"杀"释"憝"。朱熹《集注》曰:"越,颠越也。……憝,怨也。言杀人而颠越之,因取其货,闵然不知畏死,凡民无不怨之。"以"颠越"释"越",以"怨"释"憝"。《尚书正义》孔安国释"杀越人于货"说:"杀人颠越人,于是以取货利";释"罔弗憝"说:"人无不恶之者。"孔颖达疏释"越人"曰:"'越人'谓不死而伤,皆为之而取货利故也。"可见《集注》本于此,今从之。闵,同"暋",强悍。罔,无,没有。如《诗经·大雅·抑》中有:"罔敷求先王,克共明刑。"郑玄笺曰:"罔,无也。"憝(duì):同"憨",怨恨。　　⑥殷受夏,周受殷,所不辞也,于今为烈:朱熹《集注》认为:"'殷受'至'为烈'十四字,语意不伦。李氏以为此必有断简或阙文者近之,而愚意其直为衍字耳。然不可考,姑阙之可也。"　　⑦比:不加区分。⑧充类至义:赵岐注曰:"充,满。至,甚也。满其类大过至者,但义尽耳,未为盗也。诸侯本当税民之类者,今大尽耳,亦不可比于御。"即将上句和此句断为:"夫谓非其有而取之者,盗也;充类至,义之尽也。"朱熹《集注》曰:"推其类,至于义之至精至密之处。"即以"充类至义"为"充其类,至其义"。今从《集注》。⑨猎较:赵岐注曰:"猎较者,田猎相较,夺禽兽得之以祭,时俗所尚,以为吉祥。"朱熹《集注》则曰:"猎较未详。赵氏以为田猎相较,夺禽兽以祭。孔子不违,所以小同于俗也。张氏以为猎而较所获之多少也。二说未知孰是。"今仍从赵注。⑩事道:朱熹《集注》曰:"事道者,以行道为事也。"　　⑪先簿正祭器:赵岐注曰:"孟子曰:孔子仕于衰世,不可卒暴改戾,故以渐正之,先为簿书以正其宗庙祭祀之器,即其旧礼,取备于国中,不以四方珍食供其所簿正之器,度珍食难常有,乏绝则为不敬,故猎较以祭也。"朱熹《集注》中对此句则仍存疑问的态度,说:"先簿正祭器,未详。徐氏曰:'先以簿书正其祭器,使有定数,不以四方难继之物实之。夫器有常数、实有常品,则其本正矣,彼猎较者,将久而自废矣。'未知是否也。" ⑫兆:起始,发端。 ⑬淹:淹留,逗留,停留。 ⑭有见行可之仕,有际可之仕,有公养之仕:朱熹《集注》曰:"见行可,见其道之可行也。际可,接遇以礼也。公养,国君养贤之礼也。"

【译文】

万章问:"请问在人与人交往的时候,应当具有什么心态呢?"孟子回答:"心存恭敬。"万章说:"再三拒绝别人的礼物,这是不恭敬。为什么呢?"孟子说:"地位高贵的人赐予自己东西,自己却在想:'他取得这些东西的手段是合乎义的呢,还是不合乎义的呢?'想过以后才接受,这种做法是不恭敬的,因此就不拒绝。"万章说:"您看这样可以吧:不要通过说出来拒绝他的礼物,只是在心里不接受,心里想:'这是他从老百姓那里取得的不义之财啊。'而在拒绝时用别的借口,这样做也不可以吗?"孟子说:"他同我交往的时候按照道义,同我接触的时候遵守礼节,这种情况下,孔子也是会接受礼物的。"万章说:"假设有一个在国都之外拦截别人抢劫了别人财物的人,他也按照道义同我交往,也遵守礼节向我馈赠,这种情况下便可以接受这些赃物吗?"孟子说:"不可以。《康诰》中说:'杀死、打翻别人,抢走他的财物,横强得不怕被处死,这种人没有人不痛恨。'这是不用先教育就可以直接处死的。殷商继承了夏朝的这种制度,周朝继承了殷商的这种制度,没有做过更改。现在杀人抢劫的行为变得更为厉害,为什么能够接受呢?"万章说:"如今的诸侯从老百姓那里攫取财物,和拦路抢劫没有什么不同。'假若把交际的礼节做到比较好了,君子也就会接受。'请问为什么有这种说法呢?"孟子说:"你以为如果有圣王兴起,就打算把如今的诸侯都不加区别统统杀掉呢,还是先进行教育,如果不改然后再杀掉呢?况且,把不是自己所有而去取得它的行为说成抢劫,这只是从最一般的意义上作为最高的原则的话。孔子在鲁国做官的时候,鲁国人争夺猎物做祭品,孔子也争夺猎物做祭品。争夺猎物做祭品都可以,何况接受他人的赐予呢?"万章说:"那么,孔子做官不是为了行道吗?"孟子说:"是为了行道。"万章说:"既然为了行道,为什么又参与争夺猎物做祭品呢?"孟子说:"孔子先通过文书的形式确定祭祀所用的祭器和祭品,不用别处得来的食物作为规定的祭品。"万章说:"孔子为什么不辞职离开呢?"孟子说:"孔子做官要先把施政的开端做好。如果开端之后可以继续实行下去,而国君又不愿意实行,才会离开,所以孔子从来没有在一个国君那里停留达到三年。孔子有因为看到可以实行他的思想而做官,有因为国君对他以礼相待而做官,有因为国君能够供养贤才而做官。在季桓子那里,是因为看到可以实行他的思想而做官;在卫灵公那里,是因为国君对他以礼相待而做官;在卫孝公那里,是因为国君能够供养贤才而做官。"

孟子曰:"仕非为贫也,而有时乎为贫;娶妻非为养也,而有时乎为养。为贫者,辞尊居卑,辞富居贫。辞尊居卑,辞富居贫,恶乎宜乎?抱关击柝①。孔子尝为委吏矣②,曰:'会计当而已矣③。'尝为乘田矣④,曰:'牛羊茁壮,长而已矣。'位卑而言高,罪也。立乎人之本朝而道不行⑤,耻也。"

【注释】

①抱关击柝:守门打更的小吏。柝,古代巡夜人报更敲的木梆。 ②委吏:古代管理粮仓的小官。 ③会计:指管理财物及其出纳等事务。 ④乘田:古代主管畜牧的小官。 ⑤本朝:朝廷。古代以朝廷为国之本,故称"本朝"。

【译文】

孟子说:"做官不是因为贫穷,但有时候是因为贫穷;娶妻不是为了奉养父母,但有时候是为了奉养父母。因为贫穷而做官的,应该拒绝高官而做小官,拒绝厚禄而受薄俸。拒绝高官而做小官,拒绝厚禄而受薄俸,怎样做才合适呢?做守门打更的小吏就可以了。孔子曾经做过管理仓库的小官,他说:'财物出入准确适当。'他也曾经做过主管畜牧的小官,他说:'牛羊都很健壮地成长。'职位卑微而议论朝廷大事,这是过错。在人家的朝廷上做官而自己的主张得不到推行,这是耻辱。"

万章曰:"士之不托诸侯①,何也?"孟子曰:"不敢也。诸侯失国而后托于诸侯,礼也。士之托于诸侯,非礼也。"万章曰:"君馈之粟,则受之乎?"曰:"受之。""受之何义也?"曰:"君之于氓也②,固周之③。"曰:"周之则受,赐之则不受,何也?"曰:"不敢也。"曰:"敢问其不敢何也?"曰:"抱关击柝者,皆有常职以食于上。无常职而赐于上者,以为不恭也。"曰:"君馈之,则受之,不识可常继乎?"曰:"缪公之于子思也,亟问④,亟馈鼎肉⑤。子思不悦,于卒也⑥,摽使者出诸大门之外⑦,北面稽首再拜而不受⑧,曰:'今而后知君之犬马畜伋!'盖自是台无馈也⑨。悦贤不能举,又不能养也,可谓悦贤乎?"曰:"敢问国君欲养君子,如何斯可谓养矣?"曰:"以君命将之⑩,再拜稽首而受;其后廪人继粟⑪,庖人继肉⑫,不以君命将之。子思以为鼎肉使己仆仆尔亟拜也⑬,非养君子之道也。尧之于舜也,使其子九男事之,二女女焉⑭,百官牛羊仓廪备,以养舜于畎亩之中,后举而加诸上位。故曰王公之尊贤者也。"

【注释】

①托:托身,寄居。　②氓:指外地迁来之民。　③周济,救济。　④亟(qì):数次,屡次。问:馈赠。　⑤鼎肉:已经解割的肉,也指熟肉。　⑥于卒也:赵岐注曰:"于卒者,末后复来时也。"　⑦摽(biāo):挥之使去,驱逐。　⑧稽(qǐ)首:古时一种跪拜礼,叩头至地,是九拜中最恭敬的一种。再拜:古代的一种礼节。拜了又拜,表示恭敬。另如《论语·乡党》中有:"问人于他邦,再拜而送之。"杨伯峻《孟子译注》中说:"拜头至地谓之稽首;既跪而拱手,而头俯至于手,与心平,谓之拜。再拜,拜两次。'再拜稽首',谓之吉拜,表示接受礼物;'稽首再拜',谓之凶拜,此处则表示拒绝礼物。"　⑨台:赵岐注曰:"台,贱官,主使令者。《传》曰仆臣台从是之。"朱熹《集注》亦从此说。杨树达《积微居小学金石论丛》卷四《〈孟子〉"台无馈解"》说:"台当读为始,'盖自是台无馈',谓鲁缪公自是始不馈子思也。说文云:'始,女之初也。从女,台声。'"　⑩将:赵岐注曰:"将者,行也。"　⑪廪人:古代管理粮仓的官吏。继:前后相续;接连不断。　⑫庖人:古代职掌供膳的官吏。　⑬仆仆:屡屡。形容烦琐。　⑭女:将女子嫁给人。

【译文】

万章说:"士不寄身于诸侯而生活,为什么呢?"孟子说:"因为不敢这样。诸侯的国家灭亡了,然后寄身于别国的诸侯,这是合礼的。士寄身于诸侯,是不合礼的。"万章问:"君主如果送给他粮食,那能够接受吗?"孟子说:"可以接受。"万章问:"这里接受又是根据什么道理呢?"孟子回答说:"君主对于从外地来的人,本来就可以周济他。"万章问:"周济他就接受,赐给他就不接受,又是为什么呢?"孟子说:"因为不敢接受赐给。"万章问:"请问为什么不敢接受赐给呢?"孟子说:"守门打更的小吏,都有固定的职责才从上面取得生活来源。没有固定的职责却接受上面的赐给,这被认为是不恭敬的。"万章问:"君主馈赠给他东西,他就接受了,不知道可以经常这样吗?"孟子说:"鲁缪公对待子思,多次送来东西,多次馈赠给他肉食。子思很不高兴,最后一次来送的时候,把送东西的人赶出大门之外,自己向着北面恭敬地跪拜行礼而拒绝了,说:'今天终于知道了君主是把我当做犬马一样养活。'从此以后缪公就不再给子思送东西了。喜爱贤人却不能提拔使用,又不能依照礼节供养,可以称得上是喜爱贤人吗?"万章问:"请问国君要依照礼节供养君子,怎样才称得上依照礼节供养呢?"孟子说:"先以国君的命令把东西送给他,他恭敬地跪拜行礼接受。以后管理仓库的人按期送来粮食,职掌供膳的人按期送来肉食,这些就不用再以君主的命令了。子思认为以缪公的名义送来的肉使自己一次次烦琐地行礼,这不是依照礼节供养君子的方式。尧对于舜,让自己的九个儿子侍奉他,把自己的两个女儿嫁给他,百官、牛羊和粮食全都具备,以使舜在乡野之中得到合乎礼节的供养,然后把他提拔到尊贵的地位。所以说这才是王公尊敬贤者啊。"

万章曰:"敢问不见诸侯何义也?"孟子曰:"在国曰市井之臣①,在野曰草莽之臣②,皆谓庶人。庶人不传质为臣③,不敢见于诸侯,礼也。"万章曰:"庶人,召之役,则往役;君欲见之,召之,则不往见之,何也?"曰:"往役,义也;往见,不义也。且君之欲见之也,何为也哉?"曰:"为其多闻也,为其贤也。"曰:"为其多闻也,则天子不召师,而况诸侯乎?为其贤也,则吾未闻欲见贤而召之也。缪公亟见于子思,曰:'古千乘之国以友士,何如?'子思不悦,曰:'古之人有言曰:事之云乎④,岂曰友之云乎?'子思之不悦也,岂不曰:'以位,则子,君也,我,臣也,何敢与君友也?以德,则子事我者也,奚可以与我友?'千乘之君求与之友,而不可得也,而况可召与?齐景公田,招虞人以旌;不至,将杀之。'志士不忘在沟壑,勇士不忘丧其元。'孔子奚取焉?取非其招不往也。"曰:"敢问招虞人何以?"曰:"以皮冠⑤。庶人以旃⑥,士以旂⑦,大夫以旌⑧。以大夫之招招虞人,虞人死不敢往;以士之招招庶人,庶人岂敢往哉?况乎以不贤人之招招贤人乎?欲见贤人而不以其道,犹欲其入而闭之门也。夫义,路也;礼,门也。惟君子能由是路,出入是门也。《诗》云:'周道如底,其直如矢;君子所履,小人所视⑨。'"万章曰:"孔子'君命召,不俟驾而行'⑩。然则孔子非与?"曰:"孔子当仕有官职,而以其官召之也。"

【注释】

①市井:古代城市中集中买卖货物的场所。　②草莽:原指草木丛生的荒原,引申为民间、草野。　③质:通"贽"。古代相见时所送的礼物。　④云乎:助词,用于句末,表示疑问、感叹等语气。　⑤皮冠:古代打猎时戴的帽子,加于礼冠之上,用以御尘、御雨雪等。　⑥旃(zhān):古代一种无饰、曲柄的红色的旗子。　⑦旂(qí):古代一种画有两龙并在竿头悬铃的旗。　⑧旌:古代一种用牦牛尾或兼五彩羽毛饰竿头的旗子。　⑨周道如底,其直如矢;君子所履,小人所视:出自《诗经·小雅·大东》。周道,大路。底,同"砥",磨刀石。　⑩君命召,不俟驾而行:《论语·乡党》有:"君命召,不俟驾行矣。"俟,等。

【译文】

万章问:"请问,不去拜见诸侯是什么意思呢?"孟子回答说:"住在国都里的叫做市井之臣,住在乡村中的叫做草莽之臣,这些说的都是没有官职的平民百姓。平民百姓不去送见面礼求做臣属,不敢去拜见诸侯,这是合于礼制的。"万章说:"平民百姓,召唤他让他去服役,就去服役;君主想要见到他而召唤他,却不去拜见,这是为什么呢?"孟子说:"前去服役,是应当的;前去谒见,是不应当的。况且君主想要见到他,因为什么呢?"万章说:"因为他见闻广,因为他德行高尚。"孟子说:"如果因为他见闻广,那么天子不能召唤老师,何况诸侯呢? 如果因为他德行高尚,那么我也没有听说过想要见到贤人却通过召唤的。鲁缪公屡次去求见子思,说:'古代拥有千辆兵车的大国的国君同士人做朋友,怎么样呢?'子思很不高兴,说:'古人是这样说的吧:作为老师侍奉士人,难道说是作为朋友结交士人吗?'子思之所以不高兴,难道不是这个意思吗?'如果论地位,你是君主,我是臣下,哪敢和你交朋友呢?论品德,那你是应当把我当做老师来侍奉的,怎么可以和我交朋友呢?'拥有千辆兵车的大国的国君请求与他交朋友都做不到,何况把他召唤来呢?齐景公有一次出去打猎,用旌旗召唤管理山泽的虞人,虞人没有应召而来,齐景公要处死他。(孔子知道此事之后称赞他说:)'有志气的人不怕弃尸于沟谷,有勇气的人不怕丢掉脑袋。'孔子看重的是他哪一点呢?看重的就是不被按照礼制召唤他就不听从。"万章问:"召唤管理山泽的虞人该用什么呢?"孟子说:"用打猎时戴的皮帽子。召唤老百姓用曲柄、没有装饰的红旗,召唤士用挂有铃铛绘有龙的旗子,召唤大夫才用羽毛装饰的旌旗。用召唤大夫的旗子召唤管理山泽的虞人,虞人死也不敢去;用召唤士人的旗子召唤平民百姓,平民百姓难道敢去吗?何况用召唤没有德行之人的东西去召唤德行高尚的人呢?想同德行高尚的人见面,却不按照规矩,就好像要请人进来却关着大门一样。义,就好比是大路;礼,就好比是大门。只有君子才能在这条大路上行走,从这个大门出入。正如《诗经》里说的:'大路平如砥石,笔直如同箭杆。君子由此行走,小人一旁效法。'"万章问:"孔子'听到国君之命召唤,等不到车马备好就先走了'。可是,孔子这样做错了吗?"孟子说:"那是因为孔子当时正在做官,有一定的职责在身,国君是用他的官职召唤他。"

孟子谓万章曰:"一乡之善士,斯友一乡之善士;一国之善士,斯友一国之善士;天下之善士,斯友天下之善士。以友天下之善士为未足,又尚论古之人①。颂其诗②,读其书,不知其人,可乎?是以论其世也。是尚友也。"

【注释】

①尚:同"上"。　②颂:同"诵"。

【译文】

孟子对万章说道:"一个乡里出色的士人,和一个乡里出色的士人交为朋友;一个国家出色的士人,和一个国家出色的士人交为朋友;整个天下出色的士人,和整个天下出色的士人交为朋友。认为和整个天下出色的士人交为朋友还不够,就又向上寻求古代的人物。吟诵他们的诗歌,阅读他们的著作,不知道他是什么样的人,可以吗?所以要研究他所处的时代。这就是追寻古人结交朋友。"

齐宣王问卿。孟子曰:"王何卿之问也?"王曰:"卿不同乎?"曰:"不同,有贵戚之卿①,有异姓之卿。"王曰:"请问贵戚之卿。"曰:"君有大过则谏,反复之而不听,则易位②。"王勃然变乎色。曰:"王勿异也。王问臣,臣不敢不以正对③。"王色定,然后请问异姓之卿。曰:"君有过则谏,反复之而不听,则去。"

【注释】

①贵戚:这里指国君的同姓亲族。与下文"异姓"相对。

②易位:朱熹《集注》曰:"易位,易君之位,更立亲戚之贤者。"

③正:杨伯峻《孟子译注》曰:《论语·述而篇》"正唯弟子不能学也"。郑玄《注》云:"鲁读'正'为'诚'。"此处亦当读为"诚"。

【译文】

齐宣王向孟子请教关于卿的事情。孟子说:"大王您问的是哪一种卿?"齐宣王说:"卿难道还有什么不一样吗?"孟子说:"有不一样,有国君的同姓之卿,有国君的异姓之卿。"齐宣王说:"我想请教同姓之卿。"孟子说:"国君如有大错就加以劝谏,如果反复劝谏不能够听从,就废掉他另立他人。"齐宣王听了突然变了脸色。孟子说:"大王您不要奇怪。大王问我,我不敢不实话实说答复您。"齐宣王脸色恢复了,接着又请教异姓之卿。孟子说:"国君如果有错误就加以劝谏,如果反复劝谏不能够听从,就辞职离开。"

告子上

【题解】

《告子上》共二十章,大部分都是谈论人性和修养问题。在前八章中,集中阐述了孟子的人性论。在孟子同告子的辩论中,告子以"生"释性,把人生而具有的生理资质和本能看成是人性,而把道德意识和道德规范看做是后天养成的。告子通过很多例子,说明人的这种资质和本能无所谓善,也无所谓恶;既可以引其向善,也可以引其向恶。孟子从人性是人之为人的本性这一基本认识前提出发,对告子的观点一一进行了反驳,并表明了自己性善论的观点。孟子认为,人之所以有别于禽兽,就在于人性是善的,每个人生来都具有"恻隐之心"、"羞恶之心"、"恭敬之心"(或"辞让之心")和"是非之心"。这正是社会伦理道德的端始,人因此先天的"四心"而为善,因为情欲和后天外物的引诱而为恶。孟子认为,人如果能够守住此"本心"而不丧失,发挥本心的潜能,将其扩而充之,则可达到崇高的道德境界。因此,仁义等德行都是内在于人心的,"义"和"仁"一样,都是人的善良本性。孟子认定道德是个人内心善端的发扬,因此对个人道德情操的修养特别强调,认为一个人要想具有好的道德品质,就要努力地加强自身的修养,而加强修养的最主要的途径,就是保持自己本性的善性,不要被外物所蒙蔽和损害。孟子还把崇高的道德看做是天所授予的爵位,"天爵"是任何人都无法剥夺的,与人所授予的朝可与之、夕可夺之的富贵利禄等"人爵"相比,无疑是更有价值、更宝贵和更具有根本性意义的,是一个洞察事理的人更应当去追求的,因而他又称其为"良贵"。

告子曰①:"性,犹杞柳也②;义,犹桮棬也③。以人性为仁义,犹以杞柳为桮棬。"孟子曰:"子能顺杞柳之性而以为桮棬乎?将戕贼杞柳而后以为桮棬也④?如将戕贼杞柳而以为桮棬,则亦将戕贼人以为仁义与?率天下之人而祸仁义者,必子之言夫!"

【注释】

①告子:赵岐注曰:"告子者,告,姓也;子,男子之通称也;名不害。兼治儒墨之道者,尝学于孟子,而不能纯彻性命之理。" ②杞柳:也称红皮柳,落叶乔木,枝条细长柔韧,可用来编织箱筐等器物。 ③桮棬(bēiquān):亦作"杯圈"、"杯棬"、"桮圈"。一种木质的饮器。焦循《正义》引《大戴礼记·曾子事父母》卢辩注曰:"杯,盘盎盆盏之总名也。盖桮为总名,其未雕未饰时,名其质为棬,因而桮器之不雕不饰者,即通名为棬也。"桮,同"杯"。棬,曲木制成的杯盂之类的器皿。 ④戕贼:摧残,破坏。戕,毁坏,损伤。

【译文】

告子说:"人的本性,好像杞柳树;仁义道德,好像木头制成的器皿。使人的本性变成仁义,就好像用杞柳树制作成各种器皿一样。"

孟子说:"您是顺着杞柳树的本性来制成各种器皿呢,还是破坏杞柳树的本性来制成各种器皿呢?如果要破坏了杞柳树的本性才能制成各种器皿,那也要破坏了人的本性然后才能使之变成仁义吗?带领天下的人来毁坏仁义的,一定是您的理论了!"

告子曰:"性,犹湍水也①,决诸东方则东流,决诸西方则西流。人性之无分于善不善也,犹水之无分于东西也。"孟子曰:"水信无分于东西②,无分于上下乎?人性之善也,犹水之就下也。人无有不善,水无有不下。今夫水搏而跃之③,可使过颡;激而行之④,可使在山,是岂水之性哉?其势则然也。人之可使为不善,其性亦犹是也。"

【注释】

①湍水:急而萦回的水。　②信:的确,确实。　③搏:拍,击。　④激:阻挡水流。

【译文】

告子说:"人性好像湍急萦回的流水,从东方决开口子就向东方流,从西方决开口子就向西方流。人的本性没有善与不善的确定区分,就好像水的本性没有向东流向西流的确定区分一样。"孟子说:"水的本性的确没有向东流还是向西流的确定区分,难道没有向高处流还是向低处流的确定本性吗?人的本性中的善性,正好像水的本性向低处流一样。人没有不本性善良的,水没有不往低处流的。如果通过拍击而使水溅起来,可以让它跳得比额头还要高;通过阻挡水流而改变它的流向,可以把它引到高山上,这难道是水的本性吗？是外来的力量使它这样的。对于人来说，可以使他不再具有善性，本性也是这样发生改变的。"

告子曰："生之谓性①。"孟子曰："生之谓性也，犹白之谓白与？"曰："然。""白羽之白也，犹白雪之白，白雪之白，犹白玉之白与？"曰："然。""然则犬之性犹牛之性，牛之性犹人之性与？"

【注释】

①生之谓性："生"和"性"古音相同，所以孟子紧接着说："生之谓性也，犹白之谓白与？"生，朱熹《集注》曰："指人物之所以知觉运动者而言。"性，同类事物天生所具有的共同性质。"生之谓性"即将人性看做人生来就具有的先天的资质。对人性的这种认识在中国古代是非常常见的一种观点。如荀子认为："性者，天之就也"，"生之所以然者谓之性"（《荀子·正名》）；"不可学，不可事，而在人者，谓之性"（《荀子·性恶》）。董仲舒认为："如其生之自然之资谓之性。"（《春秋繁露·深察名号》）王充说："性，生而然者也。"（《论衡·初禀》）

【译文】

告子说："生来就具有的先天资质就是性。"孟子说："生来就具有的先天资质就是性，这就像一切白色都没有区别地叫做白一样吗？"告子说："是的。"孟子说："白色羽毛的白，和白雪的白一样；白雪的白，和白玉的白一样，是吗？"告子说："是的。"孟子说："既然这样，狗的本性就和牛的本性一样，牛的本性就和人的本性一样，是吗？"

告子曰:"食色,性也。仁,内也,非外也。义,外也,非内也。"孟子曰:"何以谓仁内义外也?"曰:"彼长而我长之①,非有长于我也。犹彼白而我白之,从其白于外也,故谓之外也。"曰:"异于白马之白也②,无以异于白人之白也。不识长马之长也,无以异于长人之长与? 且谓长者义乎? 长之者义乎?"曰:"吾弟则爱之,秦人之弟则不爱也,是以我为悦者也,故谓之内。长楚人之长,亦长吾之长,是以长为悦者也,故谓之外也。"曰:"耆秦人之炙③,无以异于耆吾炙。夫物则亦有然者也。然则耆炙亦有外与?"

【注释】

①我长之:朱熹《集注》曰:"我长之,我以彼为长也。"下文"我白之",即"我以彼为白也"。　②异于:朱熹《集注》曰:"张氏曰:'上异于二字疑衍。'李氏曰:'或有阙文焉。'"根据上下文,"异于"二字在此当为衍字。　③耆:同"嗜"。炙:烤熟的肉食。

【译文】

告子说:"饮食男女,就是人的本性。仁,是内在的,而不是外在的;义,是外在的,而不是内在的。"孟子说:"为什么说仁是内在的而义是外在的呢?"告子说:"对方年纪比我大而我尊重他,并不是因为我心里天生就有尊重之心。就如同东西颜色白而我觉得它白,是根据东西是白的而我对外在的白色东西加以认识的结果,所以说这种情况就是外在的。"孟子说:"白色的马的白,和长得白的人的白也许没有不同。不知道对年纪大的马的体恤,和对年纪大的人的尊重,是不是也没有不同呢？况且，你说是年龄大的人本身产生了尊重长者之义呢，还是尊重年龄大的人的人产生的尊重长者之义呢？"告子说："我的弟弟我就爱他，秦国人的弟弟我就不爱他，这是因为我本身的缘故而乐意这样的，所以说这种情况是内在的。尊重楚国的年龄大的人，也尊重我自己的父老兄长，这是因为外在的他们同样年纪大的缘故而这样的，所以说这种情况是外在的。"孟子说："喜欢吃秦国人的烤肉，和喜欢吃自己的烤肉没有不同。对于各种事物都有类似的情况。如此说来，难道喜欢吃烤肉是外在的吗？"

　　孟季子问公都子曰①："何以谓义内也？"曰："行吾敬，故谓之内也。""乡人长于伯兄一岁②，则谁敬？"曰："敬兄。""酌则谁先③？"曰："先酌乡人。""所敬在此，所长在彼，果在外，非由内也。"公都子不能答，以告孟子。孟子曰："'敬叔父乎？敬弟乎？'彼将曰：'敬叔父。'曰：'弟为尸④，则谁敬？'彼将曰：'敬弟。'子曰：'恶在其敬叔父也？'彼将曰：'在位故也。'子亦曰：'在位故也。庸敬在兄⑤，斯须之敬在乡人⑥。'"季子闻之曰："敬叔父则敬，敬弟则敬，果在外，非由内也。"公都子曰："冬日则饮汤，夏日则饮水，然则饮食亦在外也？"

【注释】

①孟季子：朱熹《集注》曰："孟季子，疑孟仲子之弟也。"　②伯兄：即长兄。朱熹《集注》曰："伯，长也。"　③酌：斟酒。

④尸：古代祭祀时代替死者受祭的人。　⑤庸：经常，平常。
⑥斯须：须臾，片刻。

【译文】

　　孟季子问公都子："为什么说义是内在的呢?"公都子说："是从我内心中发出的敬重,所以说是内在的。"孟季子问："如果乡邻比自己的长兄大一岁,那你该敬重谁?"公都子说："敬重兄长。"孟季子问："喝酒的时候斟酒先斟给谁?"公都子说："先斟给乡邻。"孟季子说："你心里敬重的是这一个人,而表面上尊重的是另一个人,可见义毕竟是外在的,不是从内心发出的。"公都子无法回答,把这个对话告诉了孟子。孟子说："你问他:'你敬重你的叔父呢,还是敬重你的弟弟?'他会回答:'敬重叔父。'你再说:'弟弟如果在尸位上接受祭祀,那你会敬重谁呢?'他会回答:'敬重弟弟。'你再问:'你为什么说敬重叔父呢?'他会回答:'这是因为弟弟在应当受敬重的位置上。'你就可以说:'也是因为乡邻在应当受到尊重的位置上。平常的敬重是对兄长的,片刻的尊重是对乡邻的。'"孟季子听到了这些话后,说："敬重叔父是由于要敬重,敬重弟弟也是由于要敬重,毕竟义是外在的,不是从内心出发的。"公都子说："冬天的时候喝热水,夏天的时候喝凉水,那么,难道饮食的变化也是外在的吗?"

　　公都子曰："告子曰:'性无善无不善也。'或曰:'性可以为善,可以为不善①,是故文武兴则民好善,幽厉兴则民好暴。'或曰:'有性善,有性不善,是故以尧为君而有象,以瞽瞍为父而有舜,以纣为兄之子且以为君,而有微子启、王子比干。'今曰'性善',然则彼皆非与?"孟子曰："乃若其情则可以为善矣②,乃所谓善也。若夫为不善,非才之罪也③。恻隐之心,人皆有之;羞恶之心,人皆有之;恭敬之心,人皆有之;是非之心,人皆有之。恻隐之心,仁也;羞恶之心,义也;恭敬之心,礼也;是非之心,智也。仁义礼智,非由外铄我也④,我固有之也,弗思耳矣。故曰:求则得之,舍则失之。或相倍蓰而无算者,不能尽其才者也。《诗》曰:'天生蒸民,有物有则。民之秉彝,好是懿德⑤。'孔子曰:'为此诗者,其知道乎!故有物必有则,民之秉彝也,故好是懿德。'"

【注释】

①性可以为善,可以为不善:先秦时期的世硕持此说。王充《论衡·本性》中说:"周人世硕以为人性有善有恶,举人之善性养而致之,则善长;恶性养而致之,则恶长,故世子作养书一篇,宓子贱、漆雕开、公孙尼子之徒亦论性情,与世子相出入。"
②情:也是指本性。清代俞樾《群经平议·孟子二》中说:"盖性、情二字,在后人言之,则区以别矣,而在古人言之,则情即性也……孟子以恻隐为仁,羞恶为义,正是以情见性。" ③才:本性的外显,即材质。朱熹《集注》曰:"才,犹材质,人之能也。人有是性,则有是才,性既善则才亦善。"清代戴震《孟子字义疏证》卷下说:"才者,人与百物各如其性以为形质,而知能遂区以别焉,孟子所谓'天之降才'是也。气化生人生物,据其限于所分而言谓之命,据其为人物之本始而言谓之性,据其体质而言谓之才。由成性各殊,故才质亦殊。才质者,性之所呈也;舍才质安睹所谓性哉!" ④铄:销毁,熔化。 ⑤天生蒸民,有物有则。民之秉彝,好是懿德:出自《诗经·大雅·烝民》。原

诗"蒸民"作"烝民"。烝，众多。烝民，民众、百姓。秉，持。彝，常。秉彝，即持执常道。懿德，美德。

【译文】

公都子说："告子说：'人的本性没有善良和不善良的区分。'有人说：'人的本性可以让它善良，也可以使它不善良，所以周文王、周武王统治天下的时候老百姓都追求善良，周幽王、周厉王统治天下的时候老百姓都追求暴虐。'有人说：'人有本性善良的，也有本性不善良的，所以尧做君主有象这样顽劣的百姓，瞽瞍做父亲有舜这样高尚的儿子，纣做侄子而且做君王，有微子启、王子比干这样有德行的叔父和臣属。'如今您说人的本性善良，那么，他们都是错的吗？"孟子说："从人天生的性情来说，是可以使它善良的，这便是我所说的人的本性善良。至于有人使其行为不善良了，不是他的材质的问题。恻隐同情之心，每个人都具有；羞耻厌恶之心，每个人都具有；谦虚逊让之心，每个人都具有；是非善恶之心，每个人都具有。恻隐同情之心，就是仁；羞耻厌恶之心，就是义；谦虚逊让之心，就是礼；是非善恶之心，就是智。仁义礼智这四者，不是从外面来到我的内心里的，而是我本来就具有的，不过没有思考过它罢了。所以说：如果追求就能得到，如果放弃就会失去。人与人之间之所以能够相差一倍、五倍甚至数倍的，就是不能完全发挥人性中本有的材质的缘故。《诗经》中说：'上天生育百姓，每物必有法则。百姓掌握常道，喜欢这些美德。'孔子说：'做这首诗的人，真是洞察事理啊！的确是有物必有法则，百姓掌握常道，因此才喜欢这些美德啊。'"

孟子曰："富岁，子弟多赖[①]；凶岁，子弟多暴。非天之降才尔殊也，其所以陷溺其心者然也。今夫麰麦[②]，播种而耰之③,其地同,树之时又同,浡然而生,至于日至之时④,皆熟矣。虽有不同,则地有肥硗⑤,雨露之养、人事之不齐也。故凡同类者,举相似也,何独至于人而疑之?圣人与我同类者。故龙子曰⑥:'不知足而为屦,我知其不为蒉也⑦。'屦之相似,天下之足同也。口之于味,有同耆也,易牙先得我口之所耆者也⑧。如使口之于味也,其性与人殊⑨,若犬马之与我不同类也,则天下何耆皆从易牙之于味也?至于味,天下期于易牙,是天下之口相似也。惟耳亦然,至于声,天下期于师旷,是天下之耳相似也。惟目亦然,至于子都⑩,天下莫不知其姣也⑪;不知子都之姣者,无目者也。故曰:口之于味也,有同耆焉;耳之于声也,有同听焉;目之于色也,有同美焉。至于心,独无所同然乎?心之所同然者,何也?谓理也,义也。圣人先得我心之所同然耳。故理义之悦我心,犹刍豢之悦我口⑫。"

【注释】

①赖:关于此"赖"字,前人的解释存在很大分歧。赵岐注曰:"赖,善。暴,恶也。"直接以"善"、"恶"释"赖"和下文的"暴"。"暴"固可以理解为"恶",但直接将"赖"释为"善"未免有些牵强。虽然古人以"赢"、"利"释"赖",但直接将其解释为"善"的却不多见。朱熹《集注》曰:"赖,借也。丰年衣食饶足,故有所顾借而为善。""赖"可以释为"借",但这样解释与下文"暴"字的对应不是非常贴切。同时,以上两种解释与下文"非天之降才尔殊也,其所以陷溺其心者然也"也存在冲突。焦循《正义》

引阮元曰:"'赖'即'懒'。"相比之下,这种解释更可取一些。　　②麰麦:即大麦。　　③耰(yōu):一种农具,形状像槌,用来击碎土块,平整土地和覆种。这里用作动词,指用耰松土并使土块细碎,也指覆种。　　④日至:这里指夏至。　　⑤硗(qiāo):指土质坚硬瘠薄。　　⑥龙子:赵岐注曰:"龙子,古贤人也。"　　⑦蒉(kuì):草织用来盛东西的器皿。　　⑧易牙:春秋时齐桓公的宠臣,长于制作各种美味佳肴,善于逢迎,传说曾烹其子为羹献桓公以要宠。　　⑨与人殊:指人与人不同。　　⑩子都:赵岐注曰:"子都,古之姣好者也。《诗》云:'不见子都,乃见狂且。'"　　⑪姣:容貌美丽,体态健美。　　⑫刍豢:牛羊犬豕之类的家畜,代指肉类。

【译文】

孟子说:"年景好的时候,年轻人多半懒惰;年景不好的时候,年轻人多半暴虐。这不是因为天生的材质就有这样的不同,而是由于他们的心因外物浸染堕落的缘故。这就好比大麦,把种子播在土里盖上土,如果土地情况相同,种植的时间也相同,就会旺盛地生长,到了夏至的时候,就都成熟了。即使有不同的话,那也是由于土地有肥沃有贫瘠,雨水的滋养、人为的努力有不同的缘故。所以一切同类的东西,都是差不多的,为什么单单到了人这里就产生怀疑了呢?圣人和我也都是一样的人。所以龙子说:'不知道脚的大小、肥瘦去做草鞋,我也知道他不会编成盛东西的筐。'草鞋之所以相似,是因为天下人的脚都是一样的。口对于味道,有相同的嗜好,易牙是先知道了我们的口嗜好什么味道的人。如果口对于味道,人与人之间天生就互不相同,就像狗马和我们不是同类一样,那么,又怎么能够使天下人的口味嗜好都与易牙的口味相一致呢?一提到口味,天下人就都期望像易牙的一样,这就表明天下人的口味都是相似的。耳朵也是这样。一提到声音,天下人都期望像师旷的一样,这就表明天下人的听觉都是相似的。眼睛也是这样。一提到子都,天下没有人不知道他健美;不知道子都的健美的,可以说是没有眼睛的人。所以说:口对于味道,有相同的嗜好;耳朵对于声音,有相同的听觉;眼睛对于容貌,有相同的美感。如果提到心,难道就单单没有相同的地方吗?心的相同的地方是什么呢?就是被称做理和义的。圣人先知道了我们内心所具有的相同的地方。所以理义可以使我们的心得到愉悦,就像肉类可以让我们的口得到愉悦一样。"

孟子曰:"牛山之木尝美矣①。以其郊于大国也②,斧斤伐之,可以为美乎?是其日夜之所息③,雨露之所润,非无萌蘖之生焉④。牛羊又从而牧之,是以若彼濯濯也⑤。人见其濯濯也,以为未尝有材焉,此岂山之性也哉?虽存乎人者,岂无仁义之心哉?其所以放其良心者⑥,亦犹斧斤之于木也。旦旦而伐之⑦,可以为美乎?其日夜之所息,平旦之气⑧,其好恶与人相近也者几希⑨,则其旦昼之所为,有梏亡之矣⑩。梏之反复,则其夜气不足以存。夜气不足以存,则其违禽兽不远矣。人见其禽兽也,而以为未尝有才焉者,是岂人之情也哉?故苟得其养,无物不长;苟失其养,无物不消。孔子曰:'操则存,舍则亡。出入无时,莫知其乡⑪。'惟心之谓与!"

【注释】

①牛山:山名,在齐国都城临淄东南。　②郊:赵岐注曰:"邑

外谓之郊。"这里做动词,指在郊外。大国:大的国都。　③息:滋息,生长。　④萌蘖:植物的萌芽。　⑤濯濯:光秃秃的样子。　⑥放:舍弃,失去。　⑦旦旦:即天天。　⑧平旦之气:朱熹《集注》曰:"平旦之气,谓未与物接之时,清明之气也。"平旦,即清晨。　⑨几希:相差甚微,极少。　⑩有:同"又"。梏亡:指因束缚而致丧失。　⑪乡:赵岐注曰:"乡犹里,以喻居也。"

【译文】

孟子说:"牛山上的树木曾经是非常繁盛的,因为它在大城市的郊外,人们经常到山上用斧子进行砍伐,它还能够繁盛吗?它们其实也是日夜在生长着,雨露每天在滋润着,不是没有新芽生长出来。可是牛羊又紧跟着在上面放牧,所以就变成像那样光秃秃的了。人们看见它光秃秃的样子,认为山上本来就没有生长过树木,这难道是山的本性吗?即使在有些人身上,难道就没有仁义之心存在吗?他之所以丧失了他的善心,就好像斧子对于树木一样。每天都去砍伐它,它还能够繁茂吗?他在日里夜里所萌生出来的善心,清晨所接触到的清明之气,使他的好恶之心与其他人有一点接近。可是他白天的所作所为,又使它受到束缚而丧失了。使它反复地受到束缚,那么他夜里所涵养的清明之气肯定就不能存在了。夜里所涵养的清明之气不能存在,就同禽兽差不多了。人们看到他如同禽兽,于是认为他根本就没有善良的天性,这难道是这些人的本性吗?所以说,如果得到滋养,没有东西不生长;如果失去滋养,没有东西不消亡。孔子说:'掌握了它,它就存在;放弃了它,它就消亡。丧失和得到没有固定的时间,不知道它会发展到哪个方向。'这里所说的正是人心啊。"

孟子曰:"无或乎王之不智也①。虽有天下易生之物也,一日暴之②,十日寒之,未有能生者也。吾见亦罕矣③,吾退而寒之者至矣,吾如有萌焉何哉!今夫弈之为数④,小数也;不专心致志⑤,则不得也。弈秋⑥,通国之善弈者也。使弈秋诲二人弈⑦:其一人专心致志,惟弈秋之为听;一人虽听之,一心以为有鸿鹄将至⑧,思援弓缴而射之⑨。虽与之俱学,弗若之矣。为是其智弗若与?曰:非然也。"

【注释】

①或:同"惑",疑问。　②暴:同"曝",晒,这里指让植物接受阳光。　③罕:少。　④数:技艺,技巧。　⑤专心致志:用心专一,集中注意力。　⑥弈秋:朱熹《集注》曰:"弈秋,善弈者名秋也。"　⑦诲:教。　⑧鸿鹄:即天鹅。　⑨缴(zhuó):射鸟时系在箭上的生丝绳,也指系着丝绳的箭。

【译文】

孟子说:"大王的不聪明是毫无疑问的。即使有天下最容易生长的植物,把它放在阳光下面晒一天,然后再放在阴冷的地方冻十天,没有能够再生长的。我和大王见面的次数很少了,我走了之后,那些诱他学坏的人就来了。我即使能够使他萌发一点善心,又能够有什么结果呢?用下棋的技巧做个比方,这只是一种小技术,如果不能用心专一,集中注意力,也是学不到的。弈秋是全国最擅长下棋的人。如果让弈秋教两个人下棋,一个人用心专一,集中注意力,一心一意听弈秋的讲解。另一个人虽然也在听,可是心里却一直在想着有只天鹅要飞过来了,打算拿起弓箭拴上丝绳把它射下来。虽然这个人和另一个人一起学下棋,但是学到手的东西一定不如他。这是因为他的智力不如人家吗? 我们说:不是这样的。"

孟子曰:"鱼,我所欲也;熊掌,亦我所欲也。二者不可得兼,舍鱼而取熊掌者也。生,亦我所欲也;义,亦我所欲也。二者不可得兼,舍生而取义者也。生亦我所欲,所欲有甚于生者,故不为苟得也①。死亦我所恶,所恶有甚于死者,故患有所不辟也②。如使人之所欲莫甚于生③,则凡可以得生者,何不用也? 使人之所恶莫甚于死者,则凡可以辟患者,何不为也? 由是则生而有不用也,由是则可以辟患而有不为也。是故所欲有甚于生者,所恶有甚于死者,非独贤者有是心也,人皆有之,贤者能勿丧耳。一箪食,一豆羹④,得之则生,弗得则死。呼尔而与之⑤,行道之人弗受;蹴尔而与之⑥,乞人不屑也。万钟则不辨礼义而受之。万钟于我何加焉? 为宫室之美、妻妾之奉、所识穷乏者得我与⑦? 乡为身死而不受⑧,今为宫室之美为之;乡为身死而不受,今为妻妾之奉为之;乡为身死而不受,今为所识穷乏者得我而为之——是亦不可以已乎? 此之谓失其本心。"

【注释】

①苟得:不当得而得。　②辟:同"避"。　③甚:重要。
④豆:古代的一种食器,也可用做装酒或肉的祭器。形状像高

足盘,一般都有盖。多为陶质,也有用青铜、木或竹制成的。
⑤嘑尔:呵斥貌。　　⑥蹴尔:践踏貌。　　⑦穷乏:穷困,匮乏。　　⑧乡:从前,原先。

【译文】

孟子说:"鱼是我想要得到的,熊掌也是我想要得到的。如果两者不能同时得到,我就放弃鱼而要熊掌。生命是我想要得到的,道义也是我想要得到的。如果两者不能同时得到,我就放弃生命而要道义。生命本来是我所想要得到的,但是我想要得到的还有比生命更重要的东西,所以我不会通过不合道义的途径得到它。死亡本来是我所厌恶的,但是我所厌恶的还有比死亡更讨厌的东西,所以有些祸害我不去躲避。如果让人们想要得到的东西没有比生命更重要的,那么一切可以得到生存的方法,还有什么不能使用呢?如果让人们所厌恶的东西没有比死亡更重要的,那么一切可以避免祸害的事情,还有什么不能去做呢?如果使用这些方法就能够得到生存,但有的人却不去用;如果去做这些事情就可以避免祸害,但有的人却不去干。因此可见人们想要得到的东西有比生命更重要的,人们厌恶的东西有比死亡更讨厌的。不仅仅是贤人有这种想法,每一个人都有,只不过贤人能够使它不失去罢了。一筐饭,一碗汤,得到了就能够活下去,得不到就会死亡。呵斥着送给他,就是过路的人也不会接受;脚踢着送给他,就是乞丐也不屑接受。有万钟的俸禄,就不再问是不是合于礼义欣然接受。万钟的俸禄能给我带来什么呢?为了使住的地方更华丽,妻妾的供养更充裕,我所认识的贫困者感激我吗?过去宁死也不接受,如今却为了住的地方更华丽而接受了;过去宁死而不接受,如今却为了妻妾的供养更充裕而接受了;过去宁死而不接受,如今却为了我所认识的贫困者的感激而接受了——这些不都是可以放弃的吗?这就叫做丧失了他的本性。"

孟子曰:"仁,人心也;义,人路也①。舍其路而弗由,放其心而不知求,哀哉!人有鸡犬放,则知求之,有放心,而不知求。学问之道无他,求其放心而已矣②。"

【注释】

①仁,人心也;义,人路也:朱熹《集注》曰:"仁者心之德,程子所谓心如谷种,仁则其生之性,是也。然但谓之仁,则人不知其切于己,故反而名之曰人心,则可以见其为此身酬酢万变之主,而不可须臾失矣。义者行事之宜,谓之人路,则可以见其为出入往来必由之道,而不可须臾舍矣。" ②求其放心:吴定《紫石山房文集·"求放心"解》曰:"孟子所谓'求放心'者,非纳其放心聚之于学之谓,'放心'即孟子所谓'放其良心'、'失其本心'者也。"

【译文】

孟子说:"仁,是人的本心;义,是人的正路。放弃了正路而不走,丧失了本心而不知道找,真可悲啊!有的人如果有鸡或者狗丢失了,还知道去寻找,有本心丧失了,却不知道找。人的学问没有其他的道路,把那颗丧失了的本心找回来就可以了。"

孟子曰:"今有无名之指屈而不信①,非疾痛害事也。如有能信之者,则不远秦楚之路,为指之不若人也。指不若人,则知恶之;心不若人,则不知恶。此之谓不知类也②。"

【注释】

①信:同"伸"。伸直,伸开,伸长。　②不知类:朱熹《集注》曰:"不知类,言其不知轻重之等也。"

【译文】

孟子说:"如果有个人的无名指弯曲着而伸不直,虽然既不痛苦,也不妨碍做事,如果有能够使它伸直的人,就是到秦国、楚国去,他都不会觉得路途远,因为他觉得自己的手指不如别人。手指不如别人,都知道厌恶;心性不如别人,却不知道厌恶。这就叫做不知道哪头轻哪头重。"

孟子曰:"拱把之桐①、梓,人苟欲生之,皆知所以养之者。至于身,而不知所以养之者,岂爱身不若桐、梓哉?弗思甚也。"

【注释】

①拱把:指如两手合围或一手把住粗细。

【译文】

孟子说:"粗细大约两手或者一手把得过来的桐树或梓树,人们如果打算使它生长,都知道怎样去培养它。至于人自身,却不知道怎样去培养,难道说爱自己还不如爱桐树、梓树吗?真是太不动脑筋了啊。"

孟子曰:"人之于身也,兼所爱;兼所爱,则兼所养也。无尺寸之肤不爱焉,则无尺寸之肤不养也。所以考其善不善者,岂有他哉?于己取之而已矣。体有贵贱,有小大。无以小害大,无以贱害贵。养其小者为小人,养其大者为大人。今有场师①,舍其梧槚②,养其樲棘③,则为贱场师焉。养其一指,而失其肩背,而不知也,则为狼疾人也④。饮食之人,则人贱之矣,为其养小以失大也。饮食之人,无有失也,则口腹岂适为尺寸之肤哉⑤?"

【注释】

①场师:园艺匠师。　②梧槚:梧桐树与山楸树,二者都是良木,并称比喻良材。　③樲棘:小酸枣树。　④狼疾:同"狼藉",糊涂,昏乱。　⑤适:通"啻",副词,但,仅仅。

【译文】

孟子说:"人对于自己的身体,所有的部分都爱护;所有的部分都爱护,所有的部分就都要保养。没有一尺一寸的肌肤不爱护,就没有一尺一寸的肌肤不保养。所以要考察一个人保养得好还是不好,难道还要通过别的方法吗?只要看他所重视的是哪一个部分就可以了。身体各个部分有尊贵和低贱之分,也有小和大之分。不要因为小的部分危害大的部分,不要因为低贱的部分危害尊贵的部分。注重小的部分的保养的,就是小人;注重大的部分的保养的,便是君子。假设这里有一位园艺匠,放弃梧桐和楸树这样的良木,却去培养没有用处的酸枣,那就是一位低劣的园艺匠。如果有人为了保养他的一个手指,却失去了肩膀背脊,自己还不醒悟,那就是一个糊涂蛋。只追求吃喝的人,是人人都鄙视的,因为他注重保养小的部分而忽视了大的部分。追求吃喝的人如果不忽视善良本性的保养,也是没有什么不可以的。可是吃喝的目的难道仅仅是为了保养一尺一寸的肌肤吗?"

公都子问曰:"钧是人也①,或为大人,或为小人,何也?"孟子曰:"从其大体为大人②,从其小体为小人③。"曰:"钧是人也,或从其大体,或从其小体,何也?"曰:"耳目之官不思④,而蔽于物。物交物,则引之而已矣。心之官则思,思则得之,不思则不得也。此天之所与我者⑤,先立乎其大者,则其小者不能夺也。此为大人而已矣。"

【注释】

①钧:同"均"。全,都。　　②大体:重要的部分。　　③小体:次要的部分。　　④官:指器官,官能。　　⑤此:朱熹《集注》曰:"'此天'之'此',旧本多作'比',而赵注亦以'比方'释之。今本既多作'此',而注亦作'此',乃未详孰是。但作'比'字,于义为短,故且从今本云。"

【译文】

公都子问:"都是一样的人,有的人是君子,有的人是小人,这是为什么呢?"孟子说:"追求身体重要器官满足的就是君子,追求身体次要器官满足的就是小人。"公都子问:"都是一样的人,有的人追求身体重要器官的满足,有的人追求身体次要器官的满足,这是为什么呢?"孟子说:"耳朵、眼睛这些器官不会思考,容易被外物所蒙蔽。物与物相互交接,就会在相互吸引中把这些器官引向物欲了。心这个器官能够思考,思考之后就会找回人的善良本性,不思考就得不到人的善良本性。这个器官是天赐予我们的,因此先使这个重要器官的功能得以确立,那么次要器官就不能使人的善良本性受到侵夺。这样就能够成为君子了。"

孟子曰:"有天爵者^①,有人爵者^②。仁义忠信,乐善不倦,此天爵也;公卿大夫,此人爵也。古之人,修其天爵而人爵从之。今之人,修其天爵以要人爵。既得人爵而弃其天爵,则惑之甚者也,终亦必亡而已矣。"

【注释】

①天爵:天然的爵位。指因高尚的道德修养而受人尊敬,其声望胜于有爵位。　　②人爵:指人所授予的爵位。

【译文】

孟子说:"有天然的爵位,有人授的爵位。仁义忠信,好善而不知疲倦,这是天然的爵位。公卿大夫,这是人授的爵位。古代的人,修养他们天然的爵位,人授的爵位自然随之而来。现在的人,修养他们天然的爵位,就是为了追求人授的爵位。得到了人授的爵位之后,就丢弃了他们的天然爵位,这简直是糊涂到了极点,结果人授的爵位最终也会失去。"

孟子曰:"欲贵者,人之同心也。人人有贵于己者,弗思耳矣。人之所贵者,非良贵也^①。赵孟之所贵^②,赵孟能贱之。《诗》云:'既醉以酒,既饱以德^③。'言饱乎仁义也,所以不愿人之膏粱之味也^④。令闻广誉施于身,所以不愿人之文绣也^⑤。"

【注释】

①良贵:最可贵。　　②赵孟:指春秋时晋臣赵盾及其后代赵武、赵鞅、赵无恤,世代执掌晋国朝政。杨伯峻《孟子译注》曰:

"晋国正卿赵盾字孟,因而其子孙都称赵孟。孙奕《示儿篇》云:'晋有三赵孟:赵朔之子曰武,谥文子,称赵孟;赵武之子曰成,赵成之子曰鞅,又名封父,谥简子,亦称赵孟;赵鞅之子曰无恤,谥襄子,亦称赵孟。'"　③既醉以酒,既饱以德:出自《诗经·大雅·既醉》。　④愿:羡慕。膏粱:肥美的食物。　⑤文绣:刺绣华美的衣服,为有地位的人的服饰。

【译文】

孟子说:"希望尊贵,这是人们共同的心理。每个人都有自己觉得可贵的东西,只是没有思考过罢了。别人都觉得最可贵的,不一定真正是最可贵的东西。赵孟使之尊贵的,赵孟也能够使之低贱。《诗经》里说:'美酒已经使我醉,美德已经让我饱。'这是说有了仁义之德已经很充实了,因此不再羡慕别人的肥肉、细米等美味。美好的名声、广泛的赞誉都被加在我身上,因此不再羡慕别人的华丽的衣裳。"

孟子曰:"仁之胜不仁也,犹水胜火。今之为仁者,犹以一杯水救一车薪之火也。不熄,则谓之水不胜火。此又与于不仁之甚者也①,亦终必亡而已矣。"

【注释】

①与:助长,帮助。

【译文】

孟子说:"仁胜过不仁,就像水能灭火一样。如今所谓推行仁道的人,就好像用一杯水去救一车柴所着的火一样。火没有被扑灭,就说水不能灭火。这种行为又助长了那些非常不仁的人的做法,结果自己那点仁最终也会失去。"

孟子曰:"五谷者,种之美者也。苟为不熟,不如荑稗①。夫仁亦在乎熟之而已矣。"

【注释】
①荑稗(tíbài):两种草名,种子比谷小,可以做饲料或者食用。
【译文】
孟子说:"五谷,是庄稼中的最好的。如果不能成熟,还不如稊米和稗子。仁的美好也在于要使它能够成熟罢了。"

孟子曰:"羿之教人射,必志于彀①;学者亦必志于彀。大匠诲人②,必以规矩;学者亦必以规矩。"

【注释】
①彀(gòu):张满弓弩。　　②大匠:指技艺高超的木工。
【译文】
孟子说:"羿教人射箭的时候,一定要把弓拉满;学习的人也一定要把弓拉满。技艺高超的木工教人的时候,一定要依照规矩;学习的人也一定要依照规矩。"

告 子 下

【题解】

《告子下》共十六章。许多观点,如"亲亲,仁也"、"怀仁义以相接"、出仕是为了行道等,在前面的篇章中都提到过。本篇中值得注意的思想主要有:人之所以没有高尚的道德品质,不是因为不能做到,而是因为没有这样的追求,只要有充足的努力,"人皆可以为尧舜"。孟子还突出强调了大臣在引导君主推行仁政上的职责和使命,他说:"五霸者,三王之罪人也。今之诸侯,五霸之罪人也。今之大夫,今之诸侯之罪人也。"之所以说大夫是诸侯的罪人,就是因为他们都在迎合君主们错误的行为而没有引导他们推行"王道";因此,孟子强调:"君子之事君也,务引其君以当道,志于仁而已。"此外,在这一篇中,孟子还提出了"生于忧患,而死于安乐"的思想,阐明了只有经过艰苦的磨炼才能取得成功的道理,强调了诚信的重要性,说:"君子不亮,恶乎执?"

任人有问屋庐子曰①:"礼与食孰重?"曰:"礼重。""色与礼孰重?"曰:"礼重。"曰:"以礼食则饥而死,不以礼食则得食,必以礼乎? 亲迎则不得妻②,不亲迎则得妻,必亲迎乎?"屋庐子不能对。明日之邹,以告孟子。孟子曰:"于答是也何有?不揣其本③,而齐其末,方寸之木可使高于岑楼④。金重于羽者,岂谓一钩金与一舆羽之谓哉⑤?取食之重者与礼之轻者而比之,奚翅食重⑥?取色之重者与礼之轻者而比之,奚翅色重?往应之曰:'紾兄之臂而夺之食⑦,则得食,不紾,则不得食,则将紾之乎?逾东家墙而搂其处子⑧,则得妻,不搂,则不得妻,则将搂之乎?'"

【注释】

①任:先秦时国名。风姓。故址在今山东济宁。屋庐子:孟子弟子。姓屋庐,名连。　②亲迎:指古代男子亲自到女子家迎娶的礼制。　③揣:量度,衡量。　④岑楼:赵岐注曰:"岑楼,山之锐岭者。"朱熹《集注》曰:"岑楼,楼之高锐似山者。"关于这两种不同的解释哪种更准确,杨伯峻《孟子译注》认为:"赵岐《注》云:'岑楼,山之锐岭者。'则读'楼'为'嵝'。朱熹《集注》云:'岑楼,楼之高锐似山者。'则于'楼'字如字读之。按《说文》云:'岑,山小而高。'《楚辞》王逸《注》云:'岑,锐也。'则'岑'有高义,又有锐义,以山之高者其顶必锐也。故高而锐之鼎曰岑鼎(《吕氏春秋·审忌篇》,即《韩非子·说林篇》之'逸鼎'),高而锐之石曰岑石(《楚辞·逢纷》),则楼之高而锐者亦可曰岑楼。朱熹说较可从。"　⑤钩:带钩。　⑥奚翅:何止,岂但。　⑦紾(zhěn):扭捩,拗折。　⑧搂(lōu):拉。处子:指处女,未出嫁的女子。

【译文】

任国有个人问屋庐子:"礼和食哪个更重要?"屋庐子说:"礼更

重要。"那个人又问："色和礼哪个更重要？"屋庐子说："礼更重要。"那个人说："如果按照礼节获取食物，就会被饿死；不按照礼节去获取食物，就能得到吃的，还一定要遵守礼节吗？如果按照亲迎之礼迎娶，就娶不到妻子；如果不按照亲迎之礼迎娶，就能够娶到妻子，还一定要按照亲迎的礼节吗？"屋庐子无法回答，第二天便到了邹国把这些话告诉了孟子。孟子说："回答这样的问题，有什么困难呢？如果不衡量基础的高低，而只是比较其末端，那一寸见方的木块，可以让它比高楼还要高。金子比羽毛重的道理，难道说的是一个带钩的金子和一车的羽毛相比吗？用食中最重要的方面和礼中最细微的方面相比较，岂但是食重要呢？用色中最重要的方面和礼中最细微的方面相比较，岂但是色重要呢？你可以回去这样回答他：'扭住哥哥的胳膊抢夺他的食物，就能得到吃的；不扭就得不到吃的，那会去扭吗？爬过东面邻居家的墙去拉来人家的姑娘就能得到妻子，不去拉就得不到妻子，那会去拉吗？'"

曹交问曰[①]："人皆可以为尧舜，有诸？"孟子曰："然。""交闻文王十尺，汤九尺；今交九尺四寸以长，食粟而已，如何则可？"曰："奚有于是？亦为之而已矣。有人于此，力不能胜一匹雏[②]，则为无力人矣。今曰举百钧，则为有力人矣。然则举乌获之任[③]，是亦为乌获而已矣。夫人岂以不胜为患哉？弗为耳。徐行后长者，谓之弟[④]；疾行先长者，谓之不弟。夫徐行者，岂人所不能哉？所不为也。尧舜之道，孝弟而已矣。子服尧之服、诵尧之言、行尧之行，是尧而已矣。子服桀之服、诵桀之言、行桀之行，是桀而已矣。"曰："交得见于邹君，可以假馆[⑤]，愿留而受业于门。"曰:"夫道若大路然,岂难知哉?人病不求耳⑥。子归而求之,有余师。"

【注释】

①曹交:赵岐注曰:"曹交,曹君之弟。交,名也。"但此时曹国早已被宋国所灭,赵岐此说存在很大漏洞。曹交是何人已不可考。因此朱熹《集注》中也没有下结论,只是引用了赵岐的说法,说:"赵氏曰:'曹交,曹君之弟也。'"可见朱熹对此说也不敢轻易赞同,只是采取了一个模棱两可的态度。 ②匹:一说"匹"为鸭。如朱熹《集注》曰:"匹,字本作鸥,鸭也,从省作匹。《礼记》说'匹为鹜'是也。"一说"匹"为量词,即"只"。如杨伯峻《孟子译注》说:"'一匹雏'之语例与'一钩金'、'一舆羽'同,'钩'与'舆'皆作量词,则'匹'亦为量词。'匹'本为计马数之量词,毛公鼎、智鼎以及其他金文习见之,《尚书·文侯之命》亦云'马四匹'。而'匹夫匹妇'则又用以计人,此则借以计雏。'一匹雏'犹今言一只小鸡。"杨伯峻此说显得有些牵强,"匹"在古代作量词来计量动物的数量时,一般都是用来指马或者驴、骡等大牲口,而不是用于表示禽类的数量。而以"匹"指"鸭"则可见于《礼记·曲礼下》:"凡挚:天子鬯,诸侯圭,卿羔,大夫雁,士雉,庶人之挚匹。"郑玄注曰:"说者以'匹'为鹜。"孔颖达疏曰:"'匹',鹜也。野鸭曰凫,家鸭曰鹜。"因此这里仍从朱说。 ③乌获:古代的大力士。任:所负荷的重量。 ④弟:同"悌"。顺从和敬爱兄长。 ⑤假:借。 ⑥病:患,忧虑。

【译文】

曹交问:"人人都可以成为尧舜,有这样的说法吗?"孟子说:

"有。"曹交问:"我听说文王的身高是一丈,商汤的身高是九尺,如今我的身高是九尺四寸多,只会吃粮食罢了,该怎么办才可以像文王和商汤那样呢?"孟子说:"这有什么呢?只要去做就可以了。假设这里有个人,力量还不如一只鸭雏,可以称得上是没有力气的人了;如果说能够举起三千斤的重量,就可以说是很有力气的人了。那么,能够举起乌获所能举起的重量,也就是乌获了。人难道能以做不到而感到忧虑吗?只是不做罢了。慢慢地走在年长者之后,就叫做悌;走得很快抢到年长者的前面,就叫做不悌。慢慢地走,难道是人做不到的吗?只是不那样做啊。尧舜之道,不过就是孝悌罢了。你穿着尧的衣服,说着尧的话语,做着尧所做的事,就是尧了。你穿着桀的衣服,说着桀的话语,做着桀所做的事,就是桀了。"曹交说:"我准备去拜见邹国的国君,借个馆舍居住,愿意留下来向您学习。"孟子说:"道就像大路一样,难道难以了解吗?人们所要忧虑的只是不去寻求罢了。你回去寻求吧,老师有许多。"

公孙丑问曰:"高子曰①:'《小弁》②,小人之诗也。'"孟子曰:"何以言之?"曰:"怨。"曰:"固哉③,高叟之为《诗》也!有人于此,越人关弓而射之④,则己谈笑而道之;无他,疏之也。其兄关弓而射之,则己垂涕泣而道之;无他,戚之也⑤。《小弁》之怨,亲亲也。亲亲,仁也。固矣夫,高叟之为《诗》也!"曰:"《凯风》何以不怨⑥?"曰:"《凯风》,亲之过小者也;《小弁》,亲之过大者也。亲之过大而不怨,是愈疏也。亲之过小而怨,是不可矶也⑦。愈疏,不孝也;不可矶,亦不孝也。孔子曰:'舜其至孝矣,五十而慕。'"

【注释】

①高子:杨伯峻《孟子译注》认为:"《孟子》中'高子'凡数见,赵岐《注》以为'孟子弟子'。此处治诗之高子,以孟子称之为'高叟'论之,似年长于孟子,不当为孟子弟子,故梁玉绳《古今人表考》以为是二人,然亦有以为一人者。至陆德明《经典释文·序录》述《诗》之传授,'子夏授高行子'之高行子,与孟子年代难于相接,疑别是一人。陈奂《毛诗传疏》以为即是此高子,恐误。" ②《小弁》:朱熹《集注》曰:"《小弁》,《小雅》篇名。周幽王娶申后,生太子宜臼;又得褒姒,生伯服,而黜申后、废宜臼。于是宜臼之傅为作此诗,以叙其哀痛迫切之情也。"
③固:鄙陋。 ④关(wān):同"弯"。引满弓。 ⑤戚:亲。 ⑥《凯风》:朱熹《集注》曰:"《凯风》,《邶风》篇名。卫有七子之母,不能安其室,七子作此以自责也。"《诗序》曰:"《凯风》,美孝子也。卫之淫风流行,虽有七子之母,犹不能安其室,故美七子能尽其孝道,以慰母心,而成其志尔。"
⑦矶:水冲击岩石,引申为激怒、触犯。

【译文】

公孙丑问孟子:"高子说:'《小弁》这首诗,是小人所作的。'是这样吗?"孟子问:"为什么这样说呢?"公孙丑说:"诗中充满怨愤。"孟子说:"高老先生理解诗,真是鄙陋啊!假设有个人在这里,如果有个越国人曾经拉开弓去射他,那么他自己就会有说有笑地讲述这件事;没有其他原因,因为他们之间关系疏远。如果他的哥哥曾经拉开弓去射他,那么他就会流着眼泪哭泣着讲述这件事;没有其他原因,因为他们是亲人。《小弁》中的怨恨,正是觉得自己亲人亲近的表现。觉得自己亲人亲近,就是仁。高老先生理解诗,真是鄙陋啊!"公孙丑说:"《凯风》这首诗为什么没有怨愤之情呢?"孟子说:

"《凯风》这首诗,是因为自己的父母过错小;《小弁》这首诗,是因为父母过错大。父母过错大却没有怨愤之情,是更加疏远父母的表现。父母过错小却有怨愤之情,就是要激起大的怨怒的表现。更加疏远父母,是不孝;激起大的怨怒,也是不孝。孔子说:'舜是最有孝心的人了,五十岁还依恋父母。'"

宋牼将之楚①,孟子遇于石丘②,曰:"先生将何之③?"曰:"吾闻秦、楚构兵④,我将见楚王,说而罢之;楚王不悦,我将见秦王,说而罢之。二王我将有所遇⑤焉。"曰:"轲也请无问其详,愿闻其指⑥。说之将何如?"曰:"我将言其不利也。"曰:"先生之志则大矣,先生之号则不可⑦。先生以利说秦、楚之王,秦、楚之王悦于利,以罢三军之师,是三军之士乐罢而悦于利也。为人臣者,怀利以事其君;为人子者,怀利以事其父;为人弟者,怀利以事其兄。是君臣、父子、兄弟终去仁义⑧,怀利以相接,然而不亡者,未之有也。先生以仁义说秦、楚之王,秦、楚之王悦于仁义,而罢三军之师,是三军之士乐罢而悦于仁义也。为人臣者,怀仁义以事其君;为人子者,怀仁义以事其父;为人弟者,怀仁义以事其兄。是君臣、父子、兄弟去利,怀仁义以相接也,然而不王者,未之有也。何必曰利?"

【注释】

①宋牼:战国时期宋国人,为当时著名的学者,先秦典籍多有提及。　②石丘:地名,今已不可考。　③先生:焦循《正义》

曰:"《礼记·曲礼》云:'从于先生。'注云:'先生,老人教学者。'《国策·卫策》云:'乃见梧下先生。'注云:'先生,长者有德者称。'《齐策》云:'孟尝君谦坐,谓三先生。'注云:'长老先已以生者也。'轻盖年长于孟子,故孟子以先生称之而自称名。"杨伯峻《孟子译注》引某氏云:"今按其时孟子年已逾七十,而轻欲历说秦楚,意气犹健,年未能长于孟子。先生自是稷下学士先辈之通称,孟子亦深敬其人,故遂自称名为谦耳。"　　④秦、楚构兵:杨伯峻《孟子译注》中认为:"张宗泰《孟子诸国年表说》云:'当孟子时,齐秦所共争者惟魏,若楚虽近秦,时方强盛,秦尚未敢与争。惟梁襄王元年癸卯,有楚与五国共击秦不胜之事,而独与秦战,则在怀王十七年。孟子是年因燕人畔去齐,疑孟子或有事于宋,而自宋之薛,因与宋轻遇于石丘。'若孟子生于周安王之十三年与二十年间(约当公元前389年稍后),则至楚怀王十七年(公元前312年),年已逾七十了。"构兵,即交战。⑤遇:遇合,投合。　　⑥指:旨意,意向。　　⑦号:宣称,说法。　　⑧终:尽。

【译文】

宋轻打算到楚国去,孟子在石丘碰到了他,孟子问:"先生您打算去哪里?"宋轻说:"我听说秦国和楚国在交战,我打算去拜见楚王,说服他停止战争;如果楚王不喜欢我的话,我就打算再去拜见秦王,说服他停止战争。这两位国君中,总会有一个能与我意见相合。"孟子说:"我不想问您怎样详细劝说,只想听听您的大意。您将怎样去劝说呢?"宋轻说:"我打算对他们说交战会给他们带来哪些不利之处。"孟子说:"先生您的志向是很远大的,先生您的说法却是不可以的。先生您用利来劝说秦国和楚国的国君,秦国和楚国的国君如果因为喜欢利益,于是停止了军队的行动,这就会使三军将士因为乐于罢兵而喜欢利益。做臣属的,怀着追求利益之心来侍奉他们的君主;做儿子的,怀着追求利益之心来侍奉他们的父亲;做弟弟的,怀着追求利益之心来侍奉他们的哥哥。这就使得君臣、父子、兄弟都完全抛弃仁义,怀着追求利益之心来互相交往,如果这样而不灭亡的,是从来没有过的事情。如果先生您用仁义来劝说秦国和楚国的国君,秦国和楚国的国君因为喜欢仁义,于是停止了军队的行动,这就会使三军将士因为乐于罢兵而喜欢仁义。做臣属的,怀着仁义之心来侍奉他们的君主;做儿子的,怀着仁义之心来侍奉他们的父亲;做弟弟的,怀着仁义之心来侍奉他们的哥哥。这就使得君臣、父子、兄弟都抛弃追求利益的观念,怀着仁义之心来互相交往,如果这样而没有统一天下的,也是从来没有过的事情。为什么一定要说利呢?"

孟子居邹,季任为任处守①,以币交,受之而不报②。处于平陆③,储子为相④,以币交,受之而不报。他日由邹之任,见季子,由平陆之齐,不见储子。屋庐子喜曰:"连得间矣⑤。"问曰:"夫子之任见季子,之齐不见储子,为其为相与?"曰:"非也。《书》曰:'享多仪,仪不及物,曰不享。惟不役志于享⑥。'为其不成享也。"屋庐子悦。或问之,屋庐子曰:"季子不得之邹,储子得之平陆。"

【注释】

①季任:赵岐注曰:"季任,任君季弟也。"处守:即留守。古代国君离开京城,命大臣留守其地。　②不报:朱熹《集注》曰:"不报者,来见则当报之,但以币交,则不必报也。"　③平陆:

地名。　④储子：赵岐注曰："储子，齐相也。"　⑤间：指空子,可乘的机会。　⑥享多仪，仪不及物，曰不享。惟不役志于享：出自《尚书·洛诰》。朱熹《集注》曰："享，奉上也。仪，礼也。物，币也。役，用也。言虽享而礼意不及其币，则是不享矣，以其不用志于享故也。"

【译文】

孟子住在邹国的时候，季任为任国的留守，送礼物给孟子来与他结交，孟子接受了礼物但并没有回报。孟子住在平陆的时候，储子为齐国的国相，送礼物给孟子来与他结交，孟子接受了礼物但并没有回报。有一天，孟子从邹国到了任国，拜访了季子，从平陆到了齐国的国都，没有去拜访储子。屋庐子高兴地想："我终于找到先生做得不对的地方了。"于是问孟子："先生您到了任国，拜访了季子，到了齐国的国都，却没有拜访储子，是因为储子仅仅是个国相吗？"孟子说："不是。《尚书》中说：'享献可看重的是礼节，如果礼节达不到，与礼品不相称，也叫做没有享献。因为没有把心意用在享献上。'因为储子没有完成他的享献。"屋庐子很高兴。有人问他，屋庐子说："当初季子不能够亲自到邹国去，储子却可以亲自到平陆去。"

　　淳于髡曰："先名实者，为人也；后名实者，自为也①。夫子在三卿之中②，名实未加于上下而去之③，仁者固如此乎？"孟子曰："居下位，不以贤事不肖者，伯夷也。五就汤、五就桀者，伊尹也④。不恶污君，不辞小官者，柳下惠也。三子者不同道，其趋一也。一者何也⑤？曰仁也。君子亦仁而已矣，何必同？"曰："鲁缪公之时，公仪子为政⑥，子柳⑦、子思为臣，鲁之削也滋甚⑧。若是乎贤者之无益于国也。"曰:"虞不用百里奚而亡,秦缪公用之而霸。不用贤则亡,削何可得与?"曰:"昔者,王豹处于淇⑨,而河西善讴⑩。绵驹处于高唐⑪,而齐右善歌⑫。华周、杞梁之妻⑬,善哭其夫,而变国俗。有诸内,必形诸外。为其事而无其功者,髡未尝睹之也。是故无贤者也;有则髡必识之。"曰:"孔子为鲁司寇,不用,从而祭,燔肉不至⑭,不税冕而行⑮。不知者以为为肉也,其知者以为为无礼也。乃孔子则欲以微罪行⑯,不欲为苟去。君子之所为,众人固不识也⑰。"

【注释】

①先名实者,为人也;后名实者,自为也:朱熹《集注》曰:"名,声誉也。实,事功也。言以名实为先而为之者,是有志于救民者也;以名实为后而不为者,是欲独善其身者也。" ②三卿:赵岐注曰:"齐,大国,有三卿。"三卿,古代一般指司徒、司马、司空。 ③名实未加于上下:朱熹《集注》曰:"名实未加于上下,言上未能正其君,下未能济其民也。" ④五就汤、五就桀者,伊尹也:赵岐注曰:"伊尹为汤见贡于桀,桀不用而归汤,汤复贡之,如此者五。"关于伊尹"去汤适夏",古代典籍中多有记载。伊尹"五就汤、五就桀",从而了解了夏朝的许多情报,助汤灭夏。 ⑤一者何也:赵岐注曰:"髡问一者何也。"根据上下文,这里应当仍然是孟子的话,为孟子自己的设问。 ⑥公仪子:朱熹《集注》曰:"公仪子,名休,为鲁相。" ⑦子柳:赵岐注曰:"子柳,泄柳也。" ⑧鲁之削也滋甚:鲁缪公时,曾经多次败于齐国,丧失大片土地。削,削弱,土地被侵夺。滋,愈

告子下 | 275

益,更加。　⑨王豹:赵岐注曰:"王豹,卫之善讴者。"淇:水名。在河南省北部。　⑩河西:卫国处黄河之西,所以称卫地为'河西'。讴:歌唱,一般指齐声歌唱。　⑪绵驹:朱熹《集注》曰:"绵驹,齐人,善歌。"高唐:地名,在今山东省西部。杨伯峻《孟子译注》中说:"《韩诗外传》云:'淳于髡曰:昔者揖封生高商,齐人好歌。'高商盖即高唐,揖封盖即绵驹。高唐,按《战国策》云:'齐威王曰,吾臣有盼子者,使守高唐,则赵人不敢东渔于河。'当即此,故城在今山东禹城县西南。"　⑫齐右:高唐在齐国西部,古代以面南为上位,西部即为"右",所以此处称"齐右"。　⑬华周、杞梁:赵岐注曰:"华周,华旋也。杞梁,杞殖也。二人,齐大夫,死于戎事者,其妻哭之哀,城为之崩,国俗化之,则效其哭。"　⑭燔肉不至:《史记·孔子世家》记载:"齐陈女乐,季桓子微服往观,怠于政事。子路曰:'夫子可以行矣。'孔子曰:'鲁今且郊,如致膰乎大夫,则吾犹可以止。'桓子卒受齐女乐,三日不听政,郊又不致膰俎于大夫,孔子遂行。"燔肉,即烤熟的祭肉。燔,通"膰"。古代祭祀用的烤肉。根据礼制,宗庙、社稷等祭祀活动结束后,祭肉要分赐给同姓之国以及有关的人。　⑮不税冕而行:杨伯峻《孟子译注》中说:"'不税冕'言其匆忙,未必为真的如赵岐注所言'反归其舍,未及税解祭之冕而行'。因为冕只是用于祭祀,平常不戴。而致送祭肉必在已祭之后,甚或在祭毕后之第二三日,孔子祭毕刚反归其舍,不能知道是不是会致送膰肉,怎么会贸然离开呢?"税,同"脱"。解,脱下。冕,古代天子、诸侯、卿、大夫等举行朝仪或者祭礼时所戴的礼帽。　⑯欲以微罪行:阎若璩《四书释地续》曰:"盖孔子为鲁司寇,既不用其道,宜去一;燔俎又不至,宜去二。其去之之故,天下自知之,但孔子不欲其失纯在君相,己亦带有罪焉。乐毅报燕王尚云:'忠臣去国,不洁其名',况孔子乎?又《礼》:'大夫士去国,不说人以无罪。'《注》云:'己虽遭放逐,不自以无罪解说于人,过则称己也。'以膰肉不至遂行,无乃太甚,此之谓以微罪行。鲁人为肉、为无礼之议,正惬孔子微罪之心。" ⑰众人:一般人。

【译文】

淳于髡说:"重视名誉事功,是有志于济世救民;轻视名誉事功,是打算独善其身。先生您作为齐国的三卿之一,没有在对上辅佐君主、对下惠泽百姓方面建立任何名誉和事功就离开了,仁人本来都是这样的吗?"孟子说:"处于卑下的地位,不以自己贤人的身份去侍奉不贤明的人,这是伯夷。五次到商汤那里去,又五次到夏桀那里去,这是伊尹。辅佐名声很坏的国君也不会厌恶,做非常低微的官职也不会拒绝,这是柳下惠。三个人的做法不一样,但目标都是一样的。一样的东西是什么呢?就是仁。君子只要有仁这个目标就可以了,为什么要完全一样呢?"淳于髡说:"鲁缪公的时候,公仪子执掌政事,泄柳和子思都是臣属,鲁国的削弱却比以前更厉害了。像这样的话,贤人对于国家真的是没有什么好处啊。"孟子说:"虞国没有用百里奚而灭亡,秦穆公用了百里奚而称霸。不用贤人就会灭亡,即使想要维持被削弱的局面,又怎么能够办得到呢?"淳于髡说:"当年,王豹住在淇水岸边,于是河西的卫国人都善于唱歌。绵驹住在齐国的高唐,于是齐国西部的人都善于唱歌。华周、杞梁的妻子哭她们的丈夫很悲恸,于是改变了国家的风气。有什么内在的东西,必然会通过外在的东西表现出来。从事某种工作却没有任何成绩的,我从来没有见到过这样的事。所以我说如今没有贤人;如果有贤人,我一定看出来了。"孟子说:"孔子在鲁国做司寇,没有被重用,跟随国君去祭祀,本该分赐给他的祭肉也没有送来,于是来不及脱掉礼帽就匆忙地离开了。不了解孔子的人以为他是因为没有得到祭肉而离开的,了解孔子的人则认为他是因为鲁国的失礼才离开的。而孔子本人,却也是要使自己有一点小过错而离开,不打算随随便便就离开。君子的所作所为,普通人本来就是看不透的。"

孟子曰:"五霸者①,三王之罪人也②。今之诸侯,五霸之罪人也。今之大夫,今之诸侯之罪人也。天子适诸侯曰巡狩③;诸侯朝于天子曰述职④。春省耕而补不足⑤,秋省敛而助不给。入其疆,土地辟,田野治,养老,尊贤,俊杰在位,则有庆⑥,庆以地。入其疆,土地荒芜,遗老、失贤,掊克在位⑦,则有让⑧。一不朝,则贬其爵;再不朝,则削其地;三不朝,则六师移之⑨。是故天子讨而不伐⑩,诸侯伐而不讨。五霸者,搂诸侯以伐诸侯者也⑪,故曰:五霸者,三王之罪人也。五霸,桓公为盛。葵丘之会⑫,诸侯束牲载书而不歃血⑬。初命曰⑭:'诛不孝,无易树子,无以妾为妻。'再命曰:'尊贤、育才,以彰有德。'三命曰:'敬老、慈幼,无忘宾旅⑮。'四命曰:'士无世官,官事无摄,取士必得,无专杀大夫⑯。'五命曰:'无曲防⑰,无遏籴⑱,无有封而不告⑲。'曰:'凡我同盟之人,既盟之后,言归于好⑳。'今之诸侯,皆犯此五禁,故曰:今之诸侯,五霸之罪人也。长君之恶,其罪小;逢君之恶㉑,其罪大。今之大夫皆逢君之恶,故曰:今之大夫,今之诸侯之罪人也。"

【注释】

①五霸：五个霸主。历史上关于"五霸"至少有五种不同的说法。一是指夏昆吾、殷大彭、豕韦、周齐桓公、晋文公。如朱熹《集注》引丁氏曰："夏昆吾，商大彭、豕韦，周齐桓、晋文，谓之五霸。"另如《庄子·大宗师》中有："彭祖得之，上及有虞，下及五伯。"成玄英疏曰："五伯者，昆吾为夏伯，大彭、豕韦为殷伯，齐桓、晋文为周伯，合为五伯。"《白虎通·号》中也说："五霸者，何谓也？昆吾氏、大彭氏、豕韦氏、齐桓公、晋文公也。昔三王之道衰，而五霸存其政，率诸侯朝天子，正天下之化，兴复中国，攘除夷狄，故谓之霸也。昔昆吾氏，霸于夏者也；大彭氏、豕韦氏，霸于殷者也；齐桓、晋文，霸于周者也。"二是指春秋时的齐桓公、晋文公、秦穆公、宋襄公、楚庄王。如赵岐注曰："五霸者，大国秉直道以率诸侯，齐桓、晋文、秦缪、宋襄、楚庄是也。"另如《吕氏春秋·当务》中有："备说非六王五伯。"高诱注曰："五伯，齐桓、晋文、宋襄、楚庄、秦缪也。"《白虎通·号》中也说："或曰：五霸，谓齐桓公、晋文公、秦穆公、宋襄公、楚庄王也。宋襄伐齐，乱齐桓公，不擒二毛，不鼓不成烈。《春秋传》曰：'虽文王之战不是过。'知其霸也。"三是指春秋时的齐桓公、晋文公、楚庄王、吴王阖闾、越王勾践。如《荀子·王霸》中说："虽在僻陋之国，威动天下，五伯是也……故齐桓、晋文、楚庄、吴阖闾、越勾践，是皆僻陋之国也，威动天下，强殆中国。"四是指春秋时的齐桓公、晋文公、秦穆公、楚庄王、吴王阖闾。如《白虎通·号》中说："或曰：五霸，谓齐桓公、晋文公、秦穆公、楚庄王、吴王阖闾也。霸者，伯也，行方伯之职，会诸侯，朝天子，不失人臣之义，故圣人与之。非明王之张法。霸犹迫也，把也，迫胁诸侯，把持其政。《论语》曰：'管仲相桓公，霸诸侯。'《春秋》曰：'公

朝于王所。'于是时晋文之霸。《尚书》曰：'邦之荣怀,亦尚一人之庆。'知秦穆之霸也。楚胜郑而不告,从而攻之,又令还师,而佚晋寇。围宋,宋因而与之平,引师而去。知楚庄之霸也。蔡侯无罪而拘于楚,吴有忧中国心,兴师伐楚,诸侯莫敢不至。知吴之霸也。"五是指春秋时的齐桓公、宋襄公、晋文公、秦穆公、吴王夫差。如《汉书·诸侯王表》中有："故盛则周、邵相其治,致刑错；衰则五伯扶其弱,与共守。"颜师古注曰："'伯'读曰'霸'。此五霸谓齐桓、宋襄、晋文、秦穆、吴夫差也。"孟子所说的"五霸",不知是指哪五人,但从上文"秦穆公用之而霸"看来,可能是第二、三、五中的一说。　②三王：关于"三王",历史上也有不同的看法。一是指夏禹、商汤、周文王和周武王。如朱熹《集注》曰："三王,夏禹,商汤,周文、武也。"二是指夏禹、商汤、周文王。如赵岐注曰："三王,夏禹、商汤、周文王是也。"三是指夏禹、商汤、周武王。如《春秋穀梁传·隐公八年》中有："盟诅不及三王。"范宁注曰："三王,谓夏、殷、周也。夏后有钧台之享,商汤有景亳之命,周武有盟津之会。"四是指商汤、周文王、周武王。如《尸子》卷下有："汤复于汤丘,文王幽于羑里,武王羁于王门；越王栖于会稽,秦穆公败于崤塞,齐桓公遇贼,晋文公出走,故三王资于辱,而五霸得于困也。"五是指周之太王、王季、文王。如《国语·周语下》中有："以太蔟之下宫,布令于商,昭显文德,厎纣之多罪,故谓之宣,所以宣三王之德也。"韦昭注曰："三王,太王、王季、文王也。"根据儒家的一贯主张,孟子这里所说的"三王"指的是夏、商、周三代的开国君主。即上述一、二、三中的一说。　③适：去,往。　④述职：指诸侯向天子陈述职守。　⑤省：视察,查看。　⑥庆：赏赐,褒美。　⑦掊克：聚敛,搜括。也指搜括民财的人。

⑧让:责备,责问。　⑨移之:朱熹《集注》曰:"移之者,诛其人而变置之也。"　⑩讨:朱熹《集注》曰:"讨者,出命以讨其罪,而使方伯连帅帅诸侯以伐之也。"伐:朱熹《集注》曰:"伐者,奉天子之命,声其罪而伐之也。"　⑪搂:这里是"挟持"之意。　⑫葵丘:地名,故址在今河南省考城县东。葵丘会盟确立了齐桓公的霸主地位。　⑬束牲:赵岐注曰:"束缚其牲。"《春秋榖梁传·僖公九年》曰:"葵丘之盟,陈牲而不杀。"所以说"束牲"。载书:即盟书,会盟时所订的誓约文件。《春秋榖梁传·僖公九年》中说:"葵丘之盟,陈牲而不杀,读书,加于牲上。"歃血:古代盟会中的一种仪式。盟约宣读完毕后,参加者用口微吸所杀牺牲之血,以表示自己的诚意。一说歃血即以指蘸血,涂于口旁。　⑭命:辞命,这里指盟约。　⑮宾旅:客卿,羁旅之人。　⑯士无世官,官事无摄,取士必得,无专杀大夫:赵岐注曰:"仕为大臣,不得世官,贤臣乃得世禄也。官事无摄,无旷庶僚也。取士必得贤也,立贤无方也。无专杀大夫,不得以私怒行戮也。"朱熹《集注》曰:"士世禄而不世官,恐其未必贤也。官事无摄,当广求贤才以充之,不可以阙人废事也。取士必得,必得其人也。无专杀大夫,有罪则请命于天子而后杀之也。"　⑰无曲防:朱熹《集注》曰:"无曲防,不得曲为堤防,壅泉激水,以专小利,病邻国也。"杨伯峻《孟子译注》认为:"《管子·大匡篇》及《霸形篇》皆作'无曲隄',可见'防'即'隄',亦即《榖梁》僖公九年《传》之'毋壅泉'。盖当时诸侯各筑隄防,大水则以邻国为壑,旱则专擅水利,使邻国受灾。(至于《汉书·沟洫志》引贾让奏言谓'盖隄防之作,近起战国',本是不肯定之词,不足为的据。)'曲'是副词,与《易·系词(当为'系辞'——引者注)》'曲成万物而不遗'、《荀子·非

相篇》'曲得所谓焉'、《荀子·礼论篇》'曲容备物之谓道矣'诸'曲'字同义,有'无不''遍'之义。前人多不得其解,惟刘念亲《荀子·正名篇》诂释曾略及之。"由此可见,赵注中将其解释为"无敢违王法而以己意设防禁也",是不恰当的。　　⑱无遏籴:遏,遏止,制止。籴,买进谷物。　　⑲无有封而不告:赵岐注曰:"无以私恩擅有封赏而不告盟主也。"朱熹《集注》曰:"无有封而不告者,不得专封国邑而不告天子也。"杨伯峻《孟子译注》中说:"《孟子》原文'告'下无宾语,或以为告盟主,或以为告天子。但齐桓公自是盟主,且僖公二年城楚邱而封卫,亦未尝告天子,此岂不自己掌嘴?因取赵注之说。"此说可从。　　⑳言:助词。无义。　　㉑逢:迎,迎合。

【译文】

孟子说:"五霸,在三王面前就是有罪之人;如今的这些诸侯,在五霸面前就是有罪之人;如今的这些大夫,在如今的诸侯面前就是有罪之人。天子到诸侯的封家去视察叫做巡狩;诸侯到天子的京城去觐见叫做述职。天子巡狩时,春天视察耕种的情况,不足的人要给予补助;秋天视察收获的情况,不够的人要给予赈济。到一个诸侯国的土地上去,如果发现土地已被开辟,田野里的生产井井有条,老人得到赡养,贤者受到尊贵,出色的人才都有合适的职位,那么封地上的诸侯就有赏赐,赏赐给他土地。到一个诸侯国的土地上去,如果发现土地仍然荒废,老人遭到遗弃,贤者不被任用,搜括钱财的人占据了官位,那么封地上的诸侯就要责罚。至于诸侯述职,一次不去朝见,就降低他的爵位;两次不去朝见,就削减他的土地;三次不去朝见,就开去大军征讨他。所以天子的军事行动是'讨'而不是'伐',诸侯的军事行动是'伐'而不是'讨'。五霸,都是挟持着诸侯来攻伐诸侯的人,所以说:五霸,在三王面前就是有罪之人。五霸之中,以齐桓公最为强盛。葵丘会盟中,诸侯们捆绑着活的牺牲,把盟书放在它们身上,但是没有歃血。第一条盟约说:'诛罚不孝之人,不要改立宗子,不要把小妾立为正妻。'第二条盟约说:'尊重贤人、培育人才,以表彰有德行的人。'第三条盟约说:'尊敬老人、慈爱儿童,不要怠慢他国来的客人。'第四条盟约说:'士人不要有世代相传的官职,官吏的职务不要兼摄,选拔士子一定要选拔合适的人员,不能擅自杀戮大夫。'第五条盟约说:'不要到处筑堤拦水,不要制止邻国来购买粮食,不要有所封赐而不报告。'又说:'所有参加我们盟会的人,自从盟约订立之后,要重新恢复友好相处。'如今的这些诸侯,都违反了这五条禁令,所以说:如今的这些诸侯,在五霸面前就是有罪之人。臣下助长君主的恶行,这种罪过相对较小;臣下迎合君主的恶行,这种罪行相对较大。如今的这些大夫,都在迎合君主的恶行,所以说:如今的这些大夫,在如今的诸侯面前就是有罪之人。"

鲁欲使慎子为将军①。孟子曰:"不教民而用之,谓之殃民②,殃民者,不容于尧舜之世。一战胜齐,遂有南阳③,然且不可④。"慎子勃然不悦,曰:"此则滑厘所不识也⑤。"曰:"吾明告子,天子之地方千里;不千里,不足以待诸侯。诸侯之地方百里;不百里,不足以守宗庙之典籍⑥。周公之封于鲁,为方百里也;地非不足,而俭于百里⑦。太公之封于齐也,亦为方百里也;地非不足也,而俭于百里。今鲁方百里者五⑧,子以为有王者作,则鲁在所损乎?在所益乎?徒取诸彼以与此⑨,然且仁者不为,况于杀人以求之乎?君子之事君也,务引其君以当道⑩,志于仁而已。"

【注释】

①慎子:赵岐注曰:"慎子,善用兵者。"朱熹《集注》曰:"慎子,鲁臣。"　②不教民而用之,谓之殃民:赵岐注曰:"不教民以仁义而用之战斗,是使民有殃祸也。"殃,为害,祸害。　③南阳:战国时齐地,在今泰山之南。赵岐注曰:"山南曰阳,岱山之南,谓之南阳也。"　④然且不可:杨伯峻《孟子译注》认为:"此句未完,因慎子勃然不悦,抢着说去。所以知之者,凡用'尚且''犹且''然且'诸副词之句,多是主从复合句,从句用'且',主句用反问句,如下文'然且仁者不为,况于杀人以求之乎'即是。此处下文无主句,且有'慎子勃然不悦'诸叙述语,所以知之。"　⑤滑(gǔ)厘:慎子之名。　⑥典籍:指法典、图籍等重要文献。　⑦俭:不足。　⑧今鲁方百里者五:顾栋高《春秋大事表》中计算过当时鲁国土地的面积,说:"伯禽初封曲阜,《汉书·地理志》云:'成王以少皞之墟曲阜封周公子伯禽为鲁侯',今为山东曲阜县。后益封奄;隐二年入极;十年败宋师于菅,辛未取郜,辛巳取防;僖十七年灭项;三十三年伐邾,取訾娄;文十年伐邾,取须句;宣四年伐莒,取向;宣九年取根牟;十年伐邾,取绎;成六年取鄟;襄十三年取邿;二十一年邾庶以其漆闾丘来奔;昭元年伐莒,取郓;四年取鄫;五年,莒牟夷以牟娄及防兹来奔;十年伐莒,取郠;三十一年邾黑肱以滥来奔;哀二年伐邾,取漷东田及沂西田;三年城启阳;哀十七年越使后庸来言邾田,二月盟于平阳。平阳在邹县西南,本邾邑,为鲁所取。鲁在春秋,实兼九国之地。"　⑨徒:朱熹《集注》曰:"徒,空也,言不杀人而取之也。"　⑩当道:朱熹《集注》曰:"当道,谓事合于理。"

【译文】

鲁国打算任命慎子为将军。孟子说:"不先教导百姓明白事理就用他们去打仗,这叫做残害百姓。残害百姓的人,在尧舜之世是不能被容纳的。即使一战就打败齐国,因此取得了南阳的土地,这样也是不可的。"慎子听到这里,非常生气,说:"这是我认识不到的。"孟子说:"我明白地告诉你,天子的土地面积方圆千里;如果达不到千里,就不足以满足接待诸侯的需要。诸侯的土地面积方圆百里;如果达不到百里,就不足以满足按照祖宗传下来的制度治理国家的需要。周公当初被封在鲁国的时候,封给他的土地是方圆百里;土地不是不能满足需要,但实际上占据的不到一百里。姜太公当初被封在齐国的时候,封给他的土地也是方圆百里;土地不是不能满足需要,但实际上占据的不到一百里。如今鲁国的土地面积可以划成五个方圆百里,你认为如果有圣王重新兴起,那么鲁国会被列入土地减少之列呢,还是列入土地增加之列呢? 不使用武力从那一国取得土地来给这一国,这样的事仁人尚且不会去做,何况通过杀人来夺取土地呢? 有德行的君子侍奉君主,只是专注于引导他的君主合乎礼义的正路,一心一意实行仁政罢了。"

孟子曰:"今之事君者皆曰:'我能为君辟土地,充府库。'今之所谓良臣,古之所谓民贼也。君不乡道①,不志于仁,而求富之,是富桀也。'我能为君约与国②,战必克。'今之所谓良臣,古之所谓民贼也。君不乡道,不志于仁,而求为之强战,是辅桀也。由今之道,无变今之俗,虽与之天下,不能一朝居也。"

【注释】

①乡:同"向"。朱熹《集注》曰:"乡,与向同。" ②约:邀约,邀请。与国:盟国,友邦。

【译文】

孟子说:"如今侍奉君主的人都说:'我能够为君主开拓土地,充实府库。'如今所谓的良臣,就是古代残害百姓的所谓民贼。君主不追求道德,不一心一意地实行仁政,却想要使他更加富有,这就是使夏桀这样的暴君富足啊。'我能够为君主邀约盟国,每次出战一定获胜。'如今所谓的良臣,就是古代残害百姓的所谓民贼。君主不追求道德,不一心一意地实行仁政,却想要为他硬撑着打仗,这就是在辅佐夏桀这样的暴君啊。沿着如今的道路,不去改变今天的习俗,即使把整个天下都送给他,他也是一天都坐不成的。"

　　白圭曰①:"吾欲二十而取一,何如?"孟子曰:"子之道,貉道也②。万室之国,一人陶,则可乎?"曰:"不可,器不足用也。"曰:"夫貉,五谷不生,惟黍生之,无城郭、宫室、宗庙、祭祀之礼,无诸侯、币帛、饔飧,无百官有司,故二十取一而足也。今居中国,去人伦,无君子③,如之何其可也?陶以寡,且不可以为国,况无君子乎?欲轻之于尧舜之道者,大貉、小貉也;欲重之于尧舜之道者,大桀、小桀也。"

【注释】

①白圭:战国时人,曾经为魏国国相,发展生产,卓有成效。
②貉(mò):同"貊"。古代北方少数民族及其建立的国家名。

③去人伦,无君子:朱熹《集注》曰:"无君臣祭祀交际之礼,是去人伦;无百官有司,是无君子。"

【译文】

白圭说:"我想把税率定为二十取一,怎么样呢?"孟子说:"你的办法,就是蛮荒地区的貉国的办法。有一万户居民的国家,只有一个人制作陶器,那样可以吗?"白圭说:"不可以,陶器会不够用。"孟子说:"在貉国,五谷在那里都无法生长,只有黍一种作物能生长,国家里没有城墙、房屋、宗庙和祭祀的礼节,没有诸侯国之间的交往、相互赠送礼物和宴请招待客人,没有职位的划分和专门的官署,所以二十取一就足够了。如今在中国,抛弃所有伦常关系,没有治理国家的官员,那怎么可以呢?做陶器的太少,尚且不能够满足一个国家运转的需要,何况没有专门治理国家的人呢?打算使自己的税率低于尧舜制定的税率的,从不同程度上说都是貉国;打算使自己的税率高于尧舜制定的税率的,从不同程度上说都是夏桀。"

白圭曰:"丹之治水也愈于禹①。"孟子曰:"子过矣。禹之治水,水之道也②。是故禹以四海为壑③。今吾子以邻国为壑④。水逆行,谓之洚水;洚水者,洪水也。仁人之所恶也。吾子过矣。"

【注释】

①丹:白圭的名。　②道:同"导"。　③壑:洼地,水沟。
④今吾子以邻国为壑:《韩非子·喻老》中说:"白圭之行堤也,塞其穴,是以无水难。"也就是说白圭治水的方法是通过筑堤使水流入邻国,从而使本国免除水患,所以孟子有此说。

【译文】

白圭说:"我治水超过大禹。"孟子说:"你错了。大禹治水,是顺着水的流向进行疏导。所以大禹让四海成为排水的地方。如今你把邻国当做排水的地方。水逆着原来的方向而流,就叫做洚水;洚水,其实就是洪水。你这样做是有仁爱之心的人所厌恶的。你错了。"

孟子曰:"君子不亮①,恶乎执②?"

【注释】

①亮:同"谅"。诚信,忠诚。　②执:持守。

【译文】

孟子说:"君子如果没有诚信,还有什么德操可以执守呢?"

鲁欲使乐正子为政。孟子曰:"吾闻之,喜而不寐。"公孙丑曰:"乐正子强乎?"曰:"否。""有知虑乎?"曰:"否。""多闻识乎?"曰:"否。""然则奚为喜而不寐。"曰:"其为人也好善①。""好善足乎?"曰:"好善优于天下②,而况鲁国乎?夫苟好善,则四海之内,皆将轻千里而来告之以善③。夫苟不好善,则人将曰:'訑訑④,予既已知之矣⑤。'訑訑之声音颜色,距人于千里之外⑥。士止于千里之外,则谗谄面谀之人至矣⑦。与谗谄面谀之人居,国欲治,可得乎?"

【注释】

①好善:赵岐注曰:"乐闻善言,是采用之也。" ②优于天下:即"优于治天下"。优,宽绰,有余力。 ③轻:易。 ④訑訑(yí):扬扬自得、沾沾自喜的样子。 ⑤既:原意为日全食或月全食。这里是"尽"、"都"的意思。 ⑥距:同"拒"。拒绝,排斥。 ⑦谗谄面谀:谗,指说别人的坏话,说陷害人的话。谄,指通过揣测别人的心理而奉承。谀,指不分是非地巴结、奉承。面谀,指当面恭维。

【译文】

鲁国打算让乐正子主持政事。孟子说:"我听到这个消息,高兴得没有睡着觉。"公孙丑说:"乐正子很有能力吗?"孟子说:"不是。"公孙丑问:"他很聪明并且善于思考吗?"孟子说:"不是。"公孙丑说:"他见闻广博、阅历丰富吗?"孟子说:"不是。"公孙丑问:"那么你为什么高兴得没有睡着觉呢?"孟子说:"他为人的优点是喜欢听取善言。"公孙丑说:"喜欢听取善言就足以主持政事吗?"孟子说:"喜欢听取善言,治理天下都绰绰有余,何况治理鲁国呢?如果喜欢听取善言,那么,四海之内,人们都会不远千里而来,把善言告诉他。如果不喜欢听取善言,那么他就会说:'呵呵!我自己早就都已经知道了!'这种扬扬自得的声音和表情,就会把别人拒绝于千里之外。士人停止于千里之外,那么进谗言、奉承人的小人就会来到身边。与进谗言、奉承人的小人待在一起,打算把国家治理得井井有条,能够做到吗?"

陈子曰①:"古之君子,何如则仕?"孟子曰:"所就三,所去三。迎之致敬以有礼,言,将行其言也,则就之;礼貌未衰②,言弗行也,则去之。其次,虽未行其言也,迎之致敬以有礼,则就之;礼貌衰,则去之。其下,朝不食,夕不食,饥饿不能出门户;君闻之,曰:'吾大者不能行其道,又不能从其言也,使饥饿于我土地,吾耻之。'周之,亦可受也,免死而已矣。"

【注释】
①陈子:赵岐认为就是陈臻。　②礼貌:谦恭有礼的样子。

【译文】
陈子说:"古代的君子,在什么样的情况下出来做官呢?"孟子说:"做官的情况有三种,离开的情况有三种。被非常有礼貌、恭敬地迎请,对于他的主张,打算将这种主张付诸实行,这种情况下就做官。谦恭有礼的态度没有衰减,主张已经不能够实行,这种情况下就离开。其次,虽然没有推行他的主张,但被非常有礼貌、恭敬地迎请,这种情况下就做官。谦恭有礼的态度衰减了,这种情况下就离开。最下的情况是,早晨没有东西吃,傍晚也没有东西吃,饥饿得无法走出自己的住处;君主听说之后,说:'我从总体上来说不能推行他的学说,也不能听从他的主张,让他在我的土地上忍饥挨饿令我羞耻。'于是就救济他,这也可以接受一定的官职,为了免于饿死罢了。"

孟子曰:"舜发于畎亩之中①,傅说举于版筑之间②,胶鬲举于鱼盐之中③,管夷吾举于士④,孙叔敖举于海⑤,百里奚举于市。故天将降大任于是人也,必先苦其心志,劳其筋骨,饿其体肤,空乏其身⑥,行拂乱其所为⑦;所以动心忍性⑧,曾益其所不能⑨。人恒过,然后能改。困于心,衡于虑⑩,而后作。征于色⑪,发于声,而后喻⑫。入则无法家拂士,出则无敌国外患者,国恒亡⑬。然后知生于忧患,而死于安乐也。"

【注释】

①舜发于畎亩之中:相传舜曾耕于历山,故称。　②傅说举于版筑之间:《史记·殷本纪》记载:"帝武丁即位,思复兴殷,而未得其佐。三年不言,政事决定于冢宰,以观国风。武丁夜梦得圣人,名曰说。以梦所见视群臣百吏,皆非也。于是乃使百工营求之野,得说于傅险中。是时说为胥靡,筑于傅险。见于武丁,武丁曰是也。得而与之语,果圣人,举以为相,殷国大治。故遂以傅险姓之,号曰傅说。"版,供建筑或其他使用的木板。筑,捣土的杵。古人筑土墙,用两版相夹,填泥于其中,用杵捣实成墙。版筑,泛指土木营造之事。　③胶鬲举于鱼盐之中:赵岐注曰:"胶鬲,殷之贤臣,遭纣之乱,隐遁为商,文王于鬻贩鱼盐之中得其人,举之以为臣也。"　④管夷吾举于士:《史记·齐太公世家》记载:齐桓公即位之后,"发兵距鲁。秋,与鲁战于乾时,鲁兵败走,齐兵掩绝鲁归道。齐遗鲁书曰:'子纠兄弟,弗忍诛,请鲁自杀之。召忽、管仲雠也,请得而甘心醢之。不然,将围鲁。'鲁人患之,遂杀子纠于笙渎。召忽自杀,管仲请囚。桓公之立,发兵攻鲁,心欲杀管仲。鲍叔牙曰:'臣幸得从君,君竟以立。君之尊,臣无以增君。君将治齐,即高傒与叔牙足矣。君且欲霸王,非管夷吾不可。夷吾所居国国重,不可失也。'于是桓公从之。乃详为召管仲欲甘心,实欲用之。管仲知之,故请往。鲍叔牙迎受管仲,及堂阜而脱桎梏,斋祓而见桓

公。桓公厚礼以为大夫,任政。桓公既得管仲,与鲍叔、隰朋、高傒修齐国政,连五家之兵,设轻重鱼盐之利,以赡贫穷,禄贤能,齐人皆说。"管夷吾,即管仲。士,狱官。　⑤孙叔敖举于海:孙叔敖,《史记·循吏列传》记载:"孙叔敖者,楚之处士也。虞丘相进之于楚庄王,以自代也。三月为楚相,施教导民,上下和合,世俗盛美,政缓禁止,吏无奸邪,盗贼不起。秋冬则劝民山采,春夏以水,各得其所便,民皆乐其生。"举于海,赵岐注曰:"孙叔敖隐处耕于海滨,楚庄王举之以为令尹。"　⑥空乏:困穷,贫穷。　⑦拂乱:违反其意愿以乱之。拂,逆,违背。⑧动心忍性:朱熹《集注》曰:"动心忍性,谓竦动其心,坚忍其性也。然所谓性,亦指气禀食色而言耳。"　⑨曾:同"增"。⑩衡于虑:赵岐注曰:"衡,横也。横塞其虑于胸臆之中。"⑪征:证明,证验。　⑫喻:知晓,明白。　⑬入则无法家拂士,出则无敌国外患者,国恒亡:赵岐注曰:"入,谓国内也。无法度大臣之家、辅弼之士。出,谓国外也。无敌国可难,无外患可忧,则凡庸之君骄慢荒怠,国常以此亡也。"法家,守法度的世臣。朱熹《集注》曰:"法家,法度之世臣也。"拂,同"弼",辅佐。拂士,辅佐的贤士。

【译文】

孟子说:"舜被举荐于乡间田野之中,傅说被提拔于筑墙苦力之中,胶鬲被提举于鱼盐贩子之中,管夷吾被任用于狱官监管之下,孙叔敖被荐举于海边隐居之时,百里奚被提拔于买卖场所之中。所以天要把重大的责任落到某个人肩上,一定先使他的心志遭到折磨,使他的筋骨经受劳累,使他的肌体受到饥饿,使他的身体陷入穷困,使他的行为都违背他的意愿而受到扰乱;这样,就可以使他的心灵受到震动,使他的性情能够坚韧,增加他以前没有具备的能力。一个人经常发生错误,然后才能改进提高;心意困顿,思虑阻塞,然后才能发愤有为。从表情上显现出来,从言语中阐发出来,然后才能被人了解。在内没有恪守法度的大臣和辅佐君主的贤士,在外没有可与抗衡的敌国和时刻警惕的外患,一个国家常常会灭亡。明白了这些,就可以知道忧愁祸患使人生存,安逸快乐让人死亡的道理了。"

孟子曰:"教亦多术矣①。予不屑之教诲也者,是亦教诲之而已矣。"

【注释】
①术:方法,手段。
【译文】
孟子说:"教育也是有很多方式的。我不屑于去教育训诲他,这也不过是一种教育训诲的方法罢了。"

尽心上

【题解】

《尽心上》共四十六章,所涉及的问题较多,大致来说,最主要的有以下方面:一是性命问题。孟子提出要尽心知性,存心养性,修身以俟命;要顺受其正,尽其道而死;追求自身本性中所具有的东西,则求有益于得;认为人天生就具有"良知"、"良能",这是人和其他动物的根本区别。二是修养问题。孟子强调了反躬自问的道德修养方法和推己及人的道德实践途径,说"反身而诚,乐莫大焉。强恕而行,求仁莫近焉"、"亲亲而仁民,仁民而爱物";强调每个人都要加强道德的积累,永远不要自我满足;主张原则性和灵活性的统一,认为"执中无权,犹执一也"。三是荣辱问题。孟子强调了羞耻之心对于人的重要性,认为"人不可以无耻";强调羞耻感对道德修养的重要意义,说"不耻不若人,何若人有"。四是操守问题。孟子提出:"穷则独善其身,达则兼善天下",不论富贵贫贱,要始终坚守节操;作为豪杰之士,应当奋发有为,不必"待文王而后兴";君子在道义的追求中自得其乐,而不是因为财富、地位或欲望的满足;士应当有高远的志向,以仁义作为追求的目标,即"尚志";不能牺牲道义逢迎当权者以换取功名利禄,"天下有道,以道殉身;天下无道,以身殉道"。

五是治国问题。孟子主张,应当"以佚道使民",充分考虑老百姓的需要;要重视德治、教化,认为"仁言,不如仁声之入人深也。善政,不如善教之得民也";认为养老是仁政的重要内容,要求统治者要通过实实在在的政治措施,使老人都得到善待,老有所安;认为要使老百姓生活富足,才能使他们安居乐业,自觉接受教化。

孟子曰:"尽其心者,知其性也。知其性,则知天矣。存其心,养其性,所以事天也。夭寿不贰①,修身以俟之,所以立命也②。"

【注释】
①不贰:专一,无二心。 ②立命:指通过修身养性以奉天命。

【译文】
孟子说:"充分发掘人内心中的善性,就能够洞知人的本性。了解了人的本性,也就能够洞察天命了。保持人的善良本心,涵养人的先天善性,这就是对待天命的正确态度。不论短命还是长寿,都能够专心一志,陶冶身心,涵养德行,等待天命,这就是把握命运的正确态度。"

孟子曰:"莫非命也,顺受其正。是故知命者,不立乎岩墙之下①。尽其道而死者,正命也。桎梏死者,非正命也②。"

【注释】

①岩墙:将要倒塌的墙。　②桎梏死者,非正命也:朱熹《集注》曰:"桎梏,所以拘罪人者。言犯罪而死,与立岩墙之下者同,皆人所取,非天所为也。"

【译文】

孟子说:"事物的发展没有不是取决于命运的,顺应规律而行所接受的就是正命。所以懂得命运的人,不会站在将要倒塌的墙壁之下。尽力实现自己的理想而死的人,所得的就是正命。犯罪而死的人,就不是正命。"

孟子曰:"'求则得之,舍则失之',是求有益于得也,求在我者也①。'求之有道,得之有命',是求无益于得也,求在外者也②。"

【注释】

①在我者:朱熹《集注》曰:"在我者,谓仁义礼智,凡性之所有者。"　②在外者:朱熹《集注》曰:"在外者,谓富贵利达,凡外物皆是。"

【译文】

孟子说:"'如果追求就能得到,如果放弃就会失去',这是追求有助于获得,也就是追求我本身就具有的东西。'追求要通过正确的方式,能否得到要根据命运的安排',这是追求无助于获得,也就是追求我本身之外的东西。"

孟子曰:"万物皆备于我矣,反身而诚①,乐莫大焉。

强恕而行②,求仁莫近焉。"

【注释】

①反身而诚:赵岐注曰:"反自思其身所施行,能皆实而无虚。"朱熹《集注》曰:"言反诸身,而所备之理,皆如恶恶臭、好好色之实然,则其行之不待勉强而无不利矣。" ②恕:即恕道,其核心是推己及人、仁爱待物。

【译文】

孟子说:"世间的一切在我的本心中都具备了。反躬自问,自己是实实在在地在按照自己的本心行事,没有比这更大的快乐了。努力地按照推己及人的恕道去做,达到仁的境界的道路没有比这种方法更近的了。"

孟子曰:"行之而不著焉①,习矣而不察焉,终身由之而不知其道者,众也②。"

【注释】

①著:朱熹《集注》曰:"著者,知之明。" ②众:一般人。

【译文】

孟子说:"做了也不明白是怎么回事,习以为常也不能探究它的实质,一生都在经过也不知道是哪条道路,这是一般人。"

孟子曰:"人不可以无耻。无耻之耻,无耻矣①。"

【注释】

①无耻之耻,无耻矣:赵岐注曰:"人能耻己之无所耻,是为改行

从善之人,终身无复有耻辱之累也。"

【译文】

孟子说:"人不能没有羞耻观念。把没有羞耻观念作为一种耻辱,就不会再有耻辱了。"

孟子曰:"耻之于人大矣。为机变之巧者①,无所用耻焉。不耻不若人,何若人有②?"

【注释】

①机变:机谋权诈。　②不耻不若人,何若人有:赵岐注曰:"不耻不如古之圣人,何有如贤人之名也?"朱熹《集注》曰:"但无耻一事不如人,则事事不如人矣。或曰:'不耻其不如人,则何能有如人之事。'其义亦通。"今从赵注。

【译文】

孟子说:"羞耻对于人来说非常重要,巧于做机谋权诈之事的人,没有地方用得着羞耻。不以自己不如别人为羞耻,怎么能够做成别人那样呢?"

孟子曰:"古之贤王,好善而忘势①。古之贤士,何独不然?乐其道而忘人之势。故王公不致敬尽礼,则不得亟见之。见且由不得亟,而况得而臣之乎?"

【注释】

①势:指权势。

【译文】

孟子说:"古代贤明的君主,喜欢听取善言而忘记了自己的权势。古代的贤明之士,又何尝不是这样呢?乐于坚持自己的主张而忘记了别人的权势。所以王公贵族对他们做不到恭敬尽礼,就不会急切地和他们相见。相见尚且不会急切,更何况要把他作为臣属呢?"

孟子谓宋勾践曰①:"子好游乎②?吾语子游:人知之亦嚣嚣③,人不知亦嚣嚣。"曰:"何如斯可以嚣嚣矣?"曰:"尊德乐义,则可以嚣嚣矣。故士穷不失义,达不离道④。穷不失义,故士得己焉⑤。达不离道,故民不失望焉。古之人,得志,泽加于民;不得志,修身见于世⑥。穷则独善其身,达则兼善天下。"

【注释】

①宋勾践:人名,事迹已不可考。 ②游:宣扬。通过游说宣传自己的主张。 ③嚣嚣(áo):赵岐注曰:"嚣嚣,自得无欲之貌也。" ④达:显贵,显达。 ⑤得己:自得。 ⑥见:朱熹《集注》曰:"见,谓名实之显著也。"

【译文】

孟子对宋勾践说:"你喜欢宣扬自己的主张吗?我和你讲讲宣扬吧:别人领会了我的主张,我感到自得其乐;别人不领会我的主张,我也感到自得其乐。"宋勾践说:"怎样做才能够自得其乐呢?"孟子说:"尊崇道德、喜爱道义,就可以自得其乐了。所以士人在困顿的时候,不会丧失道义;显达的时候不会背离正道。困顿的时候不会丧失道义,所以自己能够自得其乐。显达的时候不会背离正道,所以老百姓不会对他失望。古代的人,得志的时候,恩泽施于老百姓;不得志的时候,修养个人的品德使世人仰慕。困顿的时候自己修养好品德,显达的时候把美德推行天下。"

孟子曰:"待文王而后兴者①,凡民也②。若夫豪杰之士,虽无文王犹兴。"

【注释】

①兴:朱熹《集注》曰:"兴者,感动奋发之意。" ②凡民:平常之人。

【译文】

孟子说:"等待文王这样的圣王出现才能奋发的人,是平常之人。至于才能出众的豪杰之士,即使没有文王这样的圣王出现,也一样能奋发。"

孟子曰:"附之以韩、魏之家①,如其自视欿然②,则过人远矣。"

【注释】

①附:增益,增加。韩、魏之家:"家"在先秦时指的是大夫,因此这里韩、魏不是指战国时的韩、魏两国,而是晋国的韩、魏两家。②欿(kǎn)然:不自满。

【译文】

孟子说:"把晋国的韩、魏两家的财富加给他,如果他自己并不觉得自满,那么这样的人就超出一般人很多了。"

孟子曰:"以佚道使民①,虽劳不怨。以生道杀民②,虽死不怨杀者。"

【注释】

①佚道:赵岐注曰:"谓教民趋农,役有常时,不使失业,当时虽劳,后获其利,则佚矣,若'亟其乘屋'之类也。"　②生道:赵岐注曰:"谓杀大辟之罪者,以坐杀人故也。杀此罪人者,其意欲生民也。"

【译文】

孟子说:"以最终使老百姓安逸为指导思想来役使老百姓,他们虽然劳累也不会怨恨。以最终使老百姓生存为指导思想来杀人,人即使被杀死也不会怨恨杀他的人。"

孟子曰:"霸者之民,驩虞如也①;王者之民,皞皞如也②。杀之而不怨,利之而不庸③,民日迁善而不知为之者。夫君子所过者化④,所存者神,上下与天地同流,岂曰小补之哉⑤!"

【注释】

①驩虞:欢乐。驩,同"欢"。　②皞皞:广大自得、心情舒畅貌。　③利之而不庸:赵岐注曰:"利之使趋时而农,六畜繁息,无冻馁之老,而民不知犹是王者之功。"庸,功勋。　④君子:朱熹《集注》曰:"君子,圣人之通称也。"杨伯峻《孟子译注》

说:"这一'君子'的意义和一般有德者谓之君子以及有位者谓之君子的意义不同,故朱熹《集注》云:'君子,圣人之通称也。'不但指'王者',可能也指非王者之'圣人',如孔子等,所以此处不用'王者'字样而改用'君子'两字。" ⑤所过者化,所存者神,上下与天地同流,岂曰小补之哉:朱熹《集注》曰:"所过者化,身所经历之处,即人无不化,如舜之耕历山而田者逊畔,陶河滨而器不苦窳也。所存者神,心所存主处便神妙不测,如孔子之立斯立、道斯行、绥斯来、动斯和,莫知其所以然而然也。是其德业之盛,乃与天地之化同运并行,举一世而甄陶之,非如霸者但小小补塞其罅漏而已。此则王道之所以为大,而学者所当尽心也。"

【译文】

孟子说:"霸主的百姓,是欢喜快乐的;王者的百姓,是心情舒畅的。老百姓被处死也不会怨恨,得到了好处也不知道是谁的功绩,老百姓的品质一天天地变好也不知道是谁采取的措施。圣人所经过的地方,人们都会受到感化,所停留的地方,就会发生神秘莫测的变化,他们的德业与天地同时运行,难道能说仅仅只是对罅漏的小小补益吗?"

孟子曰:"仁言①,不如仁声之入人深也②。善政,不如善教之得民也。善政,民畏之;善教,民爱之③。善政,得民财;善教,得民心④。"

【注释】

①仁言:赵岐注曰:"仁言,政教法度之言也。"朱熹《集注》引二

程曰:"仁言,谓以仁厚之言加于民。"因下文"善政"与"善教"对举,赵注与孟子本意更为一致,今从之。　②仁声:赵岐注曰:"仁声,乐声《雅》、《颂》也。"从下文可知,这里"仁声"指的是"善教"。　③善政,民畏之;善教,民爱之:赵岐注曰:"畏之,不逋怠,故赋役举而财聚于一家也;爱之,乐风化而上下亲,故欢心可得也。"　④善政,得民财;善教,得民心:朱熹《集注》曰:"得民财者,百姓足而君无不足也;得民心者,不遗其亲,不后其君也。"

【译文】

孟子说:"仁德的政教命令不如仁德的音乐感化深入人心。良好的政令不如良好的教化能够赢得民心。良好的政令,老百姓都怕它;良好的教化,老百姓都爱它。良好的政治,得到的是老百姓的财富;良好的教化,得到的是老百姓的真心。"

孟子曰:"人之所不学而能者,其良能也①;所不虑而知者,其良知也②。孩提之童③,无不知爱其亲者,及其长也,无不知敬其兄也。亲亲,仁也;敬长,义也。无他,达之天下也。"

【注释】

①良能:人类天赋的能力。　②良知:人类先天具有的道德意识。　③孩提:幼小,幼年。

【译文】

孟子说:"人不需要学习就能做到的,这是人类天赋的良能;不需要思考就能知道的,这是人类先天具有的良知。非常幼小的儿童,没有不知道爱他的父母的,等到他长大了,没有不知道尊敬他的兄长的。亲爱父母,就是仁;尊敬兄长,就是义。没有别的原因,就是因为这两者可以通行天下。"

孟子曰:"舜之居深山之中,与木石居,与鹿豕游①,其所以异于深山之野人者几希。及其闻一善言,见一善行,若决江河,沛然莫之能御也。"

【注释】
①游:行走。
【译文】
孟子说:"舜居住在深山中的时候,与树木、山石同居,与麋鹿、野猪相伴,与深山中的普通人不同的地方很少。等到他听到一句善言,看到一件善行,(就学习并努力推行,)就像大江大河决了口一样,澎湃汹涌的气势没有力量能够阻止。"

孟子曰:"无为其所不为,无欲其所不欲,如此而已矣。"

【译文】
孟子说:"不要做那些自己不愿意做的事情,不要追求自己不想要的东西,按照这样的原则行事就可以了。"

孟子曰:"人之有德慧术知者①,恒存乎疢疾②。独孤臣孽子③,其操心也危④,其虑患也深,故达⑤。"

【注释】

①德慧术知:赵岐注以为"德行、智慧、道术、才智"。　②疢(chèn)疾:忧患。　③孽子:庶子,非正妻所生之子。　④危:忧惧,不安。　⑤达:通晓,明白。

【译文】

孟子说:"人之所以有道德、智慧、能力和知识,经常是因为他面临着忧患。只有那些孤立的臣属、庶出的儿子,由于他们考虑问题的时候总是感到忧惧,有着深深的顾虑和忧患,所以才通达事理。"

孟子曰:"有事君人者,事是君则为容悦者也。有安社稷臣者,以安社稷为悦者也。有天民者①,达可行于天下而后行之者也。有大人者②,正己而物正者也。"

【注释】

①天民:指明乎天理、适乎天性的贤者。　②大人:指德行高尚、志趣高远的圣贤。

【译文】

孟子说:"有侍奉君主的人,就是那种侍奉哪个君主就去讨哪个喜欢的人。有安定国家的大臣,就是那种因使国家安定而高兴的人。有明天理、顺天性的天民,就是那种知道自己的主张能够行于天下时就去实行的人。有德行高尚、志趣高远的大人,就是那种端正了自己则外物就随之端正的人。"

孟子曰:"君子有三乐,而王天下不与存焉。父母俱存,兄弟无故①,一乐也。仰不愧于天,俯不怍于人②,二乐也。得天下英才而教育之,三乐也。君子有三乐,而王天下不与存焉。"

【注释】
①故:指意外或不幸的事变。　②怍:羞惭。

【译文】
孟子说:"君子有三种可以感到快乐的事情,但是以仁德统一天下并不列入其中。父母都还健在,兄弟没有灾祸,这是第一种可以感到快乐的事情。做人上无愧于天,下无愧于人,这是第二种可以感到快乐的事情。得到天下的优秀人才而对他们进行教育,这是第三种感到快乐的事情。君子有三种可以感到快乐的事情,但是以仁德统一天下并不列入其中。"

孟子曰:"广土众民,君子欲之,所乐不存焉。中天下而立,定四海之民,君子乐之,所性不存焉。君子所性,虽大行不加焉①,虽穷居不损焉,分定故也。君子所性,仁义礼智根于心。其生色也,睟然见于面②,盎于背③,施于四体④,四体不言而喻⑤。"

【注释】
①大行:广为推行,普遍流行。　②睟(suì)然:润泽貌。
③盎(àng):洋溢,显现。　④施:遍及,延及。　⑤不言而喻:不用说就可明白。

【译文】

孟子说:"土地广大、人民众多,是君子所期望的,但是这不是他感到快乐的地方。立于天下的中心,安定四海的人民,君子以此感到快乐,但是这不是体现他的本性的地方。君子的本性,即使他的主张被广为推行也不会有所增加,即使困顿隐居也不会有所减少,因为它从本分上来说已经固定了。君子的本性,仁义礼智根植于他的内心中。它所生发出来的神色纯和温润,表现在脸上,显现于背上,遍及四肢,一举手一投足之间,不必说出,别人就可以一目了然。"

孟子曰:"伯夷辟纣,居北海之滨,闻文王作兴,曰:'盍归乎来! 吾闻西伯善养老者。'太公辟纣,居东海之滨,闻文王作兴,曰:'盍归乎来! 吾闻西伯善养老者。'天下有善养老,则仁人以为己归矣。五亩之宅,树墙下以桑,匹妇蚕之①,则老者足以衣帛矣。五母鸡,二母彘,无失其时,老者足以无失肉矣。百亩之田,匹夫耕之,八口之家,足以无饥矣。所谓西伯善养老者,制其田里②,教之树畜③,导其妻子,使养其老。五十非帛不暖,七十非肉不饱。不暖不饱,谓之冻馁。文王之民,无冻馁之老者,此之谓也。"

【注释】

①蚕:这里做动词,养蚕缫丝。　②田里:朱熹《集注》曰:"田,谓百亩之田。里,谓五亩之宅。"　③树畜:朱熹《集注》曰:"树,谓耕桑。畜,谓鸡彘也。"

【译文】

孟子说:"伯夷躲避纣王,居住在北海之滨,听说周文王兴起,说:'何不到他那里去呢!我听说周文王是善于供养老人的人。'姜太公躲避纣王,居住在东海之滨,听说周文王兴起,说:'何不到他那里去呢!我听说周文王是善于供养老人的人。'天下有善于供养老人的人,那么仁人就会把他作为自己的归宿。五亩的宅地,在墙下栽上桑树,妇女们养蚕缫丝,那么老年人就足以穿上丝织的衣服了。每家五只母鸡,两只母猪,不要错过了饲养繁殖的季节,老年人就足以有充足的肉食可吃了。每家百亩的耕地,男子们去耕种,八口人的家庭就足以免于饥饿了。所谓的周文王善于供养老人,就在于他制定了合理的土地和住宅制度,教育人民栽种养殖,引导他们的妻子儿女,让他们供养自己的老人。人到了五十岁,没有丝织的衣服穿就不觉得暖;到了七十岁,没有肉食吃就不觉得饱。穿不暖、吃不饱,就叫做挨冻受饿。周文王的老百姓中,没有挨冻受饿的老人,说的就是这个意思。"

孟子曰:"易其田畴①,薄其税敛,民可使富也。食之以时,用之以礼,财不可胜用也。民非水火不生活,昏暮叩人之门户,求水火,无弗与者,至足矣。圣人治天下,使有菽粟如水火。菽粟如水火,而民焉有不仁者乎?"

【注释】
①易:整治。田畴:田地。畴,已耕作的田地。
【译文】
孟子说:"整治好老百姓的田地,减轻他们的税收,就可以使他们富足。根据时间安排饮食,依据礼节消费,财物就会用之不尽。老百姓离开了水和火就不能生存,然而天黑的时候敲开别人的大门,要一些水或者火种,却没有不给的,原因就在于水和火都非常充足。圣人治理天下,要使老百姓拥有的粮食多得像水和火一样。粮食像水和火一样多,老百姓哪里还有不对人仁爱的呢?"

孟子曰:"孔子登东山而小鲁①,登泰山而小天下。故观于海者难为水;游于圣人之门者难为言。观水有术,必观其澜②。日月有明,容光必照焉③。流水之为物也,不盈科不行④;君子之志于道也,不成章不达⑤。"

【注释】

①东山:即今之蒙山,在山东省蒙阴县南、平邑县北。
②澜:水中湍急处的大波浪。　③容光:指幽微的空隙。
④科:坎,坑。　⑤成章:《说文解字》中说:"乐竟为一章。"加以引申,凡积渐生变,自成格局,都可称成章。

【译文】

孟子说:"孔子登上东山,他所看到的鲁国就觉得小了;登上泰山,他所看到的天下也觉得小了。所以,看到过大海的人,就难以再称道其他的水了;游学于圣人之门的人,就难以再称道其他的言论了。观察水有方法,一定要观察它的大波浪。太阳月亮都能发出光辉,微小的缝隙就一定能照过来。流水这个东西的特性,不把低洼处注满就不会向前流;君子志于践行他的主张,没有形成一定的格局就不能通达。"

孟子曰:"鸡鸣而起,孳孳为善者①,舜之徒也。鸡鸣而起,孳孳为利者,跖之徒也。欲知舜与跖之分,无他,利与善之间也②。"

【注释】

①孳孳:勤勉,努力不懈。　　②间:差别,距离。

【译文】

孟子说:"鸡叫时分就起来,努力不懈行善的人,是和舜一类的人。鸡叫时分就起来,努力不懈求利的人,是和跖一类的人。要知道舜和跖的区别,没有别的,求利和行善的不同罢了。"

孟子曰:"杨子取'为我'①,拔一毛而利天下,不为也。墨子'兼爱',摩顶放踵利天下②,为之。子莫'执中'③,执中为近之。执中无权,犹执一也④。所恶执一者,为其贼道也,举一而废百也。"

【注释】

①杨子:即杨朱。取:朱熹《集注》曰:"取者,仅足之意。"
②摩顶放踵:从头顶到脚跟都磨伤。形容舍己为人,不辞辛苦。
③子莫:赵岐注曰:"子莫,鲁之贤人也。"执中:指坚持中庸之道,无过与不及。　　④执一:固执一端,不知变通。

【译文】

孟子说:"杨朱主张'为我',拔一根汗毛使天下人得利,他都不会做。墨子主张'兼爱',磨秃头顶、磨破脚跟而使天下人得利,他也会去干。子莫主张'中庸',主张中庸就差不多了。但是如果主张中庸而没有变通,就和固执一端差不多了。之所以厌恶固执一端,是因为它损害了仁义之道,执着一点而废弃了其他的缘故。"

孟子曰:"饥者甘食①,渴者甘饮,是未得饮食之正也,饥渴害之也。岂惟口腹有饥渴之害?人心亦皆有害。人能无以饥渴之害为心害,则不及人不为忧矣。"

【注释】
①甘:以为甘美。
【译文】
孟子说:"饥饿的人自然觉得食物甘美,口渴的人自然觉得饮料甘美,之所以没有品味饮料、食品的正常滋味,是苦于饥饿、口渴的缘故。难道仅仅口腹有饥饿、口渴之苦吗?人心也都有所苦。如果人们能够不觉得饥饿、口渴之苦是内心之苦,那就不会为不如别人感到忧虑了。"

孟子曰:"柳下惠不以三公易其介①。"

【注释】
①三公:古代三种最高官衔的合称。先秦时期一般以太师、太傅、太保为三公。此外,还有以司马、司徒、司空为三公之说。介:操守,节操。
【译文】
孟子说:"柳下惠没有因为三公这样的高位改变他的操守。"

孟子曰:"有为者,辟若掘井①。掘井九仞而不及泉②,

犹为弃井也。"

【注释】

①辟:同"譬"。　②轫:同"仞"。古代的长度单位,以七尺或八尺为一"仞"。古代的"轫"这一长度单位并不是固定的,孟子这里所说,也可以理解为约数,不必细究。

【译文】

孟子说:"做任何事情都像挖井一样,挖到九轫深还没有泉眼,仍然是一口废井。"

　　孟子曰:"尧舜,性之也;汤武,身之也;五霸,假之也①。久假而不归②,恶知其非有也③?"

【注释】

①假:借。　②归:归还。　③恶知其非有也:赵岐注曰:"五霸而能久假仁义,譬如假物久而不归,安知其不真有也。"朱熹《集注》则曰:"有,实有也。言窃其名以终身,而不自知其非真有。或曰:'盖叹世人莫觉其伪者。'亦通。旧说,久假不归,即为真有,则误矣。"

【译文】

孟子说:"尧舜实行仁政,是出于本性而自然推行的;商汤和周武王实行仁政,是亲身体验而努力推行;五霸实行仁政,是假借仁义以谋求利益。借得长久了却不归还,谁又看得出他本来不是为了推行仁政呢?"

公孙丑曰:"伊尹曰:'予不狎于不顺①。'放太甲于桐,民大悦;太甲贤,又反之,民大悦。贤者之为人臣也,其君不贤,则固可放与?"孟子曰:"有伊尹之志,则可;无伊尹之志,则篡也。"

【注释】

①狎:接近,亲近。不顺:朱熹《集注》曰:"不顺,言太甲所为,不顺义理也。"

【译文】

公孙丑说:"伊尹说:'我不愿意接近不按照义理行事的人。'于是他把太甲放逐到桐,老百姓都非常高兴;太甲变得德行好了,伊尹又让他回到王位上,老百姓非常高兴。贤人作为别人的臣属,他的君主如果德行不好,那么就一定可以放逐他吗?"孟子说:"如果有伊尹那样的心胸,就可以;如果没有伊尹那样的心胸,就是篡位了。"

公孙丑曰:"《诗》曰:'不素餐兮①。'君子之不耕而食,何也?"孟子曰:"君子居是国也,其君用之,则安富尊荣;其子弟从之,则孝悌忠信。'不素餐兮',孰大于是?"

【注释】

①不素餐兮:出自《诗经·魏风·伐檀》。素餐,指无功受禄,不劳而食。

【译文】

公孙丑说:"《诗经》中说:'不要不劳而食啊。'君子自己不耕种也吃饭,为什么呢?"孟子说:"君子居住在一个国家里,君主任用他,就能够平安、富足、尊贵、荣耀;国中的年轻人听从他的教导,就会孝顺、敬长、忠心、诚信。'不要不劳而食啊',还有比这更重要的吗?"

王子垫问曰①:"士何事?"孟子曰:"尚志②。"曰:"何谓尚志?"曰:"仁义而已矣。杀一无罪,非仁也;非其有而取之,非义也。居恶在?仁是也。路恶在?义是也。居仁由义,大人之事备矣。"

【注释】

①王子垫:赵岐注曰:"齐王子名垫也。" ②尚:朱熹《集注》曰:"尚,高尚也。"

【译文】

王子垫问:"士是从事什么的呢?"孟子说:"使自己的心志高尚。"王子垫问:"什么是使自己的心志高尚?"孟子说:"就是做到仁和义罢了。杀一个没有罪过的人,就是不仁;不是自己的东西而拿过来,就是不义。居住在哪里呢?仁是最安适的住宅;行走在哪里呢?义是最正确的道路。安于仁道行于正义,做管理人民的人的条件就准备好了。"

孟子曰:"仲子①,不义与之齐国而弗受,人皆信之。是舍箪食豆羹之义也。人莫大焉亡亲戚②、君臣、上下。以其小者,信其大者,奚可哉?"

【注释】

①仲子:即陈仲子。 ②亡:同"无"。

【译文】

孟子说:"陈仲子这个人,如果不符合道义,即使把整个齐国送给他,他都不会接受,别人都相信他崇尚义。但是他的这种义只是放弃一筐饭一碗汤的义。人不能再有比没有父母亲属、君臣、上下这些关系更大的事情了。因为他有小的节操,就相信他有大的美德,怎么可以呢?"

桃应问曰[①]:"舜为天子,皋陶为士,瞽瞍杀人,则如之何?"孟子曰:"执之而已矣。""然则舜不禁与?"曰:"夫舜恶得而禁之?夫有所受之也。""然则舜如之何?"曰:"舜视弃天下,犹弃敝蹝也[②]。窃负而逃,遵海滨而处[③],终身欣然[④],乐而忘天下。"

【注释】

①桃应:赵岐注曰:"孟子弟子。"　　②蹝(xǐ):草鞋。
③遵:顺着,沿着。　　④欣然:高兴的样子。

【译文】

桃应问道:"舜作为天子,皋陶作为法官,如果瞽瞍杀了人,那该怎么办?"孟子说:"当然是把他抓起来。"桃应问:"那么,舜不阻止吗?"孟子说:"舜有什么理由阻止呢?皋陶是有所依据才抓他的。"桃应问:"那么,舜该怎么办呢?"孟子说:"舜把丢弃天子之位看得像丢弃破草鞋一样。他可以偷偷背着他的父亲而逃走,沿着海边找个地方住下来,一辈子都高高兴兴,快乐得把整个天下都忘掉了。"

孟子自范之齐[①],望见齐王之子,喟然叹曰[②]:"居移气,养移体,大哉居乎!夫非尽人之子与?"孟子曰:"王子宫室、车马、衣服多与人同,而王子若彼者,其居使之然也。况居天下之广居者乎③?鲁君之宋,呼于垤泽之门④,守者曰:'此非吾君也,何其声之似我君也?'此无他,居相似也。"

【注释】

①范:地名。　②喟(kuì)然:感叹、叹息貌。　③天下之广居:即"仁"。　④垤泽:赵岐注曰:"垤泽,宋城门名也。"

【译文】

孟子从范到齐国的国都,远远看见齐王的儿子,叹息地说:"环境改变气质,供养改变体质,环境真是很重要啊!他难道不是和别人一样都是人的儿子吗?"于是孟子说:"王子的宫邸、车马和衣服多半和别人一样,王子却像那个样子呢,是因为他居住的环境使他那样。何况以'仁'这个天下最安适的住宅为自己住所的人呢?鲁君到宋国去,在宋国的垤泽门外呼喊,把守城门的人说:'这不是我们的国君啊,为什么他的声音如此像我们的国君呢?'这没有其他的原因,是因为居住的环境相像啊。"

孟子曰:"食而弗爱,豕交之也。爱而不敬,兽畜之也。恭敬者,币之未将者也①。恭敬而无实,君子不可虚拘②。"

【注释】

①将:奉献。　②虚拘:以虚假的礼仪笼络人。拘,朱熹《集

注》曰:"拘,留也。"

【译文】

孟子说:"供给饮食而不知关爱,就是像对待猪一样地对待;知道关爱而做不到恭敬,就是像畜养狗马一样地奉养。恭敬的态度,产生在礼物送出以前。只有恭敬的形式而没有恭敬的实质,君子不能够以虚假的礼仪笼络人。"

孟子曰:"形色①,天性也。惟圣人然后可以践形②。"

【注释】

①形色:赵岐注曰:"形谓君子体貌尊严也,《尚书·洪范》'一曰貌'。色谓妇人妖丽之容,《诗》云'颜如舜华'。" ②践形:即体现人所具有的天赋的品质。践,履行,使实现。

【译文】

孟子说:"人的身体和容貌都是先天具有的,只有圣人才能使天赋的本质得以真正体现。"

齐宣王欲短丧。公孙丑曰:"为期之丧①,犹愈于已乎?"孟子曰:"是犹或紾其兄之臂,子谓之'姑徐徐'云尔。亦教之孝弟而已矣。"王子有其母死者,其傅为之请数月之丧②。公孙丑曰:"若此者何如也?"曰:"是欲终之而不可得也,虽加一日愈于已。谓夫莫之禁而弗为者也。"

【注释】

①期:"期服"的省称。"期服"即齐衰为期一年的丧服。古代

礼制规定,凡是为祖父母、伯叔父母、未嫁的姑母等长辈,兄弟、姐妹、妻等平辈,侄、嫡孙等小辈服丧,均服期服。父为其子之丧服反服,已嫁女子为祖父母、父母服丧,也服期服。　②王子有其母死者,其傅为之请数月之丧:朱熹《集注》曰:"按《仪礼》:'公子为其母练冠、麻衣、縓缘,既葬除之。'疑当时此礼已废,或既葬而未忍即除,故请之也。"

【译文】

齐宣王想要缩短丧期。公孙丑说:"先把丧期改为一年,不是比取消丧期还要好一些吗?"孟子说:"这就好像有人在扭他哥哥的胳膊,你却对他说'暂且慢点儿吧'之类的话。我们要做的只是教给他孝敬父母、尊敬兄长的道理罢了。"有一个母亲去世的王子,王子的师傅替他请求几个月的丧期。公孙丑问:"像这样做,怎么样呢?"孟子说:"这是王子打算按照规定的丧期守完丧而办不到,这样的情况下即使多一天的丧期也比没有好。上面的话是对那些没有人禁止他服丧而他自己却不服丧的人说的。"

孟子曰:"君子之所以教者五:有如时雨化之者,有成德者,有达财者①,有答问者,有私淑艾者②。此五者,君子之所以教也。"

【注释】

①财:同"材"。　②私淑艾:焦循《正义》曰:"《毛诗·豳风·七月》:'九月叔苴。'《传》云:'叔,拾也。''莍'与'叔'通。《诗·周南·葛覃》:'是刈是濩。'《释文》云:'刈本又作艾。'《韩诗》云:'刈,取也。'盖'私淑诸人'即'私拾诸人'也。'淑

艾'二字义相叠,'私淑艾'者,即'私拾取'也。其实'私淑艾'犹'私淑'也。"

【译文】

孟子说:"君子用以教育的方式有五种:有像及时雨那样化生万物的,有健全品德的,有培养才能的,有解答疑惑的,还有让学问流传后世别人自己学习的。这五种就是君子用以教育的方式。"

公孙丑曰:"道则高矣、美矣,宜若登天然,似不可及也。何不使彼为可几及而日孳孳也①?"孟子曰:"大匠不为拙工改废绳墨②;羿不为拙射变其彀率③。君子引而不发④,跃如也⑤。中道而立,能者从之。"

【注释】

①几及:易于达到。几,及、达到。　②绳墨:木工画直线用的工具。　③彀率:弓张开的程度。　④引:拉弓,开弓。　⑤跃如:跃跃欲试貌。

【译文】

公孙丑说:"道的确是很高尚、很美好的,但是却几乎如同登天一样,好像不可能达到。为什么不让它变得易于达到而让人努力去追求呢?"孟子说:"高明的木匠不会因为拙劣的木工而改变或者废弃绳墨所画的标准,羿也不会因为拙劣的射手而改变弓拉开的程度。君子拉开了弓却不发箭,做出跃跃欲试的样子。他站在合乎道的地方上,有能力的人就会跟着他去做。"

孟子曰:"天下有道,以道殉身①;天下无道,以身殉道②。未闻以道殉乎人者也③。"

【注释】
①以道殉身：朱熹《集注》曰："身出则道在必行。"殉，原指以人从葬，这里是随、跟从的意思。　②以身殉道：朱熹《集注》曰："道屈则身在必退，以死相从而不离也。"　③以道殉乎人：朱熹《集注》曰："以道从人，妾妇之道。"

【译文】
孟子说："天下如果政治清明，'道'随着人的活动而得到施行；天下如果政治黑暗，自己就要为了坚守'道'而不惜牺牲生命。我从来没有听说过牺牲了'道'而顺从他人的。"

公都子曰："滕更之在门也①，若在所礼，而不答，何也？"孟子曰："挟贵而问，挟贤而问，挟长而问，挟有勋劳而问，挟故而问，皆所不答也。滕更有二焉。"

【注释】
①滕更：赵岐注曰："滕君之弟，来学于孟子者也。"

【译文】
公都子说："滕更在您门下的时候，似乎在应该受到礼遇之列，可是您却不回答他的问题，为什么呢？"孟子说："倚仗着自己地位高而提问，倚仗着自己有才德而提问，倚仗着自己年龄大而提问，倚仗着自己有功劳而提问，倚仗着自己有交情而提问，都是不必回答的。滕更占了其中的两条。"

孟子曰:"于不可已而已者①,无所不已。于所厚者薄,无所不薄也。其进锐者②,其退速。"

【注释】
①已:朱熹《集注》曰:"已,止也。" ②锐:气势旺盛。

【译文】
孟子说:"对于不该停止的事情却停止的人来说,没有什么不可以停止。对于该厚待人时却冷漠对待的人来说,没有谁不可以冷漠对待。前进时气势旺盛的人,后退时也会非常迅速。"

孟子曰:"君子之于物也,爱之而弗仁①;于民也,仁之而弗亲。亲亲而仁民,仁民而爱物。"

【注释】
①爱:爱惜,爱护。

【译文】
孟子说:"君子对于万物,爱护它们却不用仁德对待它们;对于人民,用仁德对待他们却不亲近他们。君子亲近自己的亲人,因而以仁德对待人民;以仁德对待人民,因而爱护万物。"

孟子曰:"知者无不知也,当务之为急①;仁者无不爱也,急亲贤之为务。尧舜之知而不遍物,急先务也。尧舜之仁不遍爱人,急亲贤也。不能三年之丧,而缌②、小功之察③;放饭流歠④,而问无齿决⑤:是之谓不知务。"

【注释】

①当务:当前应办的事。务,事务、工作。　②缌:古代丧服名。五服(斩衰、齐衰、大功、小功、缌麻)中最轻的一种,以细麻布为孝服,服丧三个月。凡是为本宗中的高祖父母、曾伯叔祖父母、族伯叔父母、族兄弟及未嫁的族姊妹,外姓中的表兄弟、岳父母等服丧服,均服缌麻。　③小功:古代丧服名。五服中的第四等,其服以熟麻布制成,比大功细,比缌麻粗,服期五个月。凡是为本宗中的曾祖父母、伯叔祖父母、堂伯叔祖父母,未嫁祖姑、堂姑,已嫁堂姊妹,兄弟之妻,从堂兄弟及未嫁从堂姊妹,外亲中的外祖父母、母舅、母姨等服丧服,均服小功。　④放饭流歠(chuò):赵岐注曰:"放饭,大饭也。流歠,长歠也……于尊者前赐饭,大饭长歠,不敬之大者。"　⑤问:朱熹《集注》曰:"问,讲求之意。"齿决:赵岐注曰:"齿决,断肉置其余也……齿决,小过耳。"

【译文】

孟子说:"智者没有不该知道的事情,但是当前应办的事情是最紧急的事情;仁者没有不仁爱的对象,但是赶快对亲人和贤者施以仁爱就是他的工作。像尧舜那样的智慧也不能完全知道一切事物,但是他们有首先要去做的工作;像尧舜那样的仁德也不能对一切人施以仁爱,但是他们知道要急于爱亲人和贤者。如果不能够实行三年的丧期,却对缌麻、小功这样次要的丧礼仔细审察;在尊长面前大口吃饭、大口喝汤,却讲求不用牙齿啃断干肉:这就叫做不知道事情的轻重缓急。"

尽心下

【题解】

《尽心下》共三十八章。在本篇的前四章中,集中表达了孟子的战争观。孟子主张仁政,反对耗费民财、摧残生命的不义战争,认为不惜牺牲人民生命去发动战争争夺利益是残忍的,是舍本逐末的不仁不智行为。国君如果真正想统一天下,应当用仁德的办法使民众归心,而不是采用糜财伤民的战争方式。在这一篇中,孟子提出了"民为贵,社稷次之,君为轻"的观点,这是孟子政治思想中最大的亮点之一。孟子的这一思想,是对从西周时期就已经开始形成的"民本"思想的总结,就其现实基础来说,是先秦时期人心向背对于国家危亡的重要性受到充分重视的体现;同时,这一思想也对后世进步思想家产生了积极的影响。在道德修养上,孟子提出了"养心莫善于寡欲"的修养方法,在承认物质欲望的合理性的同时又告诫人们不要耽于物质欲望的满足,认为如果对物质追求关注太多,势必就会降低对精神追求的关注程度,从而不利于自身的道德修养。本篇中,孟子通过"狂"、"狷"、"中道"、"乡愿"四种不同人品的比较,对乡愿的种种丑行及其对道德的危害的具体分析,揭露了这种貌似谨厚而实与流俗合污的伪善者的真实面目,表明了自己对中道之士的赞扬和对乡愿的厌恶。

孟子曰:"不仁哉,梁惠王也!仁者,以其所爱及其所不爱;不仁者,以其所不爱及其所爱。"公孙丑问曰:"何谓也?""梁惠王以土地之故,糜烂其民而战之①,大败;将复之,恐不能胜,故驱其所爱子弟以殉之,是之谓以其所不爱及其所爱也。"

【注释】

①糜烂:毁伤,摧残。

【译文】

孟子说:"梁惠王真是不仁啊!仁德的人把对待他所喜爱者的方式推广到他所不爱的人;没有仁德的人把对待他所不喜爱者的方式推广到他所喜爱的人。"公孙丑问:"这话是什么意思呢?"孟子说:"梁惠王因为土地的缘故,使他的老百姓生命受到摧残而去作战,结果大败;他还准备重新开战,害怕不能取胜,所以驱赶着他所喜爱的年轻人去为了他的目的而牺牲,这就叫做把对待他所不喜爱者的方式推广到他所喜爱的人。"

孟子曰:"《春秋》无义战,彼善于此,则有之矣。征者①,上伐下也,敌国不相征也。"

【注释】

①征:朱熹《集注》曰:"征,所以正人也。诸侯有罪,则天子讨而正之,此春秋所以无义战也。"

【译文】

孟子说:"春秋时期没有正义的战争,其中一个国家的国君比另一国的国君稍好一点的情况,那还是有的。征讨,就是在上位者讨伐在下位者,地位相同的国家不能互相征讨。"

孟子曰:"尽信《书》,则不如无《书》①。吾于《武成》②,取二三策而已矣③。仁人无敌于天下。以至仁伐至不仁,而何其血之流杵也④?"

【注释】

①尽信《书》,则不如无《书》:赵岐注曰:"《书》,《尚书》。经有所美,言事或过,若《康诰》曰'冒闻于上帝',《甫刑》曰'帝清问下民',《梓材》曰'欲至于万年',又曰'子子孙孙,永保民'。人不能闻天,天不能问民,万年求保,皆不可得为书,岂可案文而皆信之哉。"　　②《武成》:赵岐注曰:"《武成》,逸《书》之篇名,言武王诛纣,战斗杀人,血流舂杵。"今传《尚书·武成》是后人伪作。　　③策:古代用以记事的竹、木片,编在一起的叫"策"。　　④杵:同"橹"。古代武器中的盾。

【译文】

孟子说:"完全相信《尚书》,那还不如没有《尚书》。我对于《尚书》中的《武成》这一篇,认为可取的只有两三片简策罢了。仁人在天下没有可以匹敌的对手。以最为仁道的圣王来讨伐最为不仁的暴君,怎么可能使血流得连盾牌都能漂起来呢?"

孟子曰:"有人曰:'我善为陈①,我善为战。'大罪也。国君好仁,天下无敌焉,南面而征北夷怨,东面而征西夷怨,曰:'奚为后我?'武王之伐殷也,革车三百两②,虎贲三千人③。王曰：'无畏！宁尔也，非敌百姓也。'若崩厥角稽首④。征之为言正也，各欲正己也，焉用战？"

【注释】

①陈：同"阵"。军伍的行列，战斗的队形。　②革车：古代兵车的一种，一般指运输粮草辎重等军需物资用的车辆。也可泛指兵车、战车。　③虎贲：勇士之称。贲，同"奔"。　④厥角：一说指兽之角。厥，其。如孔颖达疏《尚书·泰誓中》"百姓懔懔，若崩厥角"曰："以畜兽为喻，民之怖惧，若似畜兽崩摧其角然。"一说为以额触地。厥，同"蹶"。角，即额角。如杨伯峻《孟子译注》曰："厥，同'蹶'，顿也。《说文》云：'顿，下首也。'角，额角。'厥角'之意即'顿首'。"

【译文】

孟子说："有人说：'我善于摆阵，我善于作战。'这是莫大的罪恶啊。国君如果喜欢仁德，整个天下就没有可以匹敌的对手。如果他到南边的国家去征讨，北边的国家就感到不平；如果他到西边的国家去征讨，东边的国家就会感到不平；他们说：'为什么把我们放在后面呢？'周武王讨伐殷商的时候，兵车三百辆，勇士三千人。武王说：'你们不要害怕！我是为安定你们而来的，不是来同老百姓为敌的。'百姓都好像山陵崩塌一般额角触地叩头。征这个词的意思就是正，每个人都希望端正自己，为什么要用战争的方式呢？"

孟子曰："梓匠轮舆，能与人规矩，不能使人巧①。"

【注释】

①能与人规矩,不能使人巧:朱熹《集注》引尹氏曰:"规矩,法度可告者也。巧则在其人,虽大匠亦末如之何也已。盖下学可以言传,上达必由心悟,庄周所论斲轮之意盖如此。"

【译文】

孟子说:"木工和做车子的人,能够教给人制作东西的规矩准则,却不能够让别人变得巧妙。"

孟子曰:"舜之饭糗茹草也①,若将终身焉。及其为天子也,被袗衣②,鼓琴,二女果③,若固有之。"

【注释】

①饭糗(qiǔ):饭,动词,吃。糗,炒熟的米麦,泛指干粮。
②袗衣:绘绣有文采的华贵衣服,指天子所穿的盛服。
③果(wǒ):同"婐",侍女,引申为侍候。

【译文】

孟子说:"舜吃干粮、咽野菜的时候,好像打算一辈子这样。等他做了天子之后,穿着绣有文采的华贵衣服,弹着琴,尧的两个女儿侍奉着,又好像本来就是这样的。"

孟子曰:"吾今而后知杀人亲之重也:杀人之父,人亦杀其父;杀人之兄,人亦杀其兄。然则非自杀之也? 一间耳①。"

【注释】

①一间:赵岐注曰:"一间者,我往彼来间一人耳,与自杀其亲何异哉!"

【译文】

孟子说:"我从今天才开始知道杀害别人的亲人是多么严重:杀害别人的父亲,别人也就会杀害他的父亲;杀害别人的哥哥,别人也会杀害他的哥哥。那么,这不等于自己亲手杀掉了自己的亲人吗?两者没有多大的区别啊。"

孟子曰:"古之为关也,将以御暴;今之为关也,将以为暴。"

【译文】

孟子说:"古代设立关卡,是打算用于阻挡暴虐;如今设立关卡,是打算用于实行暴虐。"

孟子曰:"身不行道,不行于妻子;使人不以道,不能行于妻子。"

【译文】

孟子说:"自己不奉行道义,道义在妻子儿女身上都实现不了;使唤别人不遵循道义,使唤妻子儿女都不可能。"

孟子曰:"周于利者①,凶年不能杀②;周于德者,邪世不能乱。"

【注释】

①周:完备,充足。　　②杀(shài):指歉收。

【译文】

孟子说:"财富积累充足的人,荒年也不会使他有歉收的窘迫;道德积累充足的人,乱世也不会使他有思想上的混乱。"

孟子曰:"好名之人,能让千乘之国。苟非其人①,箪食豆羹见于色。"

【注释】

①苟非其人:对于此句歧见甚多。赵岐注曰:"好不朽之名者,轻让千乘,伯夷、季札之类是也。诚非好名者,争箪食豆羹变色,讼之致祸。"即不是真正追求名声的人,与"好名之人"相对。朱熹《集注》曰:"好名之人,矫情干誉,是以能让千乘之国;然若本非能轻富贵之人,则于得失之小者,反不觉其真情之发见矣。"意思是"好名之人"本身就是为了名誉假装慷慨,而不是看淡富贵的人。杨伯峻《孟子译注》则译为:"好名的人可以把有千辆兵车国家的君位让给别人,但是,若不是那受让的对象,就是要他让一筐饭、一碗汤,他那不高兴神色都会在脸上表现出来。"即"好名之人"利益所让的对象。相比之下,赵注更合理一些,今从之。

【译文】

孟子说:"追求好名声的人,可以把拥有千辆兵车的大国让给别人。如果不是真正的追求好名声的人,把一筐饭、一碗汤让给别人都会把不乐意的表情在脸上表现出来。"

孟子曰:"不信仁贤,则国空虚①。无礼义,则上下乱。无政事,则财用不足。"

【注释】

①空虚:朱熹《集注》曰:"空虚言若无人然。"

【译文】

孟子说:"如果不信任仁德和贤能的人,那么国家就会空虚。如果没有礼义的约束,那么上下之间的秩序就会混乱。如果没有治理国家的措施,那么国家的开支就会不充足。"

孟子曰:"不仁而得国者,有之矣。不仁而得天下者,未之有也。"

【译文】

孟子说:"没有仁德却能得到国家的,曾经有过这样的事情。没有仁德却能得到天下的,从来没有这样的事情。"

孟子曰:"民为贵,社稷次之①,君为轻。是故得乎丘民而为天子②,得乎天子为诸侯,得乎诸侯为大夫。诸侯危社稷,则变置;牺牲既成,粢盛既洁,祭祀以时,然而旱干水溢,则变置社稷。"

【注释】

①社稷:古代帝王、诸侯所祭的土神和谷神,常代指国家。社,

土神;稷,谷神。 ②丘民:泛指百姓。丘,田垄,田畴。

【译文】

孟子说:"人民是最重要的,其次是祭祀的土神和谷神,再次是君主。所以赢得老百姓之心就能做天子,赢得天子之心就能做诸侯,赢得诸侯之心就能做大夫。诸侯如果危害了国家,那么就要另立。牺牲已经备好,祭品已经洁净,按时进行祭祀,但是还是遭受了旱灾或水灾,那就改立土谷之神。"

孟子曰:"圣人,百世之师也,伯夷、柳下惠是也。故闻伯夷之风者,顽夫廉,懦夫有立志。闻柳下惠之风者,薄夫敦,鄙夫宽。奋乎百世之上,百世之下闻者莫不兴起也①。非圣人而能若是乎?而况于亲炙之者乎②?"

【注释】

①兴起:因感动而奋起。 ②亲炙:亲自接受熏陶。

【译文】

孟子说:"圣人,是百世的老师,伯夷和柳下惠就是这样。所以听到伯夷的风操的人,愚顽的人变得具有了分辨力,懦弱的人能够树立起自己的独立意志。听到了柳下惠的风操的人,浅陋的人变得心胸开阔,刻薄的人变得忠厚笃实。他们在百代之前发奋努力,百代之后听说的人没有不因感动而奋起的。不是圣人能够像这样吗?何况亲自接受他们熏陶的人呢?"

孟子曰:"仁也者,人也①;合而言之,道也。"

【注释】

①仁也者,人也:古代二字不但音同,而且可以互训。因此《说文解字》中说:"仁,亲也。从人二。"《中庸》中也说:"仁者,人也。"

【译文】

孟子说:"'仁',就是'人'的意思;'仁'、'人'二者合起来说,就是'道'。"

孟子曰:"孔子之去鲁,曰:'迟迟吾行也。'去父母国之道也。去齐,接淅而行,去他国之道也。"

【译文】

孟子说:"孔子离开鲁国的时候,说:'我们慢慢地走吧。'这是离开自己祖国的态度。离开齐国的时候,米淘好了捧在手里就匆匆离开,这是离开异国的态度。"

孟子曰:"君子之厄于陈蔡之间①,无上下之交也。"

【注释】

①君子之厄于陈蔡之间:君子,指孔子。赵岐注曰:"君子,孔子也。《论语》曰:'君子之道三,我无能焉。'孔子乃尚谦,不敢当君子之道,故可谓孔子为君子也。"厄于陈蔡之间,《论语·卫灵公》中说:"在陈绝粮,从者病,莫能兴。"陈,西周至春秋时的诸侯国名。在今河南淮阳及安徽亳州一带。《史记·陈杞世家》记载:"陈胡公满者,虞帝舜之后也……至于周武王克殷纣,乃

复求舜后,得妫满,封之于陈,以奉帝舜祀,是为胡公。"春秋末年被楚国所灭。蔡,西周至春秋时诸侯国名。周武王的弟弟叔度始封于蔡,后因反叛,被流放而死。周成王复封其子蔡仲于此。公元前447年为楚所灭。

【译文】

孟子说:"孔子在陈国、蔡国之间处境艰难,是由于和两国的君臣上下都没有交好的缘故。"

貉稽曰①:"稽大不理于口②。"孟子曰:"无伤也③。士憎兹多口④。《诗》云:'忧心悄悄,愠于群小⑤',孔子也。'肆不殄厥愠,亦不陨厥问⑥',文王也。"

【注释】

①貉稽:赵岐注曰:"貉,姓;稽,名。仕者也。" ②不理:即不利,不顺。赵岐注曰:"为众口所讪。理,赖也。"焦循《正义》曰:"不理于口,犹云不利于人口也。"杨伯峻《孟子译注》中说:"《广雅·释诂》云:'理,顺也。'王念孙《疏证》曾引《易经·说卦传》'和顺于道德而理于义'及《周礼·考工记·匠人》'永属不理孙谓之不行'以相印证,此'理'字亦可训'顺',则'不理于口'犹言'不顺于人口'。" ③伤:妨碍。 ④憎:朱熹《集注》以为此"憎"字应作"增"。 ⑤忧心悄悄,愠于群小:出自《诗经·邶风·柏舟》。悄悄,忧伤貌。群小,众小人。郑玄笺曰:"群小,众小人在君侧者。" ⑥肆不殄厥愠,亦不陨厥问:出自《诗经·大雅·绵》。朱熹《集注》曰:"本言太王事昆夷,虽不能殄绝其愠怒,亦不自坠其声问之美。孟子以为文王

之事,可以当之。"肆,发语词。殄,灭绝,绝尽。陨,坠,灭。问,通"闻",声誉。

【译文】

貉稽说:"人们对于我的评论都非常不利。"孟子说:"没有关系。士人都有遭到这种多嘴议论时的恼恨。《诗经》里说:'我的心里好烦闷,我被小人所怨恨。'孔子就是这样的人。又说:'不灭绝人家怨恨,也不失自己声誉。'文王就是这样的人。"

孟子曰:"贤者以其昭昭①,使人昭昭;今以其昏昏②,使人昭昭。"

【注释】

①昭昭:明白,显著。　②昏昏:糊涂,愚昧。

【译文】

孟子说:"贤人以自己的明明白白,去使别人明白;今天的人以自己还糊糊涂涂的状态,想去使别人明白。"

孟子谓高子曰①:"山径之蹊间介然,用之而成路②;为间不用③,则茅塞之矣④。今茅塞子之心矣。"

【注释】

①高子:赵岐注曰:"高子,齐人也,尝学于孟子,乡道而未明,去而学于他术。"　②山径之蹊间介然,用之而成路:此句的断句和解释存有一些歧见。一说应断为:"山径之蹊间介然,用之而成路。"如赵岐注曰:"山径,山之岭,有微蹊介然,人遂用之不

止,则蹊成为路。"从他的解释看,当在"介然"后断句。一说应断为:"山径之蹊间介,然用之而成路。"如孔广森《经学卮言》说:"间介,盖隔绝之意。径,路也。蹊,足迹也。"从他的解释看,当从"介"与"然"之间断句。一说应断为:"山径之蹊,间介然用之而成路。"杨伯峻《孟子译注》中即持此说,并认为:"《荀子·修身篇》云:'善在身,介然必以自好也。'此'间介然'当与荀子之'介然'同义,都是意志专一而不旁骛之貌。赵岐注似以'介然'属上读,今不从。"按:这里的"介然"应为间隔、隔绝之意。这种用法在古代非常普遍。如《汉书·杜钦传》中:"穰侯,昭王之舅也,权重于秦,威震邻敌,有旦莫偃伏之爱,心不介然有间。"司马光《上皇帝疏》中:"遂使两宫之情,介然有隙。"《朱子语类》卷一〇三:"伯恭说道理与作为自是两件事,如云仁义道德与度数刑政,介然为两涂,不可相通。"等等。《荀子·修身》中的"介然"为专一、坚贞不移之意,但用作此意时一般指人的意志品质。所以这里仍从赵注。山径,即山坡。径,同"陉"。蹊,小路。　　③为间:赵岐注曰:"为间,有间也。"即经过不久。　　④茅塞:指为茅草所堵塞。引申为思想或思路闭塞。

【译文】

孟子对高子说:"山坡上的小路与世隔绝,人如果经常走它就会变成大路;经过一段时间没有人走,又会被茅草所堵塞。如今你的心已经被茅草堵塞了。"

高子曰:"禹之声,尚文王之声。"孟子曰:"何以言之?"曰:"以追蠡①。"曰:"是奚足哉?城门之轨②,两马之力与③?"

【注释】

①追(duī)蠡:赵岐注曰:"追,钟钮也,钮磨啮处深矣;蠡,欲绝之貌也。"朱熹《集注》引丰氏曰:"追,钟钮也,《周礼》所谓旋虫是也;蠡者,啮木虫也。言禹时钟在者,钟钮如虫啮而欲绝,盖用之者多。"二说虽然对"蠡"字解释不同,但都释"追蠡"为钟钮欲断貌。今从赵注。　②轨:车轮碾压的痕迹。　③两马:赵岐注引《春秋外传》曰:"'国马足以行关,公马足以称赋。'是两马也。"杨伯峻《孟子译注》认为:"'两'字不可拘泥,赵岐《注》把'两马'解为'国马''公马'两种马,曹之升《四书摭余》说谓'夏驾二马',有人又谓大夫之车驾二马,都失之拘。这章真义如何,朱熹《集注》云:'此章文义本不可晓,旧说相承如此。'译文只依旧说解之。"

【译文】

高子说:"禹的音乐,盛于文王的音乐。"孟子说:"为什么这样说呢?"高子说:"因为禹的钟钮都要断了。"孟子说:"这个如何证明呢?城门下的车辙,难道只是两匹马的力量踩出来的吗?"

齐饥。陈臻曰:"国人皆以夫子将复为发棠①;殆不可复。"孟子曰:"是为冯妇也②。晋人有冯妇者,善搏虎③,卒为善士④。则之野,有众逐虎,虎负嵎⑤,莫之敢撄⑥。望见冯妇,趋而迎之⑦;冯妇攘臂下车⑧,众皆悦之,其为士者笑之。"

【注释】

①发棠:发,开仓赈济,与"涂有饿莩而不知发"的"发"同意。

棠,地名,齐国都邑名,齐国建有仓廪于此。　②冯妇:人名,姓冯,名妇。　③搏:捕捉。　④卒为善士:赵岐注曰:"善士者,以善搏虎有勇名也,故进之以为士。"朱熹《集注》曰:"卒为善士,后能改行为善也。"今从朱注。　⑤嵎:山势曲折险峻处。　⑥攖:迫近,触,触犯。　⑦趋:疾行,奔跑。　⑧攘臂:捋起衣袖,伸出胳膊。攘,捋,挽。

【译文】

齐国遇到了饥荒。陈臻说:"国家里的人都认为先生您打算再劝齐王开棠邑的仓廪来赈济饥民,您大概不会再这样做了吧。"孟子说:"我这样做就和冯妇一样了。晋国有个叫冯妇的人,善于捕捉老虎,后来改行为善而进入了士的行列。有次他到野外,有许多人正在追逐一只老虎,老虎据守在一处山弯,没有人敢靠近它。他们看到冯妇来了,都快步跑上前去迎接他。冯妇捋起衣袖、伸出胳膊下了车,大家对他这样做都很高兴,他的这种行为却招来士的讥笑。"

孟子曰:"口之于味也,目之于色也,耳之于声也,鼻之于臭也①,四肢之于安佚也,性也,有命焉,君子不谓性也。仁之于父子也,义之于君臣也,礼之于宾主也,知之于贤者也,圣人之于天道也,命也,有性焉,君子不谓命也。"

【注释】

①臭:这里指香味。

【译文】

孟子说:"口对于可口的滋味,眼对于美丽的姿色,耳对于好听的声音,鼻对于芬芳的气味,四肢对于舒适安逸,这些都是人的天性,但能否得到要靠命运,所以君子不认为它们就是人性中一定具有的。仁对于父子关系,义对于君臣关系,礼对于宾主关系,智对于贤能的人,圣人对于天道规律,都是命运的规律决定的,但也源于人的天性,所以君子不认为它们是属于命运支配的。"

浩生不害问曰^①:"乐正子,何人也?"孟子曰:"善人也,信人也。""何谓善? 何谓信?"曰:"可欲之谓善。有诸己之谓信。充实之谓美。充实而有光辉之谓大。大而化之之谓圣。圣而不可知之之谓神。乐正子,二之中,四之下也。"

【注释】

①浩生不害:赵岐注曰:"浩生,姓;不害,名;齐人也。"

【译文】

浩生不害问:"乐正子是一个怎样的人呢?"孟子说:"是个善人,是个信人。"浩生不害问:"什么叫做善? 什么叫做信?"孟子说:"值得让人喜欢叫做'善'。值得别人喜欢的优点他都的确有叫做'信'。这些优点充满于他的言谈举止之中叫做'美'。优点充实并且使人感到光明就叫做'大'。让人感到光明又能使之融会贯通叫做'圣'。融会贯通到高不可测的境界叫做'神'。乐正子具备前两者,处于后四者之下。"

孟子曰:"逃墨必归于杨^①,逃杨必归于儒。归,斯受之而已矣。今之与杨、墨辩者,如追放豚^②,既入其苙^③,又从而招之④。"

【注释】

①逃:脱离,离开。归于:趋向。　②放豚:走失的猪。
③苙(lì):畜圈。　④招:羁绊,束缚。

【译文】

孟子说:"背离墨家思想就一定会趋向杨朱学派,背离杨朱思想就一定趋向儒家思想。既然过来了,接受他就可以了。如今与杨朱、墨家辩论的人,就像追赶走失了的猪一样,已经赶它进了猪圈,还要紧跟着把它的脚绑住。"

孟子曰:"有布缕之征,粟米之征,力役之征①。君子用其一,缓其二。用其二而民有殍;用其三而父子离。"

【注释】

①有布缕之征,粟米之征,力役之征:朱熹《集注》曰:"征赋之法,岁有常数,然布缕取之于夏,粟米取之于秋,力役取之于冬,当各以其时。"

【译文】

孟子说:"赋税形式有布帛作为赋税、粮食作为赋税、人力作为赋税三种。统治者在这三者之中,应当采用其中的一种,另外两种暂时不用。如果同时采用其中的两种,那么老百姓就会有饿死的;如果同时采用三种,那么就会逼得父子离散。"

孟子曰:"诸侯之宝三:土地、人民、政事①。宝珠玉者,殃必及身。"

【注释】

①土地、人民、政事:赵岐注曰:"诸侯正其封疆,不侵邻国,邻国不犯,宝土地也;使民以时,民不离散,宝人民也;修其德教,布其惠政,宝政事也。"

【译文】

孟子说:"诸侯有三种最值得珍惜的东西:土地、人民和政治。如果把珍珠美玉作为最值得珍惜的东西,祸害一定会落到他的身上。"

盆成括仕于齐①。孟子曰:"死矣盆成括!"盆成括见杀②,门人问曰:"夫子何以知其将见杀?"曰:"其为人也,小有才,未闻君子之大道也,则足以杀其躯而已矣。"

【注释】

①盆成括:赵岐注曰:"盆成,姓;括,名也。尝欲学于孟子,问道未达而去,后仕于齐。" ②见:被,受到。

【译文】

盆成括在齐国做官。孟子说:"盆成括死定了!"盆成括果然被杀,学生问孟子:"先生您怎么知道他会被杀的?"孟子说:"他这个人,有点小聪明,没有学到君子的大道,这足以使他招致杀身之祸罢了。"

孟子之滕,馆于上宫①。有业屦于牖上②,馆人求之弗得。或问之曰:"若是乎从者之廋也。"曰:"子以是为窃屦来与?"曰:"殆非也。夫子之设科也③,往者不追,来者不拒。苟以是心至,斯受之而已矣。"

【注释】

①上宫:赵岐注曰:"上宫,楼也。"朱熹《集注》曰:"上宫,别宫名。"焦循《正义》曰:"此'上宫'当如'上舍',谓上等之馆舍也。"译文于此三说不作可否。　②业屦:没有完工的草鞋。牖(yǒu):窗户。　③设科:开设课程,讲学,教授。

【译文】

孟子到滕国,住在名为上宫的馆舍。馆舍中有一双没有完工的草鞋本来挂在窗上,馆舍中的人找不到了。有人问孟子说:"发生了这样的情况,是跟随您的人把它藏起来了吗?"孟子说:"你认为他们是为偷草鞋而来的吗?"那人说:"大概不是的。不过先生您讲学,学生们走的您不追问,来的您不拒绝。只要他们抱着学习的愿望来,您就只管接受而已。"

孟子曰:"人皆有所不忍,达之于其所忍,仁也;人皆有所不为,达之于其所为,义也。人能充'无欲害人'之心,而仁不可胜用也。人能充'无穿逾'之心①,而义不可胜用也。人能充无受'尔'、'汝'之实②,无所往而不为义也。士未可以言而言,是以言餂之也③;可以言而不言,是以不言餂之也。是皆穿逾之类也。"

【注释】

①穿逾:又作"穿窬"。挖墙洞和爬墙头,指偷窃行为。

②人能充无受"尔"、"汝"之实：朱熹《集注》曰："此申说上文充无穿逾之心之意也。盖尔汝人所轻贱之称，人虽或有所贪昧隐忍而甘受之者，然其中心必有惭忿而不肯受之之实。人能即此而推之，使其充满无所亏缺，则无适而非义矣。"　③恬：取，诱取。

【译文】

孟子说："每个人都有不忍心做的事情，将此延伸到忍心做的事情上，就是仁；每个人都有不愿意做的事情，将此延伸到愿意做的事情上，就是义。人如果能够把不想害人的心进行扩充，那么仁就用不尽了。人如果能够把不挖墙洞爬墙头的心加以扩充，那么义就用不尽了。人如果能够把不愿受人轻蔑的心理进行扩充，那么就无论到哪里都合于义了。对于士人来说，不可以同人交谈而去交谈，这是用交谈来引诱人以使自己得利；可以同人交谈而不去交谈，这是用不交谈来引诱人以使自己得利，这些都属于挖墙洞爬墙头之类的行为。"

孟子曰："言近而指远者①，善言也；守约而施博者②，善道也。君子之言也，不下带而道存焉③。君子之守，修其身而天下平。人病舍其田而芸人之田，所求于人者重，而所以自任者轻④。"

【注释】

①指：旨意，意向。　②施：恩惠，功劳，效果。　③不下带：朱熹《集注》曰："古人视不下于带，则带之上，乃目前常见至近之处也。举目前之近事，而至理存焉，所以为言近而指远

也。" ④自任:自觉承担,当做自身的职责。

【译文】

孟子说:"语言浅近而旨意深远的,就是'善言';所持守的原则简单而所产生的效果广大的,就是'善道'。君子的言语,表述虽然平淡无奇但是包含了深刻的'道'在其中。君子的操守,通过自身品德的修养从而使天下安宁。人所应感到忧虑的在于抛弃了自己的田地却到别人的田地里去除草,这就是要求别人的很严格,而对自己所承担的东西要求却很轻。"

孟子曰:"尧、舜,性者也;汤、武,反之也①。动容周旋中礼者②,盛德之至也。哭死而哀,非为生者也。经德不回③,非以干禄也。言语必信,非以正行也④。君子行法,以俟命而已矣。"

【注释】

①反之也:朱熹《集注》曰:"反之者,修为以复其性,而至于圣人也。" ②动容:举止仪容。周旋:古代行礼时进退揖让的动作。引申为交往,交际应酬。 ③经:行也。回:违逆,违背。 ④正行:即"以行为正",让别人觉得自己行为端正。

【译文】

孟子说:"尧、舜的高尚品德,是出于他们的本性;商汤、周武王的高尚品德,在于他们通过修身找回了自己的本性。举止仪容、进退揖让全都合乎礼节的,是美德中的最高状态。为死者而悲哀地痛哭,不是为了做给活着的人看的。依据道德而不违礼节,不是为了谋求爵禄。说出的话一定要真实可信,不是为了要让别人觉得我行为端正。君子按照规则安排自己的行动,只是等待命运罢了。"

孟子曰:"说大人,则藐之,勿视其巍巍然①。堂高数仞②,榱题数尺③,我得志弗为也。食前方丈④,侍妾数百人,我得志弗为也。般乐饮酒⑤,驱骋田猎⑥,后车千乘,我得志弗为也。在彼者,皆我所不为也;在我者,皆古之制也,吾何畏彼哉?"

【注释】

①巍巍:品德崇高伟大,地位高高在上。 ②堂高:焦循《正义》曰:"经传称堂高者,皆指堂阶而言。" ③榱(cuī)题:屋椽通常伸出屋檐的端头,一般通称出檐。 ④食前方丈:朱熹《集注》曰:"食前方丈,馔食列于前者,方一丈也。" ⑤般(pán)乐:大肆作乐。般,大。 ⑥驱骋:驱策驰骋。

【译文】

孟子说:"游说王公大人,就要轻视他,不要把他看得高高在上。殿堂的台阶高达几十尺,房屋的出檐伸出几尺长,我如果得志不会这样做。饮食排列在面前有一丈宽,服侍自己的姬妾有几百名,我如果得志不会这样做。大肆作乐、嗜好饮酒,驱策驰骋、四处打猎,后面跟随的车子上千辆,我如果得志不会这样做。他所做的,都是我所不会去做的;我所做的,都是符合古代礼制的,我为什么要怕他呢?"

孟子曰:"养心莫善于寡欲①。其为人也寡欲,虽有不存焉者②,寡矣。其为人也多欲,虽有存焉者,寡矣。"

【注释】

①养:修养,涵养,保养。　②存:即存"心",保持人心中本有的善性。

【译文】

孟子说:"涵养心性最好的方法莫过于减少物质欲望。一个人的为人如果欲望不多,那么他心中本有的善性即使有所丧失,也是很少的。一个人的为人如果欲望很多,那么他心中本有的善性即使有所保留,也是很少的。"

曾晳嗜羊枣①,而曾子不忍食羊枣。公孙丑问曰:"脍炙与羊枣孰美②?"孟子曰:"脍炙哉!"公孙丑曰:"然则曾子何为食脍炙而不食羊枣?"曰:"脍炙所同也,羊枣所独也。讳名不讳姓③,姓所同也,名所独也。"

【注释】

①羊枣:果名。长椭圆形,初生黄色,熟则成黑色,形似羊矢,因此俗称"羊矢枣"。　②脍(kuài)炙:细切的肉和烤熟的肉。脍,细切的肉。　③讳:即避讳。封建时代对于君主和尊长的名字,必须避免直接说出或写出。

【译文】

曾晳喜欢吃羊枣,因此曾子不忍心吃羊枣。公孙丑问孟子:"肉和羊枣比起来哪一种更好吃?"孟子说:"肉啊!"公孙丑又问:"可是曾子为什么吃肉却不吃羊枣?"孟子说:"肉是人人都喜欢的,羊枣只是他父亲自己喜欢吃。这就像只避讳尊长的名而不避讳尊长的姓一样,姓是大家都一样的,而名却是单指一个人的。"

万章问曰:"孔子在陈,曰:'盍归乎来!吾党之士狂简,进取不忘其初。'①孔子在陈,何思鲁之狂士?"孟子曰:"孔子'不得中道而与之,必也狂狷乎!狂者进取;狷者有所不为也。'②孔子岂不欲中道哉?不可必得,故思其次也。""敢问何如斯可谓狂矣?"曰:"如琴张③、曾晳、牧皮者④,孔子之所谓狂矣。""何以谓之狂也?"曰:"其志嘐嘐然⑤,曰:'古之人,古之人。'夷考其行而不掩焉者也⑥。狂者又不可得,欲得不屑不洁之士而与之,是獧也。是又其次也。孔子曰:'过我门而不入我室,我不憾焉者,其惟乡原乎⑦!乡原,德之贼也。'"曰:"何如斯可谓之乡原矣?""曰:'何以是嘐嘐也?言不顾行,行不顾言,则曰:"古之人,古之人。""行何为踽踽凉凉?"生斯世也,为斯世也,善斯可矣⑧。'阉然媚于世也者⑨,是乡原也。"万子曰:"一乡皆称原人焉,无所往而不为原人;孔子以为德之贼,何哉?"曰:"非之无举也⑩,刺之无刺也⑪;同乎流俗,合乎污世;居之似忠信,行之似廉洁,众皆悦之,自以为是,而不可与入尧舜之道,故曰'德之贼也'。孔子曰:'恶似而非者:恶莠⑫,恐其乱苗也;恶佞⑬,恐其乱义也;恶利口⑭,恐其乱信也;恶郑声⑮,恐其乱乐也;恶紫,恐其乱朱也⑯;恶乡原,恐其乱德也。'君子反经而已矣⑰。经正,则庶民兴;庶民兴,斯无邪慝矣⑱。"

【注释】

①孔子在陈,曰:"盍归乎来!吾党之士狂简,进取不忘其初":赵岐注曰:"孔子厄陈,不遇贤人,上下无所交,盖叹息思归,欲见其乡党之士也。"《史记·孔子世家》记载:"孔子居陈三岁,会晋楚争强,更伐陈,及吴侵陈,陈常被寇。孔子曰:'归与归与!吾党之小子狂简,进取不忘其初。'于是孔子去陈。"《论语·公冶长》中也有:"子在陈曰:'归与归与!吾党之小子狂简,斐然成章,不知所以裁之。"两处记载孔子的话均与此处万章所说略有些差异。朱熹《集注》曰:"盍,何不也。狂简,谓志大而略于事。进取,谓求望高远。不忘其初,谓不能改其旧也。"党,古代一种地方基层组织。五家为邻,五邻为里,五百家为党。 ②孔子"不得中道而与之,必也狂狷乎!狂者进取;狷者有所不为也":《论语·子路》记载孔子的这段话为:"子曰:'不得中行而与之,必也狂狷乎!狂者进取,狷者有所不为也。'"何晏《论语集解》引包咸曰:"中行,行能得其中者,言不得中行则欲得狂狷者。狂者,进取于善道。狷者,守节无为。欲得此二人者,以时多进退,取其恒一。"朱熹《集注》本"狷"作"獧",二字通。并说:"'不得中道',至'有所不为',据《论语》亦孔子之言。然则'孔子'字下当有'曰'字。"狂狷,指志向高远的人与拘谨自守的人。 ③琴张:关于琴张为何人,历来众说纷纭,没有定论。赵岐以子张为孔子的弟子颛孙师,注曰:"琴张,子张也。子张之为人,躇踖谲诡,《论语》曰'师也僻',故不能纯善而称狂也,又善鼓琴,号曰'琴张'。"朱熹认为子张

即琴牢,《集注》曰:"琴张,名牢,字子张。子桑户死,琴张临其丧而歌。事见《庄子》。"以上两说均有人进行过辩驳。　　④牧皮:赵岐注曰:"事孔子学者也。"朱熹《集注》则曰:"牧皮,未详。"事迹亦不可考。　　⑤嘐嘐(xiāo):形容志大而言夸。嘐,自大,骄矜。　　⑥夷考:考察。　　⑦乡原:指乡里貌似谨厚而实与流俗合污的人。原,同"愿"。谨厚貌。　　⑧何以是嘐嘐也?言不顾行,行不顾言,则曰:"古之人,古之人。""行何为踽踽(jǔ)凉凉?"生斯世也,为斯世也,善斯可矣:一说为孟子描述乡原之辞。如赵岐注曰:"孟子言乡原之人言何以是嘐嘐,若有大志也,其言行不顾,则亦称曰古之人、古之人。行何为踽踽凉凉,有威仪如无所施之貌也。乡原者,外欲慕古之人,而其心曰古之人何为空自踽踽凉凉,而生于今之世无所用之乎。以为生斯世,但当取为人所善,善人则可矣。其实但为合众之行。"一说为乡原者讥狂狷者之辞。朱熹《集注》曰:"乡原讥狂者曰:何用如此嘐嘐然,行不掩其言,而徒每事必称古人邪?又讥狷者曰:何必如此踽踽凉凉,无所亲厚哉?人既生于此世,则但当为此世之人,使当世之人皆以为善则可矣,此乡原之志也。"今从后说。踽踽,独行貌。凉凉:寂寞冷落貌。　　⑨阉然:曲意逢迎貌。　　⑩举:指摘、检举。　　⑪刺:指责、揭发。　　⑫莠(yǒu):一种常见的田间杂草,因其穗像狗尾,俗名狗尾草。常生于禾粟之下,似禾非禾,秀而不实。　　⑬佞:善辩,口才好,善于花言巧语。　　⑭利口:能言善辩。　　⑮郑声:指春秋战国时郑国的音乐,因与孔子等提倡的雅乐不同,被儒家视为俗乐的代表。⑯朱:大红色,比绛色浅,比赤色深。古代视其色为五色中红的正色。　　⑰反经:归于常道。　　⑱邪慝:即邪恶。

【译文】

万章问:"孔子在陈国的时候,说:'为什么不回去呢!我们乡党的这些年轻学子志大狂放,志向高远而不忘旧本。'孔子在陈国,为什么想念鲁国的狂放之士呢?"孟子说:"孔子曾经说:'不能同坚持中庸之道的人交往,那也一定要结交狂放之人和自守之士。狂放之人勇于进取,自守之士有所不为。'孔子难道不想与中道之人相处吗?只是不一定能结交到,所以就想结交稍微次一些的。"万章问:"请问怎么样才能称为狂放呢?"孟子说:"像琴张、曾皙、牧皮一样,就是孔子所说的狂放。"万章又问:"为什么说他们狂放呢?"孟子说:"他们的志向很高,口气很大,言必称'古人……,古人……'但是考察他们的行为,却并不完全像他们说的那样。这样的狂放之人如果还结交不到,就想找到一些不屑于做不清白的事情的人,并与他们结交,这就是自守之士,这是再次一等的。孔子说:'经过我的门前却不到我屋里来,我不会有遗憾,那只是乡里中貌似谨厚而其实与流俗合污的乡原吧。乡原,是摧残道德的人。'"万章问:"什么样的人可以称为乡原呢?"孟子说:"他们会评论狂放之人说:'为什么志向这么高、口气这么大呢?言语脱离行动,行为脱离言语,只会说古人如何,古人如何。'评论自守之士说:'行为为什么要这样孤独落寞呢?'他们说:'生活在这个世界上,就要为了这个世界活着,让别人觉得你好就可以了。'曲意逢迎谄媚世人的人,就是乡原。"万章说:"整个乡里的人都说他是谨厚的人,他也处处表现得像一个谨厚的人,孔子认为他是摧残道德的人,为什么呢?"孟子说:"这种人,要指摘他没有什么可以指摘,要谴责他也没有什么可以谴责;他只是没有原则地同流合污,做人好像忠诚可靠,行为好像正直清廉,大家都喜欢他,他自己也认为自己做得对,但是与尧舜之道却格格不入,所以说他是'摧残道德的人'。孔子曾经说:'厌恶看起来像但实际上却完全不一样的东西:厌恶狗尾草,因为怕它使禾苗混乱了;厌恶花言巧语,因为怕它使义混乱了;厌恶能言善辩,因为怕它使诚信混乱了;厌恶郑国的音乐,因为怕它使正乐混乱了;厌恶紫色,因为怕它使红色混乱了;厌恶乡原,因为怕它使道德混乱了。'君子只是使事物归于常道罢了。常道如果端正了,那么老百姓就会奋发;老百姓奋发了,也就没有邪恶了。"

孟子曰:"由尧、舜至于汤,五百有余岁,若禹、皋陶,则见而知之;若汤,则闻而知之。由汤至于文王,五百有余岁,若伊尹、莱朱①,则见而知之;若文王,则闻而知之。由文王至于孔子,五百有余岁,若太公望、散宜生②,则见而知之;若孔子,则闻而知之。由孔子而来至于今,百有余岁,去圣人之世若此其未远也,近圣人之居若此其甚也,然而无有乎尔,则亦无有乎尔。"

【注释】

①莱朱:赵岐注曰:"莱朱,亦汤贤臣也,一曰仲虺是也。"焦循《正义》曰:"在汤时,举一伊尹、莱朱,则当时贤臣如女鸠、女房、义伯、仲伯、咎单等括之矣。在文王时,举一太公望、散宜生,则虢叔、泰颠、闳夭、召公、毕公、荣公等括之矣。非谓见知者,仅此一二人也。"此说有理。　②散宜生:周初贤臣,辅佐周文王、武王灭商的主要功臣之一。

【译文】

孟子说:"从尧、舜到商汤,有五百多年的时间,像禹、皋陶等人,都是亲眼看到尧舜之道而了解它的;像商汤,就是听说尧舜之道而了解它的。从商汤到周文王,有五百多年的时间,像伊尹、莱朱等人,都是亲眼看到商汤的为政之道而了解它的;像周文王,就是听说商汤的为政之道而了解它的。从周文王到孔子,有五百多年的时间,像太公望、散宜生等人,都是亲眼看到周文王的为政之道而了解它的;像孔子,就是听说周文王的为政之道而了解它的。从孔子之后到现在,一百多年时间了,离开圣人的时代像现在这样还不算远,靠近圣人的家乡也没有像此地这样近的,但是并没有承继圣人之道的人,也就再没有承继圣人之道的人了。"

图书在版编目（CIP）数据

孟子 / 赵清文译注 .-- 北京：华夏出版社，2017.2（2020.1重印）
（华夏国学经典全本全注全译丛书）
ISBN 978-7-5080-9092-4

Ⅰ.①孟… Ⅱ.①赵… Ⅲ.①儒家 ②《孟子》-译文 ③《孟子》-注释 Ⅳ. ① B222.5

中国版本图书馆 CIP 数据核字（2016）第 305848 号

孟子

译 注 者 赵清文
责任编辑 裘挹红

出版发行 华夏出版社
经　　销 新华书店
印　　刷 三河市少明印务有限公司
装　　订 三河市少明印务有限公司
版　　次 2017 年 2 月北京第 1 版
　　　　　 2020 年 1 月北京第 4 次印刷
开　　本 880mm×1230mm　1/32
印　　张 11.75
字　　数 284 千字
定　　价 23.00 元

华夏出版社　地址：北京市东直门外香河园北里 4 号　邮编：100028
网址：www.hxph.com.cn　电话：（010）64618981
若发现本版图书有印装质量问题，请与我社营销中心联系调换。